Hans-J. Schuwerack

AF237225

...bald

sciencefiction reality

Aus anderer Sicht durchs Danielbuch

Erste Veröffentlichung: Frühjahr 2017
Bearbeitete Neufassung: Herbst 2021

Der Autor:

Mein Werdegang:

Geboren am heiligen Abend 1951.
Naturwissenschaftlich - technischer - Assistent , Fernmelde-Feldwebel, physikalische Therapie und Manual – Therapeut, Hochschulreife Pädagogik (auf dem zweiten Bildungsweg), Heilerzieher, Dozent, Café-Betreiber, Patient, Rentner, Liedermacher, Publizist.
Rückblickend erinnert es mich bis hierher an das übliche Hamsterrad, indem die meisten von uns glauben, etwas besonderes aus ihrem Leben machen zu können.

Meine höchste Karrierestufe habe ich allerdings nicht durch eigene Leistung erreicht, sondern allein durch Gottes Gnade. Einzig meine Entscheidung, diese Gnade an zu nehmen, war notwendig, um durch den Glauben an Jesus Christus, zu einem Kind Gottes zu werden. Kind Gottes, mehr geht nicht.

Seit vierzig Jahren bin ich unterwegs zum Himmel. Sicher Gelegentlich habe ich mich verlaufen, bin gestolpert und leider auch gefallen doch Jesus half mir wieder auf.
Ich bin immer noch auf dem Weg, weil Jesus der gute Hirte ist, der seine Schafe nicht links liegen lässt.

Hans-J. Schuwerack „begnadigter Sünder"

http.//www.lichthys.jimdo.com
Umschlagfoto: Birgit Schuwerack

Nur ein kleines Bakterium.

Allerdings eines, das sich unbeeindruckt von meinem Immun-System, in meiner Wirbelsäule eingenistet hatte. Sein Ziel? Die Zerstörung meiner Wirbelkörper.
Spondylodiszitis heißt das bei den Ärzten. Das gefährliche daran? Bewegung könnte dazu führen, dass die Entzündung ihren Weg auch bis ins Gehirn findet. Na und dann? Licht aus!

Ein halbes Jahr lang liegen, während das Leben, um mich herum, ungebremst weiter lief und Ströme von Flüchtlingen hier in Deutschland eine neue Heimat suchten. Nicht bewegen! Von November 2014 bis in den April 2015 akut, und noch weitere zwei Jahre danach als Pflegefall. Monat für Monat, hochdosiertes Antibiotika und die niederschmetternde Nachricht aus dem Labor: „Das Bakterium ernährt sich prächtig!"
Es hat jedoch den Kampf nicht gewonnen!

Was ist davon geblieben? Neben einer kaputten Wirbelsäule, gewann ich in dieser Zeit eine viel stärkere Bindung zu meinem Herrn und Heiland Jesus Christus, sowie die Gedanken zu diesem Buch.

Ich danke Gott für Birgit, meine wundervolle Frau. Dank ihrer aufopfernde Pflege, konnte ich die komplette Zeit der akuten Erkrankung, für das Forschen in der Bibel und zum Schreiben nutzen.
Das Bakterium gedachte es böse mit mir zu machen. Gott aber gedachte es gut zu machen.

Bibliographische Information der Deutschen Nationalbibliothek
Die Deutsche Nationalbibliothek verzeichnet diese
Publikation in der Deutschen Nationalbibliografie; detaillierte
bibliographische Daten sind im Internet über http//dnb.dnb.de
abrufbar.

Herstellung und Verlag:

BoD – Books on Demand, Norderstedt

ISBN: 9783754357354

Inhalt:

Inhalt:

Fettgedruckt = der fortlaufende Text aus dem Danielbuch.

„Kursivtext" = erklärende Bibelstellen

[Text in eckigen Klammern zeigt uns, wie viel Zeit zwischen einer Prophetie und deren Erfüllung lag]

Wenn nicht anders vermerkt, handelt es sich bei allen Bibelauszügen um Zitate aus der nicht revidierten Elberfelder Bibelübersetzung von 1905

Kaum ein anderes Genre in Literatur und Film hat mit den Jahren soviel Zuwachs erfahren wie Science-fiction. Leider ging dabei seine Ursprünglichkeit verloren, technische Wirklichkeit mit Spekulationen über das Machbare zu verknüpfen. Inzwischen wurde es eher zu einer modernen Form von Märchenerzählung. SciFi – Fantasy ist die Möglichkeit, sich eine zukünftige Welt zu basteln. Allerdings selten eine Welt ohne Kampf. Sieger ist, wer die stärkeren Schutzschilde besitzt, den besseren Phaser oder den schnelleren Warb-Antrieb. Eine Zukunft voller Action, Ruhelosigkeit und viel Kampf um Macht.

Sieht so die Zukunft aus? Seit jeher ist die Menschheit von der Frage fasziniert, wie die Zukunft wohl sein wird. Angefangen vom angeblich persönlichen Horoskop, über den individuellen Wahrsager bis zu Verschwörungstheorien und Vorhersagen zum Ende der Welt, von den Sternen über die Kristallkugel zu Nostradamus und dem Inka-Kalender.

Es ist schon erstaunlich, obwohl die Welt auch zur Jahrtausend-wende nicht untergegangen ist, zieht die Frage danach immer wieder Menschen aller Gesellschaftsschichten in ihren Bann. Was wird wohl die Zukunft bringen? Ereignisse der Menschheits-geschichte und ihre Daten zeigen uns, dass die Bibel mit Hinweisen auf die Zukunft nicht sparsam umgeht. Im Gegenteil, sie enthält viele prophetische Aussagen (Vorhersagen), von denen bereits 3268 * in Erfüllung gegangen sind.

*Prof. Dr. Werner Gitt

Geleitwort

„Das Frühere, siehe, es ist eingetroffen, und Neues verkündige ich. Ehe es hervorsprosst, lasse ich es euch hören."   *(Jesaja. 42, 9)*

Zum Beispiel erzählt uns Jesaja im Kapitel 9, Vers 5 etwa [730 Jahre vorher] von der Geburt Jesu. Micha im Kapitel 5, 1 sagt uns etwa zur gleichen Zeit Bethlehem als den Ort der Geburt voraus. König David weiß [etwas mehr als 1000 Jahre vorher], auf welche Weise Jesus Christus umgebracht wird und beschreibt es im Psalm 22, 17 – 19, obwohl die Perser erst etwa 150 Jahre später diese Methode erfanden, die dann von den Römern übernommen wurde.

Daniel beschreibt exakt [500 Jahre vorher] in Daniel 9, 26 den Todestag Jesu und berichtet von Ereignissen die für ihn in der Zukunft lagen, für uns aber bereits prüfbare Ereignisse der Vergangenheit in der Weltgeschichte sind. Vor 2500 Jahren, schrieb er von Ereignissen, die auch für uns noch in der Zukunft liegen. Das sollte uns zu denken geben. Die Bibel kann keinen menschlichen Ursprung haben!

Eindrucksvoll offenbart sich Gott in diesem Buch als der Herr über Raum und Zeit. Allmächtig und souverän macht ER in der Bibel, kein Geheimnis aus unserer Zukunft. Wie es schon im Amos Buch steht:

„Denn der Herr, Jahwe, tut nichts, es sei denn, dass er sein Geheimnis seinen Knechten, den Propheten, geoffenbart habe."

                    (Amos 3, 7)

Gott lässt uns zunächst hören, was geschehen soll. Das Buch Daniel lehrt uns auf eindrucksvolle Weise, dass die biblische

Prophetie auf jeden Fall und zwar punktgenau eintrifft. Das zeigt uns nicht nur, dass es Gott gibt, sondern auch, dass auf Ihn und sein Wort Verlass ist.

„Und du, Daniel, verschließe die Worte und versiegele das Buch bis zur Zeit des Endes. Viele werden es durchforschen, und die Erkenntnis wird sich mehren." (Daniel 12, 4)

Daniel zeigt uns mit dem, was er aufgeschrieben hat, in mehreren Kapiteln und in wechselnden Bildern den Verlauf wichtiger Ereignisse der Weltgeschichte. Je weiter wir lesen, um so mehr geht er ins Detail. Dabei wechselt er von Ereignissen, die er erlebt hat, in der ersten Hälfte des Buches, hin zu prophetischen Aussagen über die Zukunft Israels und der Welt, in der zweiten Hälfte des Buches.

Das Hauptthema seiner Erlebnisse in der Kriegsgefangenschaft ist seine Loyalität (treue Ergebenheit) gegenüber Gott, und die damit verbundene Absonderung von falscher Religion. Ein Thema, das in der Zeit des Endes eine wichtige Rolle zu spielen scheint, da das Buch Daniel, wie wir soeben gelesen haben, für die Zeit des Endes bestimmt wurde.

Die Bildersprache biblischer Prophetie ist nicht immer einfach zu verstehen. Nicht selten erscheint uns das, was wir lesen, wie eine Fremdsprache. Um die Bibel zu verstehen, muss man jedoch kein Akademiker sein, es reicht aus, sich an einige Tipps zu halten. Nehmen Sie einfach das Wort beim Wort! Um so weniger Verwirrung kann entstehen. Das Buch Daniel ist dabei ein guter Einstieg, um auch die Bilder zu verstehen, in der beispielsweise auch die Offenbarung zu uns spricht. Daher lohnt sich aufmerksames Lesen. Um so mehr wird man am Ende gesegnet sein.

Tipp 1:
Wenn Sie beim Lesen einer Bibelstelle einen einfachen Sinn erkennen können, dann suchen Sie nicht nach einem anderen!

Ist es nicht bemerkenswert, dass das Evangelium, die gute Nachricht, von Fischern, Hirten, Handwerkern, einem Zollbeamten und vielen anderen „Laien" in die Welt getragen und erklärt werden konnte? Nicht ein Prophet war Schriftgelehrter. Saulus war einer und solange er diesen Beruf ausübte, versuchte er das Christentum zu zerstören. Das Berufschristentum war damals noch nicht erfunden.

Die Arche wurde von einem Landwirt gebaut. Ein Schiff weit weg vom Wasser und ohne Ruder, doch Noah glaubte und vertraute Gott. König David besaß die Qualifikation eines Schafhirten, doch er vertraute ebenfalls dem HERRN denn der war sein Hirte.
Die Titanic wurde übrigens von qualifizierten Ingenieuren gebaut und von ausgebildeten Nautikern gesteuert.

So, wie man sich seine Schuhe beim Schuster und sein Brot beim Bäcker holt, so holt man sich inzwischen seine Religion bei einem Geistlichen. Die Bibel kennt das nicht. Dort können wir lesen, dass der Geist Gottes jeden zu einem Geistlichen macht, der sich verbindlich für Jesus Christus entscheidet.

„Wenn aber jener, der Geist der Wahrheit, gekommen ist, wird er euch in die ganze Wahrheit leiten; denn er wird nicht von sich selbst reden, sondern was irgend er hören wird, wird er reden, und das Kommende wird er euch verkündigen."   *(Joh. 16, 13)*

Tipp 2:

Wenn anhand von nachvollziehbaren Ereignissen in der Weltgeschichte prophetische Teile der Bibel erklärt werden können, dann braucht man auf die Erfüllung der Prophetie nicht mehr zu warten. Dann zeigt uns die Bibel, an welchem Punkt der Weltgeschichte wir bereits stehen.

Tipp 3:

Darüber hinaus erklären sich Bibelstellen oftmals, im Zusammenhang mit anderen Bibelstellen, und in ihrem Kontext, von selbst.

Wie schon erwähnt, sprechen gerade die prophetischen Teile der Bibel oft in Bildern zu uns, einer schwer zu verstehenden Sprache. Das ist aber nur auf den ersten Blick so. Vergleicht man Parallelstellen und untersucht man den Kontext, beachtet man darüber hinaus, gerade bei den prophetischen Stellen, auch die geschichtlichen Ereignisse, dann liefert die Bibel in den meisten Fällen eine eigene Erklärung.

Das aber bedeutet, dass man beim Lesen der Bibel sehr sorgfältig vorgehen muss, wenn sie sich uns erschließen soll. Erschwerend kommt hinzu, dass die Bibel sich nicht verstehen lässt, solange man Gott ablehnend gegenüber steht. Deshalb entstehen so viele falsche Interpretationen.

Geleitwort

„Der natürliche Mensch aber nimmt nicht an, was des Geistes Gottes ist, denn es ist ihm eine Torheit, und er kann es nicht erkennen, weil es geistlich beurteilt wird" (1. Kor 2, 14)

Wenn es dabei um die Botschaft vom Opfertod Jesu am Kreuz und dessen Bedeutung geht, schildert uns die Bibel die Folgen noch dramatischer:

„Denn das Wort vom Kreuz ist denen, die verloren gehen, eine Torheit." (1. Kor. 1, 18)

Bibelverständnis ist nicht das Gleiche Literaturverständnis. Es geht nicht darum ein Buch zu verstehen, es geht darum Gott zu verstehen.

Der bekannte Prediger Wilhelm Busch hat einmal gesagt: „Einen Gott, den ich mit meinem bisschen Verstand verstehen kann, den will ich nicht. Der wäre ja nicht größer als ich." Das bedeutet, ohne eine Beziehung zu Gott, ohne seine Hilfe, ohne seinen Geist, führt uns Bibelstudium allenfalls in die Philosophie aber nicht zur Rettung. Gott jedoch fordert uns ganz, und nicht einen oberflächlichen Zeitvertreib mit ihm.

Der Name Daniel heißt: „Gott ist mein Richter." Keinem Menschen und keiner menschlichen Institution, auch wenn sie sich Kirche nennt, schulde ich Rechenschaft über meine Gottesbeziehung, als nur Jesus allein.

Das Buch Daniel zeigt: Es gibt Gott und wir täten gut daran, wie Daniel „diesem Gott" die Treue zu halten.

Das Buch Daniel beweist: Was die Bibel ankündigt, das passiert!

Folglich bin ich gut beraten, mich nach der Gnade aus zu strecken, die mir angeboten wird.

Das Buch Daniel führt uns auf anschauliche Weise zu dem Wort vom Reich Gottes. Wie „überlebenswichtig" es ist, es zu verstehen, zeigt uns folgender Vers:

„So oft jemand das Wort vom Reich hört und nicht versteht, kommt der Böse und reißt weg, was in sein Herz gesät war; dieser ist es, der an den Weg gesät ist." (Matth. 13, 19)

Niemand außer Gott weiß genau, was der Menschheit in Zukunft blüht. Deshalb erhebe auch ich nicht den Anspruch, mit meiner Sicht der Dinge „Recht" zu haben. Jedoch sind wir aufgefordert, auf die Zeichen der Zeit zu achten … und alles zu prüfen.
In diesem Buch möchte ich versuchen, die biblischen Aussagen über unsere Zukunft und die Zeichen der Zeit, soweit ich sie beurteilen kann, einer Summe zu zu führen. Außerdem möchte ich dazu anregen, nicht alles an dem über Jahrtausende gewachsenen Verständnis, unserer westlichen Welt zu messen. Nicht selten machen wir uns dabei zum Maßstab aller Dinge.
Möge die Zeit zeigen, wohin uns der Wille Gottes führt.

Ich möchte gerne aufheben, was an den Wegrand gesät ist, um es in guter Erde wieder abzulegen!

Bleibt noch zu bemerken, dass dieses Buch nicht das eigene Studium der heiligen Schrift ersetzen soll! Im Gegenteil,

„prüft aber alles, das Gute haltet fest." (1. Thess. 5, 21)

Zwischenspiel

Was war geschehen?

Zum wievielten Mal das Volk Israel gegen seinen Gott ungehorsam war, lässt sich kaum sagen. Fest steht, Gottes Zorn entbrannte und es kam, wie es kommen musste. Die Weltmacht der damaligen Welt kam, sah und siegte und Israel geriet unter die Herrschaft von Nebukadnezar, den König von Babylon. Neben der üblichen Kriegsbeute, sowie dem Tempelschatz, gab es, wie in allen Kriegen, natürlich auch Kriegsgefangene.

Einer von diesen Kriegsgefangenen war Daniel. Im Buch Daniel wird die Geschichte eines jungen Mannes und seiner Freunde erzählt, die sich in einem von fremden Göttern beseelten Umfeld, unter einem fremden Regime, in einer fremden Kultur, behaupten mussten.
Und dennoch, Daniel machte Karriere. Nicht vom Tellerwäscher zum Millionär, doch aber vom Kriegsgefangenen zum Minister des Feindeslandes. Siebzig Jahre bleibt er dort. Die meiste Zeit in hohem Amt und Würden. Er überdauert mehrere Regierungen, aber sein Rat ist von allen gefragt und einige nehmen sogar seinen Glauben an.

Sicher haben Daniel und seine Freunde sehr viel erlebt in dieser Zeit und es gäbe vieles, was uns interessieren würde. Das Buch Daniel aber hat im Grunde nur eine wichtige Geschichte zu erzählen. Sie erzählt von den Ereignissen im Leben Daniels, die etwas mit der Frage nach der Loyalität gegenüber Gott zu tun haben. Gott hat dieses Buch für die „Zeit des Endes" schreiben lassen *(Daniel 12, 4+9)*. Wir können also davon ausgehen, dass dieses Thema, nämlich mehr auf Gott zu hören als auf die Menschen, (Apg. 5, 29) gerade in der „Zeit des Endes" eine wichtige Rolle spielen wird. Daniel bleibt seinem Gott treu, egal wie schwierig und bedrohlich die Situation auch wird.

Gott hat ein Auge auf ihn geworfen, er nennt ihn: „Viel geliebter" und gibt ihm in Visionen (besonders in der zweiten Hälfte des Buches) einen Überblick über den Ablauf von Ereignissen, deren punktgenaue Erfüllung in Erstaunen versetzt. Es hilft uns, zu verstehen, an welchem Punkt der Geschichte wir jetzt stehen und was geschehen wird. Es hilft aber auch zu verstehen, dass Gott ein verlässlicher Gott ist, der sich an das, was er gesagt hat, hält, der die Zukunft kennt und gerade dabei ist, mit seinem Plan zum Ende zu kommen.

9 „Denkt an das, was ich früher gesagt habe!" sagt der Herr. „Ich allein bin Gott und sonst keiner, niemand ist mir gleich. 10a Ich kündige an, was geschehen wird, lange bevor es eintrifft.

(Jesaja 46, 9+10a GN *)

* Gute Nachricht Bibel

Kapitel 1

1 **Im dritten Jahre der Regierung Jojakims, des Königs von Juda,...**

Eigentlich eine uralte Geschichte. Gott hatte schon im 5. *Buch Mose, Kapitel 28*, seinem Volk gesagt, wie er sie segnen möchte, wenn sie an seinem Willen fest halten. Er fand aber auch sehr ernste Worte für den Fall, dass sie erneut ungehorsam würden [ca. 1000 Jahre nach der Prophetie eingetroffen].
Es ist staunenswert, wie sich alles erfüllt hat, von der Landverödung über die römische Belagerung, die Zerstreuung unter die Nationen und die Rückkehr in die Heimat. Doch diese Bilder sollen heute nicht unser Thema sein.

Das, was wir hier im dritten Jahr der Regierung des Königs Jojakims sehen, ist der Beginn des letzten Fluches über das ungehorsame Volk. Der Anfang der heidnischen Herrschaft über Israel. (*5. Mose 28, 64*)
Das gottlose Verhalten von Jojakim war nur der Tropfen, der das Fass zum Überlaufen brachte. Von ihm sollte kein Nachkomme auf dem Thron Davids sitzen, bis Jesus, aus dem Hause Davids, kam und den Titel „König der Juden" für sich beanspruchte, wofür man ihn ja auch vordergründig gekreuzigt hat.

Wir schreiben das Jahr 605 vor Christus und es ist Krieg.

...kam Nebukadnezar, der König von Babel, nach Jerusalem und belagerte es.

Nebukadnezar begann im August mit der Belagerung Israels. Als er vom Tod seines Vaters erfuhr, beeilte er sich, nach Hause zu kommen, um dort die Thronfolge an zu treten, kehrte aber im September zurück, um Jerusalem erneut zu belagern.

2 Und der HERR gab Jojakim, den König von Juda, in die Hand Nebukadnezars, des Königs von Babel...

Wie heute, wird man sich auch damals gefragt haben: „Wie kann Gott so etwas zulassen?" Doch Gott ließ es nicht nur zu, nein „*der Herr* selbst *gab*" sie in die Hand der Feinde denn:

„*...er, Jojakim, tat was böse war in den Augen des Herrn*"

(*2. Könige 23, 37a*)

...Auch einen Teil der Geräte des Hauses Gottes nahm der König von Babel; und er brachte sie in das Land Sinear, in das Haus seines Gottes ...

Dass Nebukadnezar auch Geräte aus dem Tempel mitgehen lässt, um sie nach Sinear, die Landebene um Babel zu bringen, ist auch eine Botschaft Gottes an sein Volk. „Ihr wollt mich nicht?" Dann brauche ich auch keinen Tempeldienst mehr von Euch!"

...die Geräte brachte er in das Schatzhaus seines Gottes.

„Wenn Ihr Götzen dienen wollt, können auch die Tempelgeräte, die eure Väter mir einst gemacht haben, zu diesen Götzen gebracht werden."
Eigentlich hätte sich das Volk auch darüber nicht zu wundern brauchen, denn [ca. 70 Jahre zuvor] lebte der Prophet Jesaja.

Er hatte im Auftrag Gottes schon vorhergesagt, dass es so kommen wird. Dort heißt es:

„Siehe, es werden Tage sein, da alles, was in deinem Hause ist und alles was deine Väter bis auf diesen Tag aufgehäuft haben, nach Babel weggebracht wird; und es wird nichts übrigbleiben, so spricht der HERR."   *(Jesaja 39, 6)*

Weiter lesen wir im Buche Jesaja, wie Jesaja zu Hiskia, dem damaligen König von Juda, sprach:

„Und von deinen Söhnen, die aus dir hervorkommen werden, die du zeugen wirst, wird man einige nehmen, und sie zu Beamten im Dienst des Königs von Babel machen."   *(Jesaja 39, 7)*

[ca. 70 Jahre nach Prophetie eingetroffen.]

3 Und der König befahl dem Aschpenas, das war der Oberste seiner Hofbeamten, dass er von den Kindern Israel, sowohl aus den königlichen Familien, als auch von den Vornehmen, junge Männer aussuchen sollte,
4 an denen nichts auszusetzen wäre, und schön von Ansehen, unterwiesen in aller Weisheit, kenntnisreich und mit Einsicht begabt, welche geeignet wären, im Königspalast zu arbeiten; und dass man sie die Schriften und die Sprache der Chaldäer lehre.

Diese auf den ersten Blick seltsame Art, mit Kriegsgefangenen umzugehen, war für die Ägypter und Babylonier üblich. Eine wertvolle Taktik, denn von klugen Köpfen geht Gefahr aus, also muss man sie sich selbst zu Nutze machen. Daher wurden die

Klügsten und Edelsten, wir würden heute sagen: „Menschen mit Charisma", die zur Führungspersönlichkeit taugten, in den Staatsdienst des Siegers eingeführt. Eine Schule der Superlative. Ausbildung in der Sprache und der Kultur der Siegesmacht, Unterbringung am Königshofe und sogar Teilnahme an der Tafelkost des Königs. So zog man sich loyale Verwalter groß, die in zwei Kulturen zuhause sein sollten. In der heimatlichen und in der des regierenden Landes. Dem König ergeben, dem Sieger verpflichtet und der Heimat verbunden.
So kamen auch Daniel und seine Freunde im Alter zwischen 16 und 18 Jahren in das Land der Chaldäer*.

5 **Und der König gab Befehl, dass ihnen täglich von der Tafelkost des Königs und von dem Weine, den er trank, als Nahrung zu geben sei,...**

Die Tafelkost des Königs: ein sorgenfreies Leben in der Gefangenschaft. Doch Vorsicht! Sagt nicht ein altes Sprichwort: „Wess` Brot ich ess`, dess` Lied ich sing?"

...und dass man sie drei Jahre lang erziehen möge; und am Ende der drei Jahre sollten sie in des Königs Dienst treten.

Auch bei Daniel und seinen Freunden sollte die Umerziehung

* Das Land der Chaldäer war einmal eines der bedeutendsten Seeländer am Persischen Golf. Der Name wurde später eine Bezeichnung für ganz Babylonien. (Lexikon zur Bibel von Fritz Rienecker, 1960 R. Brockhaus Verlag, Wuppertal Chaldäa, Seite 262)

ihren Anfang nehmen. Trotz aller Vorteile, für diese Art der Gefangenschaft, würde die Tafelkost des Königs, für einen gläubigen Juden, „Verunreinigung" und die Umerziehung auf jeden Fall „Götzendienst" bedeuten.
Außerdem wurde des Königs Tafelkost zuvor oft heidnischen Götzen geweiht und koscher war sie erst recht nicht.

Tatsächlich zeigt sich gleich zu Beginn der Umerziehung auch eine geistliche Dimension. Denn Namen scheinen alles andere als Schall und Rauch zu sein, und so bekommen Daniel und seine Freunde zunächst einmal neue Namen.

6 Und es waren unter ihnen, von den Kindern Juda : Daniel, Hananja und Asarja. 7 Und der Oberste der Beamten gab ihnen andere Namen; und er nannte:
Daniel   = Beltschazar,
Hananja = Sadrach,
Mischael = Mesach und
Asarja   = Abednego.

Aus Daniel, was soviel heißt wie „Gott ist mein Richter", wird „Beltschazar", was soviel heißt wie = Bel beschütze sein Leben.
(Bel = ein babylonischer Sonnengott)
Aus Hananja, „Gott ist gnädig", wird „Sadrach", das bedeutet „Geheiß Aku`s" (oder: Wort des babylonischen Mondgottes)
Aus Mischael, „Wer ist, was Gott ist", wird „Mesach."
(Wer ist wie der Mondgott Babylons?)
Aus Asarja, „Gott hilft", wird Abed-Nego, „Knecht des Nego"
(babylon. Gott des Lichtes, des Merkur oder der Weisheit)

8 Und Daniel nahm sich in seinem Herzen vor, sich nicht mit der Tafelkost des Königs und mit dem Weine, den er trank, zu verunreinigen; und er erbat sich von dem Obersten der Kämmerer, dass er sich nicht verunreinigen müsse.

Die Namensänderung ließ Daniel wachsam werden. Er hatte eine tiefe Herzensbeziehung zu Gott. Die Tafelkost des Königs war alles andere als das, was ein gläubiger Jude unter Ernährung verstand, deshalb nahm er sich in seinem Herzen vor, sich damit nicht verunreinigen zu lassen. Solange er in seinem Herz der „Daniel" war (Gott ist mein Richter), solange war es egal, wenn Götzenanbeter in ihm einen Beltschazar sehen wollten. Wer heute in seinem Herzen Christ ist, der muss auch damit leben, andere Namen zu bekommen. Vom „Sektierer" über den „Fundamentalisten", den „ewig Gestrigen", bis hin zur angeblichen „Gefahr für die ach so aufgeklärte Gesellschaft", welche nur zu gerne, grundlegendes Christ sein, als Radikalität abstempeln möchte.

Daniels Herz war voller Hingabe für Gott. Nicht, was wohl alle machen würden, nicht das Leben mit dem geringsten Widerstand, sondern, was wohlgefällig war vor Gott, das war sein Maßstab. Das Herz war ihm wichtig, nicht ein berechnender Verstand.

Wenn er in solch kleinen Dingen wie der Nahrung schon ungehorsam würde, wie würde es dann erst, wenn die großen Versuchungen kommen sollten?

Frei nach dem Motto: „Wer anklopft, dem wird aufgetan" beantragte er deshalb beim obersten Kämmerer eine Befreiung von der Tafelkost und vom Wein.

9 Und Gott gab Daniel Gnade und Barmherzigkeit vor dem Obersten der Kämmerer.

Selbst in solchen, auf den ersten Blick belanglosen Bitten, ist es Gott, der die Dinge bestimmt, denn wir lesen: „Gott" gab Gnade.

10 Und der Oberste der Kämmerer sprach zu Daniel: „Ich fürchte meinen Herrn, den König, der eure Speise und euer Getränk verordnet hat; denn warum sollte er sehen, dass eure Angesichter verfallener wären als die der anderen Jünglinge eures Alters, so dass ihr meinen Kopf beim König verwirktet?

Es ist gar nicht so einfach, seinen Glauben aus zu leben, wenn andere Menschen mit von der Partie sind. Bei manchen Hindernissen stößt man schnell an seine Grenzen. Besonders, wenn sie auch noch „christlich" verpackt sind. Die Versuchung hat viele Gesichter, leider auch den Appell an Mitgefühl und Mitmenschlichkeit.
Die Angst des Kämmerers, seinen Kopf zu verlieren, wenn er Daniel, gegen den Willen des Königs, ein gottesfürchtiges Leben ermöglicht, war durchaus begründet. Das wusste auch Daniel.

Emotionen kommen ins Spiel. Angst, Mitleid und auch die Versuchung, nachzugeben. Wer in einem solchen Fall nicht nachgibt, wird schnell dem Vorwurf fehlender Liebe, oder fehlender Toleranz ausgesetzt sein. Daniel aber bleibt der Mann, dessen Gott sein Richter ist. Niemand kann ihm die Verantwortung nehmen, Gott mehr zu gehorchen, als irgend jemand anderem! Doch Gott schenkt auch Weisheit und so reagiert Daniel mit einem weisen Vorschlag, der sowohl ihn als auch den Kämmerer aus der Zwickmühle holen kann.

11 Und Daniel sprach zu dem Aufseher, welchen der Oberste der Hofbeamten über Daniel, Hananja, Mischael und Asarja bestellt hatte: 12 Versuche es doch mit deinen Knechten zehn Tage, und man gebe uns Gemüse zu essen und Wasser zu trinken; 13 und dann mögen unser Aussehen und das Aussehen der anderen Jünglinge, die, welche die Tafelkost des Königs essen, von dir geprüft werden; und dann tue mit deinen Knechten nach dem, was du sehen wirst.

Daniel gibt hier eine Kostprobe von seinem Gottvertrauen. Er ist sich sicher, solange er mit dem Herzen Gott nachfolgt, wird Gott diesen Entschluss segnen.

14 Und er hörte auf sie in dieser Sache und versuchte es zehn Tage mit ihnen. 15 Und am Ende der zehn Tage zeigte sich ihr Aussehen besser und völliger an Fleisch als dasjenige aller Jünglinge, welche die Tafelkost des Königs gegessen hatten. 16 Da tat der Aufseher ihre Tafelkost und den Wein, den sie trinken sollten, weg und gab ihnen Gemüse.

Und Gott segnete diesen Entschluss. Das Aussehen Daniels und seiner Freunde, nach dieser zehntägigen Gemüse – Kur, war überzeugend. So manch einer mag nun daraus schließen, dass es die vegetarische Ernährung war, die zu Gottes Wohlwollen geführt hat. Doch ich bin mir sicher, dass es Gottes Antwort war, auf Davids Vertrauen und seinen Wunsch, Gott zu gehorchen.

17 Und diesen vier Jünglingen, ihnen gab Gott Kenntnis und Einsicht in aller Schrift und Weisheit; und Daniel hatte Verständnis für alle Gesichte und Träume.

Sicher, man kann auch aus der Ernährung eine Religion machen. Doch dass es hier um mehr als die Ernährung geht, sehen wir darin, dass Daniel und seine Freunde nicht nur gesünder aussehen. Nein, Gott setzt noch eins drauf und schenkt ihnen Kenntnis, Einsicht und Weisheit und Daniel darüber hinaus noch die Fähigkeit der Traumdeutung. Gaben, die man nicht durch eigene Anstrengungen oder durch Einhalten von Speise - Regeln erwerben kann. Gott Antwortet auf Daniels Verhalten mit: *„und Gott gab...“,* und zwar: die Fülle!

18 Und am Ende der Tage, nach welchen der König sie zu bringen befohlen hatte, brachte sie der Oberste der Kämmerer vor Nebukadnezar. 19 Und der König redete mit ihnen; und unter ihnen allen wurde keiner gefunden wie Daniel, Hananja, Mischael und Asarja; und sie standen vor dem König.

Die Zeit verging und die Jahre der Ausbildung im fremden Land neigten sich dem Ende zu. Und selbst damals wurde man, nach einer Ausbildung, nicht vor einem Examen verschont und in diesem Fall, nahm der König persönlich die Prüfung ab.

20 Und in allen Sachen einsichtsvoller Weisheit, welche der König von ihnen erfragte, fand er sie zehnmal allen Schriftgelehrten und Beschwörern überlegen, die in seinem ganzen Königreiche waren.

Auch hier ließ Gott die vier Freunde nicht alleine. Er brachte regelrecht seinen Geist in Ihnen zur Entfaltung. Was für eine Beurteilung! In allen Dingen, die der König erwartete, wurden sie um das Zehnfache besser beurteilt als ihre Mitschüler. Ihre Fähigkeiten lösen jedoch keinen Hochmut aus. Sie wussten, dass alles von Gott kommt und dass Ihm der Dank und die Ehre gebührt.

Zum Abschluss des ersten Kapitels finden wir einen bemerkenswerten Satz. Und zwar die Zeitangabe, dass Daniel bis zum ersten Regierungsjahr des „Kyrus" in Babel bleiben wird.

21 Und Daniel blieb bis zum ersten Regierungsjahr des Königs Kyros.

Zum einen erhalten wir einen Einblick, wie lange Daniel in Babel war, nämlich von 605 v. Chr. (siehe Vers 1 „**im dritten Jahre der Regierung Jojakims, des Königs von Juda,...**), bis ins erste Jahr des Königs Kyros etwa 539 v.Chr. Somit hat Daniel etwa 70 Jahre seines Lebens in Babel zugebracht und dabei hohe Ämter inne gehabt.

Aber auch der Name „Kyros" kann uns in Erstaunen versetzen. Ein heidnischer Herrscher, der uns im Danielbuch später noch einmal begegnen wird. Nicht allein, dass Gott ihn für seine Pläne mit Babylon gebrauchen wird, bereits viele Jahre vor seiner Geburt lässt Gott ihn durch den Propheten Jesaja in der Bibel als den Mann vorher sagen, der Jerusalems Tempel einst wieder aufbauen lassen wird. (siehe *Jesaja 44, 24-28*)

[Jesaja wurde unter König Hiskia um 736 v. Chr. zum Propheten berufen und erzählt uns Details aus dem Leben von Kyros und dem Plan, den Gott mit diesem Mann hat, obwohl Kyros* erst 600 v. Chr. geboren wurde.]

Zwischenspiel

Gefangenschaft

Das Wort „Gefangenschaft" lässt uns automatisch an Kerker, Gitter und Ketten, an Entbehrungen und Einschränkungen denken. Wir denken zuerst an Strafe und selten an Vergebung oder Resozialisierung. Dass Gefangenschaft aber auch andere Gesichter haben kann, sehen wir bei Daniel und wir wissen, dass es noch viel mehr Gesichter gibt.
Wie oft sind uns „die Hände gebunden", sind wir handlungs-unfähig? Wie oft vermögen wir nicht „über unseren Schatten zu springen?" Und um mit Paulus zu reden, wie oft tun wir genau das, was wir eigentlich gar nicht tun wollen?

„Denn das Gute, das ich will, übe ich nicht aus, sondern das Böse, das ich nicht will, das tue ich."   (Römer 7, 19)

Wie oft nehmen uns Dinge gefangen? Dinge die man besser nicht getan hätte, Bilder, die man nicht mehr los wird, Wörter, die einen verfolgen können. Folgen falscher Entscheidungen, eine uns immer wieder einholende Vergangenheit. Arbeit ohne

*In einigen Übersetzungen wird er auch „Cores" genannt

Berufung, Partnerschaft ohne Liebe. Begabungen ohne Hoffnung und Träume ohne Zukunft. Gefangen in unseren Gewohnheiten und Traditionen...

Die Palette unserer Gefangenschaften ist groß und findet nicht selten ihren Höhepunkt in Sucht und anderen Abhängigkeiten. Gefangen in der Sucht nach Karriere, nach Anerkennung, nach Geltung, nach Macht, nach Sex, nach Betäubung, nach Geld, nach dem noch größeren Kick, nach dem ultimativen... u.s.w.

Das alles hat seinen Ursprung in der Gefangenschaft mit der größten Auswirkung auf unser Leben, das Gefangen sein in unserer Trennung von Gott. Das Fremdwort für Trennung von Gott heißt Sünde und Gott sagt:

„Denn der Lohn der Sünde (Ziel verfehlt) *ist der Tod, die Gnadengabe Gottes aber ewiges Leben in Christo Jesu, unserem Herrn.“*   (Römer 6, 23)

Getrennt von Gott, sind wir in Gottes Augen keine Gefangenen, viel schlimmer noch, wir existieren gar nicht, wir sind tot. Deshalb tust Du gut daran, dem Ruf des Herrn Jesus zu folgen, der Dir zuruft „Komm heraus!“ aus deiner Gefangenschaft, aus deinem Grab, und lass Dich von ihm mit Leben beschenken.

„Wenn nun der Sohn euch frei machen wird, so werdet ihr wirklich frei sein.“   (Johannes 8, 36)

Mir fällt dazu eine Geschichte ein, die wir im *11. Kapitel* des *Johannes Evangeliums* finden. Lazarus, ein Freund von Jesu war gestorben. Jesus kommt nun nach Bethanien, wo Lazarus gelebt

2

hat und dessen Schwestern noch leben. Er ist zutiefst traurig darüber, dass sein Freund tot ist und nunmehr seit vier Tagen im Grab liegt. Jesus tat nie etwas aus Eigennutz. Aber um seinen Vater im Himmel zu verherrlichen, gab er Anweisung, dass man das Grab öffnen solle. *„Herr, er stinkt schon"*, hatte Martha, die Schwester von Lazarus, die immer sehr auf Ordnung bedacht war, zu Jesus gesagt, denn Lazarus lag schon vier Tage im Grab.

Wir kennen diese Redeweise: „Das stinkt mir jetzt aber!" oder „Der oder die stinkt mir!" Es ist nichts als eine Ausrede, sich nicht mit dem betroffenen Menschen oder der jeweiligen Situation befassen zu wollen. Jesus ist da ganz anders! Jesus liebte uns schon, als wir noch Sünder waren, und das, obwohl er die Sünde hasst. Und Sünde ist kein Wohlgeruch für Gott.

Doch zurück zum Ort des Geschehens! Was für eine Szene, als Jesus mit lauter Stimme rief:

„Lazarus komm heraus!"

Und Lazarus kam heraus. Wir lesen zwar:

„der Verstorbene kam heraus, an Füßen und Händen mit Grabtüchern gebunden, sein Gesicht war mit einem Schweißtuch umwickelt."   (Johannes 11, 44)

aber der Tote war dem Ruf Jesu gefolgt. Sicher, seine Hände und Füße waren noch gebunden, er brauchte ein wenig Hilfe, um für Jesus „handeln" und ihm nach, seinem Ruf zu folgen. Auch sein Kopf war noch umwickelt, so sah er auch noch kein klares Bild von Jesus, doch am Ende des Tages lag er schon mit Jesus zu Tisch. Ohne Jesus bleiben auch wir in unseren Sünden tot.

„und ihr werdet die Wahrheit erkennen, und die Wahrheit wird euch frei machen."   *(Johannes 8, 32)*

Jesus ist die Wahrheit!

Wen Jesus frei macht, den kann nicht mal der Tod gefangen halten. Wen Jesus frei macht. Der kann nicht in der Sünde bleiben. Jesus hat den Tod besiegt! Deshalb freuen Christen sich auch auf die Entrückung oder auf die Auferstehung, weil wir danach mit Jesus für immer zusammen sein werden.

Daniel war nur äußerlich in Gefangenschaft. Es ging ihm wie allen, die eine lebendige Beziehung zu Gott haben. Nichts kann sie wirklich gefangen nehmen, denn in ihrem Herz und in ihrem Geist befindet sich der Schöpfer persönlich. Eine Liebe, die wahrhaft göttliches Ausmaß besitzt und Berge versetzen kann. Ein Glaube, der nicht auf ein „na ja, könnte schon sein" beruht, sondern auf Vertrauen und Gewissheit, weil man sich unter Liebenden eben so gut kennt, dass man weiß, was möglich ist. Und *bei Gott sind alle Dinge möglich!*

„Du bist aufgefahren in die Höhe, du hast die Gefangenschaft gefangen geführt; du hast Gaben empfangen im Menschen, und selbst für Widerspenstige, damit Gott, eine Wohnung habe."

(Psalm 68, 19)

Jesus hat die Gefangenschaft gefangen geführt. Ein Angebot, das allen Menschen gilt, egal wie widerspenstig sie sich bis dahin gegenüber Gott verhalten haben. Denn Gott möchte, dass ER mit seiner Liebe in allen Menschen wohnt.

Kapitel 2

1 Und im zweiten Jahr der Regierung Nebukadnezars hatte Nebukadnezar Träume, und sein Geist wurde beunruhigt, und sein Schlaf war für ihn dahin.

Es ist das Jahr 604 vor Christus und es ist Nacht. Doch im Königspalast zu Babel läuft in dieser Nacht auch nicht alles rund.

Nebukadnezar hatte geträumt, doch es war anders als sonst. Er erinnerte sich zwar daran, dass er geträumt hatte, jedoch wurde er innerlich angetrieben, den Traum auch zu verstehen, was ihm aber nicht gelang. An Schlaf war nicht mehr zu denken.

Was er zu diesem Zeitpunkt noch nicht wusste: Gott schenkte ihm eine erste Weissagung, doch er verstand es nicht. Zum gleichen Thema erhält übrigens auch Daniel diese Weissagung. Allerdings erst später, ab Kapitel sieben, dafür jedoch viel detaillierter als Nebukadnezar in seinem Traum.

2 Und der König befahl, dass man die Schriftgelehrten und die Beschwörer und die Zauberer und die Priester rufen sollte, um dem König seine Träume kundzutun; und sie kamen und traten vor den König. 3 Und der König sprach zu ihnen: Ich habe einen Traum gehabt, und mein Geist ist beunruhigt, um den Traum zu wissen.

Nebukadnezar konnte sich vor allem daran erinnern, dass der Traum wohl wichtig war.

4 Da sagten die Priester zu dem König auf aramäisch: O König, lebe ewiglich! Sage deinen Knechten den Traum, so wollen wir dir die Deutung anzeigen.

Wie die meisten Menschen, erhoffte auch Nebukadnezar sich zunächst Antworten von der Wissenschaft. Wozu hielt man sich diese Elite, wenn nicht dazu?

Und zu dieser Elite gehörten damals Zauberer und Beschwörer, Wahrsager, Sterndeuter und Priester für die verschiedensten Gottheiten. Sollten die doch ihre Fähigkeiten zeigen und dem König sagen was es zu bedeuten hatte.

Jeder hatte seine eigene Art der Praxis. Während die einen den Lauf der Gestirne errechneten, deuteten andere bestimmte Zeichen der Natur. Wieder andere konnten in den Eingeweiden von Schafen lesen. Doch in jedem Fall war es nötig, den Traum genau zu kennen und Zeit zu investieren. Was lag also näher als den König zu fragen, was er denn geträumt hat?

5 Der König antwortete und sprach zu den Priestern: Die Sache ist von mir fest beschlossen: wenn ihr mir den Traum und seine Deutung nicht kundtut, so sollt ihr in Stücke zerhauen, und eure Häuser sollen zu Kotstätten gemacht werden; 6 wenn ihr aber den Traum und seine Deutung anzeigt, so sollt ihr Geschenke und Gaben und große Ehre von mir empfangen. Darum zeigt mir den Traum und seine Bedeutung.

Nebukadnezar war ungehalten und sehr ungeduldig. Er vertraut den Wahrsagepriestern nicht so recht. Deshalb wollte er ganz sicher gehen, dass sie ihm keine Deutung vorschwindelten und befahl ihnen unter Todesandrohung, ihm zunächst den Traum selbst und dann die Deutung zu sagen.

7 **Sie aber antworteten zum zweiten Mal und sprachen: Der König sage seinen Knechten den Traum, so wollen wir die Deutung anzeigen. 8 Der König antwortete und sprach: Ich weiß zuverlässig, dass ihr Zeit gewinnen wollt, weil ihr seht, dass die Sache von mir fest beschlossen ist, 9 dass, wenn ihr mir meinen Traum nicht kundtut, es bei eurem Urteil bleibt; denn ihr habt euch verabredet, Lug und Trug vor mir zu reden, bis die Zeit sich ändere. Darum sagt mir den Traum, und ich werde wissen, dass ihr mir auch seine Deutung anzeigen könnt.**

Nicht einmal zeitlichen Aufschub wollte er ihnen geben, obwohl bekannt war, dass die Methoden der Wahrsager, Sterndeuter und Beschwörer Zeit beanspruchten.

10 **Die Priester antworteten dem König und sprachen: Kein Mensch ist auf dem Erdboden, der die Sache des Königs anzeigen könnte; weil kein großer und mächtiger König jemals eine Sache wie diese von irgend einem Zauberer, Schriftgelehrten oder Priester verlangt hat. 11 Denn die Sache, welche der König verlangt, ist schwer; und es gibt keinen anderen, der sie vor dem König anzeigen könnte, als nur die Götter, deren Wohnung nicht bei den Menschen ist.**

Die wissenschaftliche Elite ist überfordert, denn ihre Götzen antworten nicht. Wenn sie sagen, dass ihre Götter keine Gemeinschaft mit den Menschen pflegen, dann sagen sie in diesem Fall sogar die Wahrheit. Götzenbilder aus Holz und Stein haben keine Antworten.

12 Darüber wurde der König zornig, er ergrimmte sehr, und er befahl, alle Weisen von Babel umzubringen.

Nebukadnezars Geduld war schnell zu Ende. Wenn die Weisen nicht taugten, wozu sie eigentlich da waren, wozu brauchte er sie dann noch? Nun durfte er auf keinen Fall sein Gesicht verlieren und deshalb befahl er, alle Weisen in Babel zu töten. Dumm nur, dass auch Daniel und seine Freunde inzwischen zu den Weisen gezählt wurden.

13 Und der Befehl ging aus, die Weisen zu töten; und man suchte auch Daniel und seine Freunde, um sie zu töten. 14 Da erwiderte Daniel mit Verstand und Einsicht dem Arioch, dem Obersten der Leibwache des Königs, der ausgezogen war, um die Weisen von Babel zu töten; 15 er antwortete und sprach zu Arioch, dem Oberbeamten des Königs: Warum dieser strenge Befehl vom König? Da tat Arioch die Sache dem Daniel kund.

Sie werden gesucht und gefunden. Es sieht so aus, als ob Daniel bereits jetzt schon hohes Ansehen genießt, denn „Arioch", der Mann mit dem Befehl, Daniel, seine Freunde und die übrigen Weisen, zu töten, lässt sich von Daniel aufhalten und ermöglicht ihm sogar eine Audienz beim König.

16 Und Daniel ging hinein und erbat sich vom König, dass er ihm eine Frist gewähren möge, um dem König die Deutung anzuzeigen.

Das sichere Auftreten Daniels, dass er ihm die Deutung sagen könne, wenn er nur Zeit bekäme, beeindruckten auch Nebukadnezar. Den anderen Weisen hatte der König ja die Bitte um Zeit abgelehnt. Daniel aber bekommt sie gewährt.
Gott gibt...

Beeindruckend auch, mit welch einer Gewissheit Daniel davon ausgeht, dass ihm die Deutung gesagt wird, wenn er nur Zeit hat, mit Gott darüber zu reden.

„Der Glaube aber ist eine Verwirklichung dessen, was man hofft, eine Überzeugung von Dingen, die man nicht sieht." (Hebräer 11, 1)

17 Darauf ging Daniel in sein Haus; und er teilte seinen Gefährten Hananja, Mischael und Asarja die Sache mit, damit sie den Gott des Himmels um Erbarmen bitten sollten wegen dieses Geheimnisses, 18 damit Daniel und seine Gefährten nicht mit den übrigen Weisen von Babel umkämen.

Und es sieht so aus, als wenn Daniel und seine Freunde keine Probleme haben. Zumindest reagieren sie nicht kopflos, sondern machen das einzig Vernünftige, sie bilden eine Gebets-gemeinschaft, um Gott von ihrem Problem zu erzählen. Und Gott? Er antwortet.

19 Darauf wurde dem Daniel in einer Nachtvision das Geheimnis offenbart. ..

„Den Seinen gibt`s der Herr im Schlaf." So lautet ein Sprichwort und möglicherweise haben wir hier den Ursprung für dieses

Sprichwort, denn Daniel bekommt des Rätsels Lösung in einer nächtlichen Vision gezeigt.

Daniel lässt nichts anbrennen, anstatt dem König nun so schnell wie möglich von seinem Erfolg zu berichten, beginnt er zunächst einmal damit, frei nach dem Motto: „Immer das Nötigste zuerst!" Gott die Ehre zu geben und sich zu bedanken. Eine Reihenfolge, die wir nur allzu gerne vergessen. Den Weisen aber gibt Gott Weisheit und Erkenntnis.

...Da pries Daniel den Gott des Himmels. 20 Daniel fing an und sprach: „Gepriesen sei der Name Gottes von Ewigkeit zu Ewigkeit! Denn Weisheit und Macht, sie sind sein. 21 Er ändert Zeiten und Fristen, er setzt Könige ab und setzt Könige ein; er gibt den Weisen Weisheit und Erkenntnis den Einsichtigen;

Einsicht führt also zu Erkenntnis? Lassen Sie mich an dieser Stelle noch einmal an einen unserer „Bibellese - Grundsätze" erinnern: „Ist ein einfacher Sinn erkennbar, dann suche keinen anderen!" Ich denke, dass man dieses Vorgehen am ehesten mit Einsicht vergleichen kann. Denn wenn ich etwas nicht einsehen will, weil es mir nicht gefällt, dann suche ich andere Erklärungen.

22 Er offenbart das Tiefe und das Verborgene; er weiß was in der Finsternis ist, und bei ihm wohnt das Licht. 23 Dich, Gott meiner Väter, lobe und preise ich, dass du mir Weisheit und Kraft gegeben und mich jetzt hast wissen lassen, was wir von dir erbeten haben; denn du hast uns die Sache des Königs wissen lassen.

Doch zunächst werden wir Zeugen dieses wundervollen Gebetes, indem die Herzensstellung Daniels gegenüber Gott deutlich wird. Gott ist ihm Vater und er erwartet alles von ihm.

Von Martin Luther ist ein Ausspruch bekannt, den er während seines Studiums geprägt hat: „Fleißig gebetet ist über die Hälfte studiert!"

Im aufrichtigen Gebet, sind wir direkt am Ohr Gottes. Man spürt Daniel ab, dass er seinen himmlischen Vater liebt. So gestärkt und von Gott beschenkt darf Daniel wirken. Doch Daniel kümmert sich erst einmal um das Leben der anderen Weisen, indem er dem Henker erklärt, dass es keinen Grund mehr für seinen Auftrag gibt. Und dann kümmert er sich erneut um eine Audienz beim König, bevor er in eigener Sache tätig werden kann.

24 Deshalb ging Daniel zu Arioch hinein, den der König eingesetzt hatte, die Weisen von Babel umzubringen. Er ging hin und sprach zu ihm so: „Was die Weisen von Babel betrifft, bringe sie nicht um! Führe mich aber vor den König, damit ich dem König die Deutung kundtue!" 25 Da führte Arioch den Daniel schnell vor den König und sprach zu ihm so: „Ich habe einen Mann unter den Weggeführten von Juda gefunden, der dem König die Deutung mitteilen will."

Der oberste Leibwächter, der Herr Arioch, bringt ihn zum König und glaubt nun, sich mit fremden Federn schmücken zu können, in dem er sagt, dass er jemanden habe, der dem König den

Traum deuten könne. Doch das hätte er sich eigentlich sparen können, denn Nebukadnezar selbst hatte ja dem Daniel die Zeitfrist gewährt. Aber es passt sehr gut hier hin. Dadurch wird das gegenteilige, aufrichtige Verhalten Daniels in den nächsten Versen um so deutlicher, denn der König will nun von Daniel wissen, ob er ihm die Deutung des Traumes geben kann.

26 Der König fing an und sprach zu Daniel, dessen Name Beltschazar war: „Bist du im Stande, mir den Traum, den ich gesehen habe, und seine Deutung mitzuteilen?"

Daniel aber stellt sich zunächst wieder schützend vor die anderen Weisen, bevor er alle Ehre von sich weg, auf Gott weist.

27 Daniel antwortete vor dem König und sprach: „Das Geheimnis, das der König verlangt, können Weise, Beschwörer, Wahrsagepriester, und Zeichendeuter dem König nicht kund tun. 28 Aber es gibt einen Gott im Himmel, der Geheimnisse offenbart; und er lässt ...

Die Götzen der übrigen Weisen sind ebenso kraftlos wie der Mensch selbst. Und Daniel stellt klar, dass es nur einen wahren Gott gibt, der dem König sagen möchte, was am Ende der Tage geschehen wird.

...Nebukadnezar, den König wissen, was am Ende der Tage geschehen wird. ...

So will es nun spannend werden, denn was am Ende der Tage geschehen soll, das interessiert uns ja alle.

...Dein Traum und die Visionen deines Hauptes auf deinem Lager waren diese: 29 Dir, König, stiegen auf Deinem Lager Gedanken auf, was nach diesem geschehen werde. Und der die Geheimnisse offenbart, er hat dich wissen lassen, was geschehen wird. 30 Mir aber ist nicht durch Weisheit, die in mir mehr als in allen Lebenden wäre, dieses Geheimnis offenbart worden, sondern deshalb, damit man den König die Deutung wissen lasse und du die Gedanken deines Herzens erfährst.

Zunächst erinnert Daniel den König daran, dass, als er in seinem Bett lag, er darüber nachgegrübelt hat, was die Zukunft wohl bringen wird und dass Gott ihn daraufhin hat träumen lassen, was geschehen wird.

Von Daniel wissen wir, dass sein Herz angefüllt ist von der Liebe zu Gott. Was im Herzen des Königs ist, das will Gott ihn nun wissen lassen und Nebukadnezar soll etwas über sich selbst erfahren. Sicher dürfen wir uns an dieser Stelle die Frage stellen, warum Gott möchte, dass Nebukadnezar etwas über sein Herz erfahren soll. Man könnte es auch anders formulieren. Wie alt muss eigentlich ein Mensch werden, damit er sein eigenes Herz zu ergründen vermag? Doch lassen Sie uns zunächst einmal ansehen, was es mit dem Traum auf sich hatte:

31 Du, König, schautest: Und siehe, ein großes Bild! Dieses Bild war gewaltig und sein Glanz außergewöhnlich; es stand vor Dir und sein Aussehen war furchtbar.

Dabei geht es um ein gewaltiges Bild. Das Wort, das hier für Bild gebraucht wird, meint ein Standbild, Götter- bzw. Götzenbild.

32 **Dieses Bild, sein Haupt war aus feinem Gold, seine Brust und seine Arme aus Silber, sein Bauch und seine Lenden aus Bronze,** 33 **seine Schenkel aus Eisen, seine Füße teils aus Eisen und teils aus Ton.** 34 **Du schautest, bis ein Stein losbrach, und zwar nicht durch Hände, und das Bild an seinen Füßen aus Eisen und Ton traf und sie zermalmte.** 35 **Da wurden zugleich das Eisen, der Ton, die Bronze, das Silber und das Gold zermalmt, und sie wurden wie Spreu aus den Sommertennen; und der Wind führte sie fort, und es war keinerlei Spur mehr von ihnen zu finden. Und der Stein, der das Bild zerschlagen hatte, wurde zu einem großen Berg und erfüllte die ganze Erde.**

Es muss eine imposante Erscheinung gewesen sein, den König hatte ihr Anblick zumindest beunruhigt. Mehr noch hatte ihn wahrscheinlich die Tatsache beunruhigt, dass die ganze Figur von einem einzigen Stein, der nicht von Menschenhand gemacht worden war, zerstört wurde und keine Spur mehr von ihr übrig blieb.

Verwirrend, doch Gott hat es gefallen, Daniel diesen Traum zu erklären, der für Nebukadnezar bestimmt war.

36 **Das ist der Traum. Und seine Deutung wollen wir vor dem König ansagen:** 37 **Du, König, du König der Könige, dem der Gott des Himmels die Königsherrschaft, die Macht und die Stärke und die Ehre gegeben hat** 38 **und überall, wo Menschenkinder, Tiere des Feldes und Vögel des Himmels wohnen, hat er**

sie in deine Hand gegeben und dich zum Herrscher über sie alle gesetzt - du bist das Haupt aus Gold.

Zunächst erfahren wir, dass Daniel den König als von Gott eingesetzt anerkennt. Das deckt sich mit dem Dankesgebet Daniels. ...Gott setzt Könige ein und setzt Könige ab...

Das bedeutet nicht mehr und nicht weniger, als dass Gott alle Fäden in der Hand hält, auch wenn es um die Menschheitsgeschichte geht. Dass es tatsächlich so ist, werden wir in unserer weiteren Betrachtung noch deutlich zu sehen bekommen. Doch nun erst mal zurück zu der Unterhaltung zwischen Daniel und Nebukadnezar.

Wie mag sich Nebukadnezar jetzt wohl gefühlt haben? Er das Haupt! Dazu auch noch aus Gold, dem wertvollsten Material seiner Zeit. Das Haupt eines Götterbildes. Sicher hat er sich sehr geschmeichelt gefühlt.

39 Und nach dir wird ein anderes Königreich erstehen, geringer als du, ...

Wir erinnern uns, der Kopf war aus Gold, Brust und Arme aus Silber.
Gold spielte in Babylon eine sehr wichtige Rolle. Man kann noch heute im Berliner Pergamon Museum Teile von Ausgrabungen Babylons und seiner Pracht bewundern. Darüber hinaus hatte Babylon eine ca. 3000 Jahre alte Kultur mit einer eigenen Schrift. Dieses goldene Babylon also, würde, der Prophezeiung zufolge, seine Mittelmeer – Weltreich – Stellung an ein Königreich

Königreich verlieren, welches geringer sei. Das bedeutet doch, dass wir im Verlauf der Weltgeschichte weitere Antworten finden können: Nebukadnezar sollte 43 Jahre lang die Geschicke Babylons lenken. Kyros, der König des medopersischen Doppelreiches, wir haben schon von ihm gehört, löste 539 v. Chr. das babylonische Großreich ab.

Die Meder und die Perser galten als einfache Völker. Sie waren militärisch groß und stark genug, Babylon in seiner Vormachtstellung ab zu lösen, besaßen aber zu dieser Zeit noch nicht einmal eine eigene Schrift. Dafür besaßen sie allerdings schon ein eigenes Zahlungsmittel, Silbergeld.

...und ein anderes, drittes, Königreich, aus Bronze, das über die ganze Erde herrschen wird.

Nach „Kyros" mit Medo - Persien, betrat Alexander der Große die Bühne des Weltgeschehens.

Er brauchte nur dreizehn Kriegsjahre, um Griechenland zum Mittelpunkt der damaligen Welt zu machen. Babylon und das vereinigte Königreich der Meder und Perser (Medo - Persien) wurden ein Teil dieses Großreiches.

Die Territorien wuchsen. Das Reich Alexander des Großen reichte von Ägypten bis Indien. Der alte Glanz des goldenen Babylons aber wurde nicht mehr erreicht. Mit den Griechen kam das griechische Denken, der Hellenismus. Eine von Philosophie, Wissenschaft und Sagen geprägte Kultur, die bis in unsere Zeit hinein, der Welt ihren Stempel aufdrückt.

Alexander der Große starb sehr jung und unerwartet.

40 Und ein viertes Königreich wird stark sein wie Eisen, deshalb weil das Eisen alles zermalmt und zerschmettert; wie das Eisen, das alles zertrümmert, wird es all jene zermalmen und zertrümmern.

Zu Beginn des 2. Jahrhunderts vor Christus begann der Kampf Roms um die Weltherrschaft. Etwa ein Jahrhundert dauerten diese Kriege, die von unbeschreiblicher Grausamkeit und Zerstörung gekennzeichnet waren.
Wahre Meister im Niederreißen und Neuaufbau. Ausgrabungen belegen, dass man, allein mit dem Schutt von der Zerstörung Jerusalems, ein ganzes Tal mit einer über 20 Meter dicken Schuttschicht zur Ebene gemacht hatte. Vom Umgang mit den aus den Kriegen entstandenen unterdrückten Völkern mal ganz zu schweigen. Eisen galt damals als das härteste, bekannte Metall. Und hier passt nicht nur die geschichtlich - zeitliche Abfolge, auch die Charakterbeschreibung vom „zermalmen", passt zum römischen, dem letzten von Gott hier genannten Reich.

41 Und dass du die Füße und die Zehen teils aus Töpferton und teils aus Eisen gesehen hast: Das wird ein geteiltes Königreich sein; aber von der Festigkeit des Eisens wird etwas in ihm sein, weil du das Eisen mit lehmigem Ton vermischt gesehen hast. 42 Und die Zehen der Füße, teils aus Eisen und teils aus Ton: zum Teil wird das Königreich stark sein, und zum Teil wird es zerbrechlich sein.

Das römische Reich, dargestellt durch das Eisen, sollte auch kein ewiges Reich sein. Diese riesige Macht sollte durch den Kampfgeist einiger Stämme unter Führern wie Odoaker und Attila dem Hunnen, sowie der Heruler, auseinander fallen. Wie die Arme bei den Meder – Persern so deuten die zwei Beine schon darauf hin, dass das ehemals zusammenhängende römische Reich, zweigeteilt sein wird . Dazu später mehr.

Im Jahre 476 n. Chr. gaben die Heruler der Stadt Rom den Todesstoß. Das Reich zerfiel. Auf seinem ehemaligen Territorium blieben die Volksstämme übrig, aus denen unser heutiges Europa entstand. Ein westliches und ein östliches Gebilde, das sich aus starken und aus schwachen Völkern zusammensetzt, stets nach Einheit strebend und zugleich von Uneinigkeit gekennzeichnet. Treffender hätte die Mischung „*Eisen mit Ton*" den Zustand Europas bis in die heutige Zeit kaum beschreiben können.

43 Dass du das Eisen mit lehmigem Ton vermischt gesehen hast: Sie werden sich durch Heiraten unter einander vermischen, aber sie werden nicht aneinander haften, so wie sich Eisen mit Ton nicht mischen lässt.

Bitte lassen Sie mich an dieser Stelle zunächst einmal etwas zu unserem Zeitempfinden sagen.

Heute schreibe ich diese Seite 42 und wir haben das Jahr 2017. (Zukünftige Leser mögen mir verzeihen, dass sie an dieser Stelle zum Rechnen verleitet werden.)

Vor ca. 1540 Jahren entstand das, was wir heute Europa nennen.

[Dieses Ereignis wurde vor ca. 2500 Jahren, in Daniel 2, 43, vorher gesagt.]

1. Gott existiert in dem, was wir Ewigkeit nennen, ohne dass wir begreifen, was Ewigkeit bedeutet. Und so lange wir unsere Zeit mit Uhren messen, werden wir es auch nicht verstehen.
Gott sagt, dass 1000 Jahre für ihn wie ein Tag sind. *(2. Petrus 3, 8)*

2. Der *Vers 43* wird uns lehren, dass die Erfüllung der Prophetie weiter voran schreitet. Und zwar an dieser Stelle bereits in eine Zeit, die wir schon wesentlich besser beurteilen können, weil das, was wir jetzt lesen, noch gar nicht so lange her ist.

Jetzt kommt übrigens auch eine Deutsche, ehemals Dänische Stadt in unser Blickfeld.
„Glücksburg" an der Ostsee (Nähe Flensburg), Sitz von Christian dem IX. Aus dem dänischen Königshaus. Das „Schloss Glücksburg" wird nicht umsonst die Wiege Europas genannt. Christian der IX. verstand es nämlich vortrefflich, Mitte des 19. Jahrhunderts, alle seine Kinder an andere europäische Königs-häuser zu verkuppeln.
Zunächst mit Schweden, Norwegen, Groß-Britannien, Irland, Russland und Griechenland.

Das Haus Glücksburg ist aus dieser Zeit bis heute mit fast allen europäischen Dynastien verwandt. Dabei wurde auch keine Rücksicht darauf genommen, ob Cousin und Cousine oder Onkel und Nichte einander heirateten. Hauptsache es blieb in der Familie. Das bekannteste Beispiel ist sicher die Queen aus

England, Elisabeth die zweite, eine Ur-Ur-Enkelin von Christian dem IX, und ihr Ehemann Philipp, Herzog von Edinburgh, ein Ur-Enkel von Christian dem IX. Genau genommen war also auch der erste Weltkrieg nichts weiter als ein Familienstreit.

„Sie werden sich durch Heiraten untereinander vermischen, aber sie werden nicht aneinander haften"   **(Dan. 2, 43b)**

Eigentlich heißt es an dieser Stelle nämlich wörtlich:

„.Sie werden sich durch den Samen der Menschen untereinander vermischen".   **(Dan. 2, 43b)**

Denn es blieb nicht bei der Vermischung der Königshäuser. Nach dem 1. Weltkrieg setzte eine regelrechte Völkerwanderung ein. Nach dem 2. Weltkrieg wurde diese Völkerwanderung noch durch das danach beginnende „Wirtschaftswunder" des Westens verstärkt und sie machte es erst möglich. „Lehrten uns früher die Griechen das Rechnen, so leeren sie uns Heute die Mülltonnen." So sagte man. „Gastarbeiter" wurden sie zunächst genannt. Sie kamen aus Polen, Italien, Spanien, Griechenland, aus dem fremden Jugoslawien, dem heutigen serbokroatischen Raum. Und später kamen dann auch die Türken.
Die Völker vermischten sich. Es war abenteuerlich für uns Kinder, dass unsere Spielkameraden aus fernen, fremden Ländern kamen. Keiner von uns wäre auf den Gedanken gekommen, dass wir erlebten, wie sich Gottes Vorhersagen erfüllten. [2500 Jahre nach Prophetie eingetroffen]

44 Und in den Tagen dieser Könige ...

Wir leben in einer besonderen Zeit und es ist schön zu sehen, dass biblische Prophetie sich vor unserer Haustür erfüllt.

Nebukadnezar durfte einen Blick in unsere Zeit und in die Zukunft werfen. Vieles von dem, was er sah, blieb ihm dennoch verborgen.
Wir haben es besser, denn die 2500 Jahre, welche der König von Babylon nach vorne schauen durfte, dürfen wir zurück blicken und so zeigen uns die Geschichtsbücher, an welchem Punkt der Zeit wir biblisch, geschichtlich stehen.

Das trifft aber nur für den Teil der Prophetie zu, der sich schon erfüllt hat. Für das, was noch vor uns liegt, hat jeder von uns die Chance, es noch hautnaher mit zu erleben. Unser Standort in der Zeit ist dort, wo sich laut der Prophezeiung im Danielbuch Europas Herrscher um die Einigung Europas bemühen.

Die meisten unserer Mitmenschen sind ganz sicher der Meinung, dass es mit unserer Geschichte so weiter gehen wird wie bisher. Bevor wir darauf antworten, möchten wir daran erinnern, dass sich bis hierher die Prophetie erfüllt hat, worüber wir in einem der nächsten Kapitel noch wesentlich detailliertere Angaben erhalten werden.
Nein, es wird nicht so weiter gehen. Gott hat einen anderen Plan: *„ Und in den Tagen dieser Könige"*, also in unseren Tagen, werden wir erleben, wie sich erfüllt, *worum wir im „Vater Unser" bitten:*

„...dein Reich komme, dein Wille geschehe wie im Himmel so auf Erden."   *(Matthäus. 6, 10)*

44   Und in den Tagen dieser Könige wird der Gott des Himmels ein Königreich aufrichten, das ewig nicht zerstört werden wird...

Und kein anderes Volk wird es ablösen.

Jerusalem wurde Babylon überlassen. Babylon wurde den Medern und Persern überlassen. Das Königreich der Meder und Perser wurde den Griechen überlassen. Das Reich der Griechen wurden den Römern überlassen und Rom wurde Europa überlassen. Geteilt in ein West – und Ost – Europa, dem rechten und dem linken Bein.

... Und das Königreich wird keinem anderen Volk überlassen werden ...

Das Reich, das Gott aufrichten wird, *zur Zeit dieser Könige*, zur Zeit von Europas Streben nach Einheit, wird das letzte Reich sein, mit dem wiederkommenden Jesus Christus als Herrscher.

Es gibt Zeitgenossen, welche uns sagen möchten, dass wir Christen ja schon alle an diesem Reich Gottes bauen. Und das schon seit ca. 2000 Jahren. Andere wieder sagen uns, dass in der Liebe zum Nächsten sich das Reich Gottes in unseren Herzen bereits erfüllen würde.
Erinnern Sie sich an den Ersten der drei Grundsätze der Bibelbetrachtung? „Wenn Du einen einfachen Sinn erkennen kannst, dann suche keinen Anderen!"

Gott lässt uns wissen, dass Europa, während es nach Einheit strebt, vom Reich Gottes abgelöst wird, und nicht, dass wir alle schon seit 2000 Jahren, während es Europa noch gibt, daran bauen.

Es wird nicht einmal zu einem einigen Europa kommen, so sehr sich die Politiker auch darum bemühen.

... es wird alle jene Königreiche zermalmen und vernichten, selbst aber wird es ewig bestehen: 45 **Wie du gesehen hast, dass von dem Berg ein Stein losbrach, und zwar nicht durch Hände, und das Eisen, die Bronze, den Ton, das Silber und das Gold zermalmte...**

Aus und vorbei mit den irdischen Staaten. Im Traum selbst heißt es noch treffender:

„35b „und es war keinerlei Spur mehr von ihnen zu finden.“

(Daniel 2, 35 b)

...Und der Traum ist zuverlässig und seine Deutung zutreffend.“

Bis auf diesen letzten Punkt, hat sich alles genauso ereignet, wie es bisher im Daniel Buch vorhergesagt wurde. Sicher, Europa bemüht sich redlich, eine Einheit zu werden. Aber eine gemeinsame Gesetzgebung, eine gemeinsame Währung, ein gemeinsames Parlament, wird Gott nicht Lügen strafen.

„Zur Zeit dieser Könige!“

Das heißt, dass dem in der Bibel auch an anderen Stellen angekündigten zweiten Kommen Jesu nichts im Wege steht! Nebukadnezar ist tief beeindruckt. Daniel sagt die Wahrheit und hat offenbar eine direkte Verbindung zu einen Gott, der

Geheimnisse offenbaren kann.

46 Da fiel der König Nebukadnezar auf sein Angesicht und warf sich vor Daniel nieder. Und er befahl, ihm Opfer und Räucherwerk dar zu bringen.

Kürzlich sollte er noch getötet werden, jetzt wirft Nebukadnezar sich vor Daniel auf den Boden und will ihm Opfer bringen.

47 Der König antwortete Daniel und sprach: „In Wahrheit, euer Gott, er ist Gott der Götter und Herr der Könige und offenbart Geheimnisse, da du dieses Geheimnis offenbaren konntest.

Spätestens hier sehen wir, dass Nebukadnezar zwar erkennt, es gibt einen Gott Daniels, aber er scheint diesen nur einreihen zu wollen in die Galerie seiner Götter, auch wenn Daniels Gott deutlich „mehr drauf" zu haben scheint als jene, welche er bisher kannte. Der König ist nicht nur beeindruckt, er überhäuft Daniel mit Geschenken, welche ja auch die anderen Weisen hätten kriegen sollen, wenn sie denn des Rätsels Lösung gewusst hätten.

48 Daraufhin machte der König den Daniel groß und gab ihm viele große Geschenke, und er setzte ihn als Herrscher über die ganze Provinz Babel ein und zum Obervorsteher über alle Weisen von Babel.

Nicht genug damit, dass Daniel den übrigen Weisen von Babel das Leben gerettet hat, nun wird er auch noch ihr Vorgesetzter. Versuchen wir einmal, uns in die Köpfe dieser Weisen, deren

Methoden der Wahrheitsfindung sich erheblich von der Daniels unterschieden, hinein zu versetzen. Da kommt dieser junge, unerfahrene Hebräer, ein Kriegssklave noch dazu und erreicht, wozu sie selbst nicht fähig waren. Mussten sie sich nicht, trotz dem geretteten Leben, weiterhin in ihrer Existenz bedroht fühlen? Neid und Missgunst werden die Folge sein.

49 Und Daniel erbat vom König, dass er Schadrach, Meschach und Abed-Nego über die Verwaltung der Provinz Babel einsetze. Aber Daniel blieb am Hof des Königs.

Und dann wird er auch noch zum Steigbügelhalter, um seine Freunde in hohe politische Ämter zu heben. Auch ein guter Nährboden für Neid, wie wir sehen werden. Daniel selbst aber bleibt bescheiden und will sich damit begnügen, weiterhin dem König am Hofe zu dienen.

Zwischenspiel

Wie zur Zeit Noahs

Europa und sein Streben nach Einheit gibt uns einen groben zeitlichen Anhalt für die Zeit des Endes. Die Übersetzung des Namens „Europa" lautet: „Abendland – Dunkel - Schattenreich".

Einer griechischen Sage zufolge, hat eine phönizische Prinzessin

Namens „Europa" eines Tages am Strand gespielt, als ein Stier aus dem Meer stieg und sich ihr näherte. Sie streichelte das Tier und bestreute sein Haupt mit Blumen. Das so liebkoste Tier deutete ihr an, auf seinen Rücken zu steigen, was sie auch tat.
Der Stier schwamm nun, mit ihr auf dem Rücken, bis zur Insel Kreta, wo er sich ihr zu erkennen gab. Der griechischen Sage zufolge war es niemand Geringeres als Zeus persönlich. Die Verkleidung als Stier war nötig, um „Hera", seine Schwester, welche zugleich seine Ehefrau war, zu täuschen.

Die phönizische Königstochter Europa ließ sich auf den Ehebruch ein und gebar dem Zeus drei Söhne. Als Namensgeber einer Staatengemeinschaft ist Europa somit eine eher unglückliche Wahl, denn der Name steht zunächst einmal für Täuschung, Betrug, Ehebruch und Hurerei. Ganz unbekannt scheint das aber nicht zu sein, denn auch heute kennen wir Bilder, in denen Europa sinnbildlich als nackte Frau auf einem Stier dargestellt wird.

Zur Zeit des Endes aber haben gerade diese Wesenszüge: Täuschung, Betrug, Ehebruch und Hurerei, eine erschreckend reale Bedeutung. Jesus antwortet auf die Frage nach seiner Wiederkunft, dass er weder Tag noch Uhrzeit wisse, sondern nur der Vater im Himmel...

„37 Aber gleichwie die Tage Noahs waren, also wird auch die Ankunft des Sohnes des Menschen sein. 38 Denn gleichwie sie in den Tagen vor der Flut waren: sie aßen und tranken, sie heirateten und verheirateten, bis zu dem Tage, da Noah in die Arche ging,

Zwischenspiel

39 und sie es nicht erkannten, bis die Flut kam und alle wegraffte, also wird auch die Ankunft des Sohnes des Menschen sein."

(Matthäus 24, 37 - 39)

Immerhin waren die Tage zur Zeit Noahs so, dass Gott es bereute, die Menschen geschaffen zu haben.

"5 Und Gott sah, dass des Menschen Bosheit groß war auf Erden und alles Gebilde der Gedanken seines Herzens nur böse den ganzen Tag. 6 Und es reute Gott, dass er den Menschen gemacht hatte auf der Erde, und es schmerzte ihn in sein Herz hinein."

(1. Mose 6, 5 + 6)

„Sie aßen und sie tranken". Das ist im Prinzip nichts Schlimmes. Wenn man aber vergisst, dass wir unser Essen einem Schöpfer verdanken, und dass es den Hunger der Welt nicht geben müsste, würden nicht Lebensmittel vernichtet, um die Preise stabil zu halten.

Man heiratet nicht nur, man wird auch verheiratet. Fernsehsendungen wie „der Bachelor" oder „Bauer sucht Frau" sind Publikumsmagneten und inzwischen eine begehrte Plattform für die Öffentlichkeitsarbeit gleichgeschlechtlicher, sogenannter Toleranz.

Alle Regeln welche bisher Garant für Funktionieren unserer Gesellschaft waren, alle Tabuthemen wurden oder werden derzeit abgeschafft.

Letztlich aber geht es am Ende in allen Bereichen den Bach runter, egal, ob im zwischenmenschlichen Bereich:

1 Dieses aber wisse, dass in den letzten Tagen schwere Zeiten da sein werden; 2 denn die Menschen werden eigenliebig sein, geldliebend, prahlerisch, hochmütig, Lästerer, den Eltern ungehorsam, undankbar, unheilig 3 ohne natürliche Liebe, unversöhnlich, treulose Verleumder, unenthaltsam, grausam, das Gute nicht liebend, 4 Verräter, verwegen, aufgeblasen, mehr das Vergnügen liebend als Gott, 5 die eine Form der Gottseligkeit haben, deren Kraft aber verleugnen;   (2. Timotheus 3, 1 – 4)

in der Politik:

„Denn es wird sich Nation wider Nation erheben und Königreich wider Königreich ...

oder in der Natur:

... und es werden Erdbeben sein an verschiedenen Orten, und es werden Hungersnöte und Unruhen sein."   (Mark 13, 8)

Und dann geschieht im wahrsten Sinne, wie aus heiterem Himmel, worauf wir Christen warten:

„16 Denn der Herr selbst wird mit gebietendem Zuruf, mit der Stimme eines Erzengels und mit der Posaune Gottes hernieder kommen vom Himmel, und die Toten in Christo werden zuerst auferstehen; 17 danach werden wir, die Lebenden, die übrig bleiben, zugleich mit ihnen entrückt werden in Wolken dem Herrn entgegen in die Luft; und also werden wir allezeit bei dem Herrn sein. 18 So ermuntert nun einander mit diesen Worten."

            (1. Thessalonicher 4, 16 -18)

Zwischenspiel

Kann das Wort vom Ende jemanden ermuntern? Oder ist es nichts als Angstmacherei? Angst macht der Gedanke an die Entrückung und an das Ende der Zeit nur den Menschen, die noch verloren gehen können. Dabei hat es doch jeder selbst in der Hand, ob es für ihn „nach Hause" geht oder ob er glaubt, von Zuhause weg zu müssen.

Wem Jesus allerdings egal ist, der braucht sich auch nicht zu wundern, wenn er, im ungeteilten Interesse Gottes stehend, auf tausend Fragen nicht eine einzige Antwort geben kann. Was dabei aber leicht übersehen wird, ist der folgende Satz:

„… und es schmerzte ihn (Gott) in sein Herz hinein." (1. Mose 6, 6)

Gott, der Schöpfer, hat eine Hoffnung in uns gesetzt, die wir, seine Geschöpfe, bitter enttäuscht haben. Sein Gegenüber sollten wir sein. Dazu sind wir geschaffen. Der Sinn unseres Lebens besteht darin, ein Gegenüber Gottes zu sein.

Gott ist Liebe! Was wäre das für ein paradiesisches Leben auf dieser Erde, wenn alle nach Gott, nach dieser Liebe fragen würden! Wer sich jedoch für die Trennung von Gott entscheidet, das Wort dafür lautet übrigens „Sünde", der hat aus der Sicht Gottes den Sinn seines Lebens, das Ziel verfehlt, hat sein Leben verwirkt. Die Heiligkeit Gottes kann Sünde nicht dulden. Doch Gott liebt die Menschen und deshalb bietet er ausnahmslos jedem an, sein verwirktes Leben gegen ein nicht verwirktes Leben auszutauschen. Gegen das unverwirkte Leben seines Sohnes Jesus Christus.

Wer sein Leben zu Lebzeiten Jesus Christus übergibt, und ihm seine Verfehlungen bekennt, der hat wieder Zugang zum Vater im Himmel. Wer sich selbst richtet, der braucht sich weder vor Gericht zu fürchten, noch vor der Entrückung, noch vor dem Ende der Zeit. Ganz im Gegenteil denn mit Jesus haben wir eine Fülle an Verheißungen, die uns ewiges Leben in einer neuen Welt, in seiner Gegenwart garantieren.

Jesus zeigt uns in den Evangelien, wie Gott ist. Er ist voller Liebe, Gnade und Wahrheit. Warum sollte man sich vor Liebe, Gnade und Wahrheit fürchten? Doch Gegenliebe kann Gott nicht erzwingen, dann wäre es keine Liebe mehr. So bleibt jedem die freie Entscheidung.

Die meisten Menschen denken, Christ sein bedeutet Verzicht. Das Gegenteil ist der Fall. Seit ich mich von der Welt abgekehrt und Jesus zugewendet habe fühle ich Freiheit!

Es klingt zu phantastisch, um wahr zu sein? Ja, jedoch sind wir gerade dabei zu zeigen, wie ehrlich die Bibel ist. Angenommen, die Bibel hat Recht, dann wäre ich wohl nicht ganz bei Trost, wenn ich das Angebot Gottes zur Versöhnung (Versohnung) nicht annehmen würde.

Und jetzt das Unfassbare: „Die Bibel hat Recht!". Weit mehr als 3000 erfüllte Vorhersagen! Warum sollten sich die restlichen Vorhersagen nicht auch erfüllen?

Wir stehen am Ende der Zeit! Lass Dich versöhnen mit Gott! Sei nicht Teil derer, die den Bach runter gehen! Bitte komm doch zum Kreuz und fange an zu leben!

Kapitel 3

So sehr es Nebukadnezar auch gefallen haben mag, das goldene Haupt zu sein, so sehr hat ihm wohl missfallen, dass sein Gold nicht bis zu den Füßen der Statue reichte.

1 Der König Nebukadnezar machte ein Bild von Gold: seine Höhe sechzig Ellen, seine Breite sechs Ellen …

Nun ließ er eine Statue anfertigen, die eher nach seinem Geschmack zu sein schien. 2,70 Meter breit, 27 Meter hoch und von Kopf bis Fuß aus Gold. Möglicherweise verband er damit seine Vorstellung von einem ewigen Babylon.

Auch die Babylonier glaubten, dass Könige von den Göttern eingesetzt wurden. Somit ist es zwar wahrscheinlich, dass es eine Statue zu Ehren „Marduks", dem oberstem Götzen Babylons war, ihre Verehrung aber zugleich die Anerkennung des Königs bedeutete.

… er richtete es auf in der Ebene Dura, in der Landschaft Babel

Die Statue wurde in Dura aufgestellt. Dura ist das aramäische Wort für „Mauer". Möglicherweise stand die Statue also in der Nähe der Stadtmauer. Ihre Einweihung sollte dem König einen Treuebeweis derer liefern, die wie Daniel und seine Freunde eine Umerziehung erhalten hatten und nun als Verwalter in den Provinzen dienten.

2 Und der König Nebukadnezar sandte aus, um die Satrapen, die Statthalter und die Landpfleger, die Oberrichter, die Schatz-

meister, die Gesetzeskundigen, die Rechtsgelehrten und alle Oberbeamten der Landschaften zu versammeln, damit sie zur Einweihung des Bildes kämen, welches der König Nebukadnezar aufgerichtet hatte.

Alle Beamten und Provinzstatthalter (Satrapen) wurden aufgefordert, sich zur Einweihung zu versammeln.

Daniel geht in seinem Buch nicht darauf ein, aber aus der Chronik von Babylon geht hervor, dass es im Dezember 595 bis Januar 594 v. Chr., am Hofe des Nebukadnezar, eine Palastrevolte gegeben hat, in der sich der König selbst, mit dem Schwert, seiner Haut erwehren musste und seine Gegner mit eigener Hand gefangen setzte.

Das erklärt, warum nicht das einfache Volk gerufen wurde, sondern jene, welche Führungsaufgaben inne hatten. Von diesen forderte Nebukadnezar einen erneuten Beweis ihrer Treue, indem sie sich auf den Befehl des Königs, beim Klang der Instrumente, vor dem Bildnis niederwerfen sollten.

3 Da versammelten sich die Satrapen, die Statthalter und die Landpfleger, die Oberrichter, die Schatzmeister, die Gesetzeskundigen, die Rechtsgelehrten und alle Oberbeamten der Landschaften zur Einweihung des Bildes, welches der König Nebukadnezar aufgerichtet hatte; und sie standen vor dem Bilde, welches Nebukadnezar aufgerichtet hatte.

Der Aufruf galt allein den Verwaltern der Provinzen. Das sagt uns auch, warum Daniel, der am Hofe diente, nicht dabei war.

Seinen drei Freunden hingegen, wir erinnern uns, hatte Daniel zuvor zu diesen Ämtern verholfen.

4 Und der Herold rief laut: „Euch wird befohlen, ihr Völker, Nationen und Sprachen:

Die Provinzverwaltungen bestanden zum größten Teil aus umerzogenen Kriegsgefangenen, die nach ihrer Ausbildung und Umerziehung zur Verwaltung ihrer heimatlichen, aber babylonischen Provinzen, eingesetzt wurden. Menschen aus den unterschiedlichsten Nationen und Religionen, die nun alle dazu aufgerufen wurden, sich beim Klang der Musik vor dem Götzenbild nieder zu werfen.

5 Sobald ihr den Klang des Horns, der Rohrpfeife, der Zither, der Harfe, der Laute, des Dudelsacks und alle Arten von Musik hört, sollt ihr niederfallen und euch vor dem goldenen Bild niederwerfen, das der König Nebukadnezar aufgestellt hat. 6 Wer aber nicht nieder fällt und anbetet, der soll sofort in den brennenden Feuerofen geworfen werden".

Wir haben ja schon eine Kostprobe der Grausamkeit bekommen, zu der Nebukadnezar fähig war. Babylon war bekannt für seinen Erdölreichtum und für seinen Asphalt. In der Ebene „Dura" standen wohl solche Öfen zur Asphaltherstellung, mit einer oberen und einer seitlichen Öffnung. Was lag also näher als ein Exempel?
Für den Fall, dass jemand sich weigern würde, dem Befehl des Königs zu gehorchen, sollte derjenige gleich in solch einen

brennenden Ofen geworfen werden.

7 Deshalb, sobald alle Völker den Klang des Horns, der Rohrpfeife, der Zither, der Harfe, der Laute und alle Arten von Musik hörten, fielen alle Völker, Nationen und Sprachen nieder, indem sie sich vor dem goldenen Bild nieder warfen, das der König Nebukadnezar aufgestellt hatte.

Ist es nicht bemerkenswert, dass Nebukadnezar seine Macht über ein religiöses System zu festigen versucht? Wenn gegen Androhung von Strafe der Befehl ergeht, sich vor dem Bild niederzuwerfen, dann forderte er hiermit ein Treuegelöbnis gegenüber dem Stellvertreter der babylonischen Gottheit „Marduk" auf Erden.

Stellvertreter Gottes auf Erden? Das kommt mir bekannt vor. Und Festigung der Macht durch Anbetung? Auch das sollten wir im Auge behalten.

Gott sagt doch in seinen Geboten ganz deutlich:

„*3 Du sollst keine anderen Götter haben neben mir. 4 Du sollst dir kein Götterbild machen, auch keinerlei Abbild dessen, was oben im Himmel oder was unten auf der Erde ist. 5 Du sollst dich vor ihnen nicht niederwerfen und ihnen nicht dienen. Denn ich der Herr, dein Gott, bin ein eifersüchtiger Gott, der die Schuld der Väter heimsucht an den Kindern, an der dritten und vierten Generation von denen, die mich hassen, 6 der aber Gnade erweist an Tausend Generationen von denen, die mich lieben und meine Gebote halten.*"   (2.Mose 20, 3-6)

Nebukadnezar scheint das anders zu sehen. Im *Kapitel 2, Vers 30* haben wir uns die Frage gestellt, welche Herzensstellung dem König wohl offenbart werden soll. Hier finden wir sie. Es ist die uralte, erste Lüge in der Menschheitsgeschichte,

„Ihr werdet sein wie Gott." (1. Mose 3, 5)

Sein heidnisches Denken verhindert jedoch, dass er es erkennt.

8 Deshalb traten zur selben Zeit einige Männer heran, nämlich Sterndeuter, die die Juden verklagten. 9 Sie fingen an und sagten zum König Nebukadnezar: 10 „König lebe ewig! Du König hast den Befehl gegeben, dass jedermann, der den Klang des Horns, der Rohrpfeife, der Zither, der Harfe, der Laute und des Dudelsacks und alle Arten von Musik hört, nieder-fallen und das goldene Bild anbeten soll. 11 Und wer nicht niederfällt und anbetet, der soll in den brennenden Feuerofen geworfen werden.

Vielmehr öffnet ihm sein heidnisches Denken nun das Ohr für seine heidnischen Sterndeuter. Voller Neid, sehen sie jetzt ihre Stunde gekommen, die Gunst des Königs wieder für sich zurück zu gewinnen und berichten dem König, dass Daniels Freunde sich dem Befehl Nebukadnezars widersetzen.

12 Nun sind jüdische Männer hier, die du zur Verwaltung der Provinz Babel eingesetzt hast: Schadrach, Meschach und Abed-Nego. Diese Männer, König, schenken dir keine Beachtung; deinen Göttern dienen sie nicht, und vor dem goldenen Bild, das du aufgestellt hast, werfen sie sich nicht nieder."

Daniel selbst war ja nicht bei ihnen. Doch vor Gott ist jeder, für das was er tut oder lässt, selbst verantwortlich.

13 Da befahl Nebukadnezar, voller Zorn und Wut, Schadrach, Meschach und Abed-Nego herzubringen. Da wurden diese Männer vor den König gebracht.

Denken wir uns einmal in die drei Freunde hinein. Konnten sie der Veranstaltung fern bleiben? In ihrer Stellung? Unmöglich! Dem Befehl gehorchen? Das wäre mit ihrem Glauben nicht vereinbar. Wie mag es sich angefühlt haben? Das goldene Standbild vor sich, eine sich niederwerfende Menschenmenge um sich, die rauchenden Öfen am Rande des Platzes?

Beweist sich hier ein Vers aus dem Lukasevangelium?

„Wer im Geringsten treu ist, der ist auch in vielem treu,

(Lukas 16,10)

Das sagt sich leicht, aber für unsere drei Freunde war es keine Theorie. Auf des Königs Tafelkost zu verzichten ist eine Sache, aber sich dem Zorn der Macht auszusetzen, hat einen ganz anderen Stellenwert. Einen, den man nicht so leicht mit: „Daran sollten wir uns alle ein Beispiel nehmen!", pauschalisieren kann.

14 Nebukadnezar fing an und sagte zu ihnen: „Ist es Absicht, Schadrach, Meschach und Abed-Nego, dass ihr meinen Göttern nicht dient und euch vor dem goldenen Bild, das ich aufgestellt habe, nicht niederwerft?

Ist das nicht erstaunlich? Es sieht tatsächlich so aus, als wenn

Nebukadnezar ihnen eine zweite Chance geben möchte.

15 Nun, wenn ihr bereit seid, zu der Zeit, da ihr den Klang des Hornes, der Rohrpfeife, der Zither, der Harfe, der Laute und des Dudelsacks und alle Arten von Musik hören werdet, hinzufallen und euch vor dem Bild niederzuwerfen, das ich gemacht habe, so ist es gut. Wenn ihr euch aber nicht niederwerft, dann werdet ihr sofort in den brennenden Feuerofen geworfen. Und wer ist der Gott, der euch aus meiner Hand retten könnte?"

Da sind wohl die Pferde mit ihm durch gegangen. Er droht damit, sie in den brennenden Ofen werfen zu lassen. Doch er lehnt sich deutlich zu weit aus dem Fenster wenn er sagt, dass es keinen Gott gibt, der die drei Freunde aus der Hand des Königs retten kann, wenn sie ihm nicht gehorchen. Er stellt sich über Gott.

16 Schadrach, Meschach und Abed-Nego antworteten und sagten zum König: „Nebukadnezar, wir haben es nicht nötig, dir ein Wort darauf zu erwidern.

Na bei der Antwort, kann einem schon mal die Kinnlade herunter fallen. Unsere drei Freunde sind völlig unbeeindruckt von seinen Worten und Drohungen. Man kann darüber streiten, ob es in ihrer Situation mutig ist oder dumm, dem König zu sagen, dass man es nicht nötig habe, mit ihm darüber zu reden. Fest steht, sie sind nicht bereit, Menschen mehr zu gehorchen als Gott dem Schöpfer, selbst wenn es sie das Leben kostet.

17 Ob unser Gott, dem wir dienen, uns retten kann – sowohl aus dem brennenden Feuerofen als auch aus deiner Hand König, wird er uns retten – oder ob nicht: 18 Es sei dir jedenfalls kund, König, dass wir deinen Göttern nicht dienen und uns vor dem goldenen Bild, das du aufgestellt hast, nicht niederwerfen werden."

Egal was passiert, ob Gott sie aus der Hand des Königs oder aus dem Feuerofen retten wird oder nicht, unsere drei Freunde sind sich ganz sicher, dass sie ihrem Gott treu bleiben wollen.

Da ist es wieder, das Gebet, das wir kennen und das auch Jesus Christus im Garten Gethsemane gesprochen hat, bevor er gefangen genommen wurde.

„Doch nicht mein Wille, sondern Dein Wille geschehe."

(Luk. 22, 42)

Sicher haben sie gehofft, errettet zu werden, aber auch die Möglichkeit einkalkuliert, dass Gott einen anderen Plan mit ihnen hat.

Worte, wie ein Schlag ins Gesicht des Königs! Das konnte ja nicht mit einmal verbrennen gesühnt werden. Da musste der Ofen gleich sieben mal heißer gemacht werden.

19 Da wurde Nebukadnezar voller Wut, und der Ausdruck seines Gesichtes änderte sich gegenüber Schadrach, Meschach und Abed-Nego. Er begann und befahl, den Ofen siebenmal mehr zu heizen, als es ausreichend war.

Wenn es tatsächlich eine Palastrevolte war, die den König dazu

veranlasst hatte, sich von seinen Beamten ein neues Treue-
gelöbnis geben zu lassen, dann konnte er unmöglich die
Signalwirkung dulden, die von der Verweigerung dieser drei
Hebräer ausging. Auch wenn sie sich nicht aus politischen
Motiven verweigerten, sondern weil sie lieber sterben wollten,
als ihrem Gott ungehorsam zu sein.-

**20 Dann befahl er Männern, den stärksten Männern in seinem
Heer, Schadrach, Meschach und Abed-Nego zu binden, um sie in
den brennenden Feuerofen zu werfen. 21 Daraufhin wurden
diese Männer in ihren Mänteln, Röcken und Mützen und in
ihren sonstigen Kleidern gebunden und in den brennenden
Feuerofen geworfen. 22 Darum, weil das Wort des Königs so
streng und der Ofen außergewöhnlich geheizt war, tötete die
Flamme des Feuers jene Männer, die Schadrach, Meschach und
Abed-Nego hinaufbrachten.**

Die ersten Toten gibt`s bereits im Vorfeld, doch „Befehl ist
Befehl!" könnte man sagen. War es nicht abzusehen, dass es
auch den Männern das Leben kosten würde, die mit den
Verurteilten auf den Ofen steigen mussten, um sie dort hinein zu
werfen? Auch diese Männer waren offensichtlich bereit, lieber
für ihren „Marduk" und seinen irdischen Stellvertreter zu
sterben, als ungehorsam zu sein.

So gesehen, spielte sich dort in der Ebene Dura etwas ab, was
für alle Augen nicht sichtbar war, ein Machtkampf zwischen
einem falschen und dem wahren Gott.

23 Und diese drei Männer, Schadrach, Meschach und Abed-Nego, fielen gebunden in den brennenden Feuerofen.

Eine öffentliche Hinrichtung, eine grausame noch dazu. Die Vollstrecker hat es bereits das Leben gekostet. Wie schnell würde es wohl vorbei sein, wie stark der Schmerz, der zum erlösenden Tod führen würde?

Doch dann überschlugen sich die Ereignisse und der wahre Gott gibt eine weitere Kostprobe seiner Macht.

24 Da erschrak der König Nebukadnezar und erhob sich schnell. Er begann und sagte zu seinen Staatsräten: „Haben wir nicht drei Männer gebunden ins Feuer geworfen?" Sie antworteten und sagten: „Gewiss, König!" 25 Er antwortete und sprach: „Siehe, ich sehe vier Männer frei umhergehen mitten im Feuer, und keinerlei Verletzung ist an ihnen; und das Aussehen des Vierten gleicht dem eines Göttersohnes."

Gott lässt Wunder geschehen. Naturgesetze sind nichts anderes als Gedanken Gottes. Er, der die Naturgesetze erdacht hat, kann sie jederzeit ändern. Doch wie schon gesagt, nicht unser Wille ist entscheidend, sondern sein Wille. So steckt auch in diesen dramatischen Ereignissen mehr, als nur die Rettung der drei Freunde.

Mag sein, dass wir in Bedrängnis kommen, Gott aber vermag alles zu vernichten, was uns bindet, um uns vor dem Höllenfeuer zu erretten. So verbrannten im Feuer nur die Fesseln der drei Freunde. An ihnen selbst gab es nicht einmal eine Spur vom Feuer und Nebukadnezar steht plötzlich ungebremst der Macht des wahren Gottes gegenüber.

Jemanden, wie einen *„Sohn der Götter"*, hatte Nebukadnezar bei den Verurteilten im Feuer entdeckt. Und sein Schreck sitzt tief. Schnell ruft er unsere drei unverletzten Freunde heraus und nennt sie *„Knechte des Höchsten Gottes"*. Was er nämlich noch nicht weiß, ist, dass es nur „einen" Gott gibt. Und denen, die ihr Vertrauen ganz auf den Schöpfer setzen, wird hier gezeigt, dass Gott sie auch in „brenzligen" Situationen nicht alleine lässt.

26 **Da trat Nebukadnezar an die Öffnung des brennenden Feuerofens, begann und sagte: „Schadrach, Meschach und Abed-Nego, ihr Knechte des Höchsten Gottes, geht heraus und kommt her!" Da gingen Schadrach, Meschach und Abed-Nego aus dem Feuer heraus.**

So hatte Nebukadnezar sich das sicher nicht vorgestellt. Was vor allen Beamten eine Demonstration seiner Macht werden sollte, wurde vor allen zur Demonstration der Macht Gottes. Das Feuer konnte den drei Freunden nichts anhaben.

27 **Und es versammelten sich die Satrapen, die Statthalter und die Landpfleger und die Räte des Königs; sie sahen diese Männer, dass das Feuer keine Macht über ihre Leiber gehabt hatte: das Haar ihres Hauptes war nicht versengt, und ihre Leibröcke waren nicht verändert, und der Geruch des Feuers war nicht an sie gekommen.**

Welch eine Blamage für die, welche unsere drei Freunde beim

König angeschwärzt hatten.

28 **Nebukadnezar hob an und sprach: „Gepriesen sei der Gott Schadrachs, Meschachs und Abed-Negos, der seinen Engel gesandt und seine Knechte errettet hat, die auf ihn vertrauten und das Wort des Königs übertraten und ihre Leiber dahin gaben, um keinem Gott zu dienen noch ihn anzubeten, als nur ihrem Gott!**

Und wieder einmal ist Nebukadnezar zutiefst beeindruckt vom Gott der Hebräer. Nicht genug, dass er Geheimnisse zu enträtseln vermag, er kann sogar aus der Hand des Königs und aus dem Feuer erretten. Es scheint in Nebukadnezar eine Ahnung zu existieren, dass es besser wäre, sich mit diesem Gott nicht anzulegen. Und so beginnt er noch vor Ort, den Gott Israels zu preisen und ein neues Gesetz zu erlassen.

29 **Und von mir wird Befehl gegeben, dass jedes Volk, jede Völkerschaft und Sprache, wer Unrechtes spricht wider den Gott Schadrachs, Meschachs und Abed-Negos, in Stücke zerhauen, und dass sein Haus zu einer Kotstätte gemacht werde; weil es keinen anderen Gott gibt, der auf solche Weise zu erretten vermag."**

Und obwohl sich die drei dem Befehl des Königs widersetzt hatten, werden sie in ein höheres Amt befördert.

Die Erlebnisse Nebukadnezars um den Gott der Hebräer reichen ihm jedoch nicht, ihn als alleinigen und einzigen Gott zu akzeptieren. Auch wenn er nun öffentlich die großen Taten

Gottes lobt. Wir erinnern uns, dass Daniel dem König schon gesagt hatte, dass Gott den König wissen lassen wollte, wie es um sein Herz bestellt ist.

31 **„Nebukadnezar, der König, allen Völkern, Völkerschaften und Sprachen, die auf der ganzen Erde wohnen: Friede euch in Fülle! 32 Es hat mir gefallen, die Zeichen und Wunder kund zu tun, welche der höchste Gott an mir getan hat. 33 Wie groß sind seine Zeichen, und wie mächtig seine Wunder! Sein Reich ist ein ewiges Reich, und seine Herrschaft währt von Geschlecht zu Geschlecht!"**

Für Nebukadnezar ist Gott nur ein Gott unter Göttern. Ein Sprichwort sagt: „Gott schafft alles aus Nichts. Wenn Gott etwas gebrauchen will, macht er es zunächst zu Nichts".
Nebukadnezar braucht noch diese Erfahrungen, bis auch er sich zum alleinigen Gott, unserem Schöpfer, bekehrt und er sein eigenes Herz erkennt.

Zwischenspiel

Nebukadnezar…na und, was geht das uns an?

Gute Frage, ist ja auch alles schon eine ganze Weile her. Nebukadnezar jedoch verhält sich auch nicht anders, als jene Menschen von heute, bei denen sich auch auf spektakuläre Art und Weise eine Gotteserfahrung an die andere reiht. Bei denen es zwar zu einer Anbetung kommt, ja sogar zur Anerkennung seiner Macht, aber bei denen sie sich für eine echte Herzensbeziehung zu Jesus selbst im Wege stehen. Zu stark ist:

- der Glaube an die eigenen Fähigkeiten
- das angebliche Recht auf „Selbstbestimmung" und Freiheit.
- die Sucht nach Anerkennung oder Leitungsfunktion.
- die Bindung an Gewohnheiten, an Rituale und Traditionen.
- der Wunsch, einfach nur dazu gehören zu wollen.
- das Ego, der Stolz und die Suche nach eigener Ehre!
- die Abhängigkeit von einer christlichen Elite.
- der Gruppendruck und „... was sollen denn die Leute sagen?"
- die Bequemlichkeit u.s.w.

Gott? Ja, solange er für gute Unterhaltung sorgt! Ja, solange man seine eigene Bankrotterklärung hinter allem Funktionieren gut verstecken kann! Solange ich im Event- Geschehen ein Teil der Bewegung bin. „Was soll ich denn in der Stille, da sieht mich doch keiner, da bin ich doch keiner, davon hab´ ich doch nichts."

„Du aber, wenn du betest, so geh in deine Kammer und, nachdem du deine Tür geschlossen hast, bete zu deinem Vater, der im Verborgenen ist, und dein Vater, der im Verborgenen sieht, wird dir vergelten."   (Matthäus 6, 6)

Es gehört eben doch viel Stärke dazu, Schwäche, Fehlverhalten und Unvermögen an sich zu entdecken und dann auch noch einzugestehen.

Zwischenspiel

Nebukadnezar hat es gefallen, von den Wundern Gottes, die er erlebt hat, zu erzählen. Es hat ihm gefallen, offen zu bekennen, dass Gottes Reich ein ewiges Reich ist und dass seine Herrschaft kein Ende hat. Solange diese Herrschaft keine Änderung seines eigenen Lebens bewirkt und er sich keiner Selbstkritik und schon gar nicht der Kritik Gottes zu stellen braucht?
Ein Widerspruch!
Seine Gotteswahrnehmung beschränkte sich auf ein angenehmes Gefühl. Auf sein Gottesbild. Mögen seine Sinne im Normalfall „scharfsinnig" gewesen sein, im Bezug auf Gott waren seine Sinne gestört und unterlagen dem Wahn, dass Gott so funktioniert, wie er es sich als Mensch wünschte, damit ihm Gott gefällt. Ein Wahn – Sinn also.

Bedenken wir nun, dass das Buch Daniel für die Zeit des Endes geschrieben wurde, dann erhalten auch die Aussagen über das Verhalten Nebukadnezars eine völlig neue Dimension.
Vorsicht!
Der Wahn eines falschen Sinnes für die Wahrnehmung Gottes, eine Wahrnehmung die sich an spektakulären Ereignissen orientiert und sich ohne Selbstkritik in der Beziehung zu Gott darstellt, muss zwangsläufig auch zur Kritikunfähigkeit im Bezug auf das eigene Verhalten führen.

Kapitel 4

1 Ich, Nebukadnezar, war ruhig in meinem Hause und hatte Gedeihen in meinem Palast.

Wie bitte? Nebukadnezar war auf keinem Eroberungsfeldzug? Sollte er wohl tatsächlich in seinem Palast zur Ruhe gekommen sein? Das könnte bedeuten, dass seit dem Erlebnis mit dem Feuerofen einige Jahre vergangen sein mussten. Denn von den 43 Jahren, die er Babylon regierte, dienten die ersten 15 Jahre dazu, sein Imperium durch Feldzüge auf zu bauen. Daniel und seine Freunde hatte er ja zu Beginn seiner Laufbahn als König kennengelernt. Jetzt verblassten langsam die Bilder, in denen er die Wunder Gottes gesehen hatte. Er mag Gott vergessen haben, doch Gott vergisst ihn nicht und schickt ihm erneut einen Traum.

2 Ich sah einen Traum, er erschreckte mich; und Gedanken auf meinem Lager und Gesichte meines Hauptes ängstigten mich. 3 Und von mir wurde Befehl gegeben, alle Weisen von Babel vor mich zu führen, auf dass sie mir die Deutung des Traumes kundtäten. 4 Alsdann kamen die Schriftgelehrten, die Beschwörer, die Chaldäer und die Wahrsager herbei; und ich trug ihnen den Traum vor, aber sie taten mir seine Deutung nicht kund.

Und wieder ließ er die Wissenschaftler der damaligen Zeit holen. Und wie beim ersten Mal konnten sie ihm auch dieses Mal nicht sagen, was der Traum bedeutete. Konnte er sich nicht erinnern, dass ihm schon einmal jemand, in einer ähnlichen Situation, aus der Patsche geholfen hatte?

5 Und zuletzt trat vor mich Daniel, dessen Name Beltschazar ist, nach dem Namen meines Gottes, und in welchem der Geist der heiligen Götter ist; und ich trug ihm den Traum vor:

„Und zuletzt", als nichts mehr geht, lässt er Daniel rufen. Und wieder erkennen wir, dass wir es hier mit zwei verschiedenen Welten zu tun haben. Nebukadnezar spricht von „seinem" Gott. Den Gott Daniels, reiht er wieder ein in die Galerie der Götter. Obwohl er es doch inzwischen besser wissen müsste. Er war wieder eingeholt worden von seinen Gewohnheiten, Tradition, Bequemlichkeit und Stolz. Doch selbst er muss zugeben, dass Daniel wohl eine besondere Beziehung zu Gott hat, oder wie er sich ausdrückte, zu den Göttern. Das erklärt vielleicht, weshalb er Daniel als letztes rufen ließ.

6 Beltschazar, du Oberster der Schriftgelehrten, da ich weiß, dass der Geist der heiligen Götter in dir ist, und dass kein Geheimnis dir zu schwer ist, so sage mir die Gesichte meines Traumes, den ich gesehen habe, und seine Deutung.

Denn dieses: „Ganz zum Schluss wird Daniel geholt", bekommt plötzlich eine völlig andere Wendung. Scheinbar befürchtet Nebukadnezar nahezu, dass Daniel ihm wohl die Deutung des Traumes sagen könnte. Wahrscheinlich ahnt er, dass er die Deutung nicht wirklich wissen will. Möglicherweise versuchte er also, sich so lange wie möglich vor der Wahrheit zu drücken.

Eine Handlungsweise, die wohl den meisten von uns bekannt sein dürfte, denn Wahrheit ist nicht immer leicht zu ertragen.

7 **Was nun die Gesichte meines Hauptes auf meinem Lager betrifft, so sah ich: und siehe, ein Baum stand mitten auf der Erde, und seine Höhe war gewaltig. 8 Der Baum wurde groß und stark, und seine Höhe reichte bis an den Himmel, und er wurde gesehen bis an das Ende der ganzen Erde; 9 sein Laub war schön und seine Frucht zahlreich, und es war Nahrung an ihm für alle; die Tiere des Feldes fanden Schatten unter ihm, und die Vögel des Himmels wohnten in seinen Zweigen, und alles Fleisch nährte sich von ihm.**

Das Bild vom Baum, der allen Nahrung und Schatten bietet, war ein durchaus gängiges Symbol für die Wesenszüge eines gut funktionierendes Königreiches. (siehe *Dan. 2, 37+38*) So wundert es um so mehr, dass Nebukadnezar den Traum vom Baum nicht selbst zu deuten wusste.

10 **Ich schaute in den Gesichten meines Hauptes auf meinem Lager, und siehe, ein Wächter und Heiliger stieg vom Himmel hernieder. 11 Er rief mit Macht und sprach also: Haut den Baum um und schneidet seine Zweige weg; streift sein Laub ab und streut seine Frucht umher! Die Tiere unter ihm sollen weg fliehen und die Vögel aus seinen Zweigen!**

Erinnern wir uns an das Dankgebet Daniels, als es um die Deutung des ersten Traumes ging? Daniel sagt dort etwas Interessantes *(Dan. 2, 21)*. Er verweist in diesem Gebet auf die alleinige Macht Gottes, Zeiten zu ändern und Könige ein- oder abzusetzen. Und genau das geschieht hier gerade in dem Traum von Nebukadnezar, er soll abgesetzt werden. Der Baum soll umgehauen werden.

12 Doch seinen Wurzelstock lasset in der Erde, und zwar in Fesseln von Eisen und Erz, im Grase des Feldes; und von dem Tau des Himmels werde er benetzt, und mit den Tieren habe er teil an dem Kraut der Erde. 13 Sein menschliches Herz werde verwandelt und das Herz eines Tieres ihm gegeben; und sieben Zeiten sollen über ihm vergehen.

Gott lässt ihn wissen, dass er für eine Weile wahnsinnig sein wird. „Lykanthropie" nennt der Psychiater eine Erkrankung, bei der Menschen glauben, Tiere zu sein und sich auch so verhalten. In Nebukadnezars Fall sollte dieser Zustand sieben Jahre andauern, nur dass es sich bei ihm nicht um eine Erkrankung sondern um einen von Gott geschickten Zustand handelte.

14 Durch Beschluss der Wächter ist dieser Ausspruch, und ein Befehl der Heiligen ist diese Sache: auf dass die Lebenden erkennen, dass der Höchste über das Königtum der Menschen herrscht und es verleiht, wem er will, und den Niedrigsten der Menschen darüber bestellt.

Niemand ist König aus eigener Kraft. So hat Gott ja auch David eingesetzt, obwohl er „nur" ein Hirtenjunge war. Eine Qualifikation, die aus menschlicher Sicht sicher nicht ausgereicht hätte. Doch Gott kennt die Menschen besser als die Menschen sich selbst. Nicht umsonst wird aus Selbstüberschätzung der Menschen eben auch sehr schnell Größenwahn. Und das ist ja, wie der Name schon sagt, auch eine Wahnvorstellung, ein Wahn der Sinne, wahn - sinnig.

15 Diesen Traum habe ich, der König Nebukadnezar, gesehen; und du, Beltschazar, sage seine Deutung, da alle Weisen meines Königreichs mir die Deutung nicht kundzutun vermögen; du aber vermagst es, weil der Geist der heiligen Götter in dir ist.

Wir profitieren von Daniels Gabe, Träume deuten zu dürfen. Hier in seinem Buch sind daher viele Dinge schon durch Daniel erklärt. Eine Deutung von Daniel deuten zu wollen, würde sicher vieles, was deutlich ist, undeutlich werden lassen. Darum möchte ich an dieser Stelle auf den Originaltext deuten ;-)

16 Da entsetzte sich Daniel, dessen Name Beltschazar ist, eine Zeitlang, und seine Gedanken ängstigten ihn. Der König hob an und sprach: Beltschazar, der Traum und seine Deutung ängstige dich nicht. Beltschazar antwortete und sprach: Mein Herr, der Traum gelte deinen Hassern und seine Deutung deinen Feinden! 17 Der Baum, den du gesehen hast, der groß und stark wurde, dessen Höhe an den Himmel reichte, und der über die ganze Erde hin gesehen wurde; 18 und dessen Laub schön und dessen Frucht zahlreich, und an welchem Nahrung war für alle; unter welchem die Tiere des Feldes wohnten, und in dessen Zweigen die Vögel des Himmels sich aufhielten: 19 das bist du, o König, der du groß und stark geworden bist; und deine Größe wuchs und reichte bis an den Himmel, und deine Herrschaft bis an das

Ende der Erde. 20 Und dass der König einen Wächter und Heiligen vom Himmel hernieder steigen sah, welcher sprach: Haut den Baum um und verderbt ihn! Doch seinen Wurzelstock lasst in der Erde, und zwar in Fesseln von Eisen und Erz, im Grase des Feldes; und von dem Tau des Himmels werde er benetzt, und er habe sein Teil mit den Tieren des Feldes, bis sieben Zeiten über ihm vergehen 21 dies ist die Deutung, o König, und dies der Beschluss des Höchsten, der über meinen Herrn, den König, kommen wird:

22 Man wird dich von den Menschen ausstoßen, und bei den Tieren des Feldes wird deine Wohnung sein; und man wird dir Kraut zu essen geben, wie den Rindern, und dich vom Tau des Himmels benetzt werden lassen; und es werden sieben Zeiten über dir vergehen, bis du erkennst, dass der Höchste über das Königtum der Menschen herrscht und es verleiht, wem er will.

23 Und dass man gesagt hat, den Wurzelstock des Baumes zu lassen, dein Königtum wird dir wieder werden, sobald Du erkannt haben wirst, dass die Himmel herrschen.
24 Darum, o König, lass dir meinen Rat gefallen, und brich mit deinen Sünden durch Gerechtigkeit und mit deinen Missetaten durch Barmherzigkeit gegen Elende, wenn deine Wohlfahrt Dauer haben soll.

Kriege hatten Nebukadnezar groß und reich werden lassen. Über viele Menschen hatte er viel Leid gebracht. Daniel legte hier den Finger in die Wunde.

Das durch Gott angekündigte Schicksal ließe sich durch

Wiedergutmachung und gerechtes Handeln abwenden. Gott will Taten sehen. Doch...

25 **Alles das kam über den König Nebukadnezar.**

Nebukadnezar ist einer wie wir, ein Meister der Verdrängung. Nur eine kurze Zeit und der Traum beunruhigt ihn nicht mehr. Doch Gott verdrängt nicht. Auch wenn es uns so vorkommt, weil zwischen der Ankündigung und dem Ereignis in unserer Wahrnehmung viel Zeit zu vergehen scheint.

26 **Nach Verlauf von zwölf Monaten wandelte er umher auf dem königlichen Palast zu Babel; 27 und der König hob an und sprach: Ist das nicht das große Babel, welches ich zum königlichen Wohnsitz erbaut habe durch die Stärke meiner Macht und zu Ehren meiner Herrlichkeit?**

Und wenn wir am wenigsten daran denken, überrascht Gott uns mit der Aufmerksamkeit des stillen Beobachters. Nebukadnezar kam nicht mehr dazu, den Mund zu schließen, als er die folgenschweren Worte sagte, seine eigene Macht habe zu seinem Erfolg geführt, zu seiner eigenen Ehre seiner eigenen Herrlichkeit.

28 **Noch war das Wort im Munde des Königs, da kam eine Stimme vom Himmel herab: Dir, König Nebukadnezar, wird gesagt: Das Königtum ist von dir gewichen! 29 Und man wird dich von den Menschen ausstoßen, und bei den Tieren des Feldes wird deine Wohnung sein, und man wird dir Kraut zu essen geben wie den Rindern; und es werden sieben Zeiten**

über dir vergehen, bis du erkennst, dass der Höchste über das Königtum der Menschen herrscht und es verleiht, wem er will.

Selbstüberschätzung war nicht nur zur Zeit des Königs Nebukadnezars ein Übel. Kaum ein Mensch, der sich nicht auch heute um sich selbst dreht. Doch Tatsache ist:

„Wenn Gott nicht das Haus baut, bauen selbst die Bauleute vergebens."   (Psalm 127, 1)

Nebukadnezar wird wahnsinnig!

Fällt uns was auf?
1. Missachtung Gottes führt zum Gericht Gottes.
2. Gott erklärt, wie das Gericht abgewendet werden kann.
3. Das Urteil bei weiterer Missachtung: „Ausgestoßen".

Nebukadnezar ist überall. Wer sein Leben nur auf sich selbst richtet, wer sein Leben führt, ohne nach dem eigentlichen Sinn seines Daseins zu fragen, führt das Leben eines Tieres, wird ausgestoßen.

31 **Und am Ende der Tage erhob ich, Nebukadnezar, meine Augen zum Himmel, und mein Verstand kam mir wieder; und ich pries den Höchsten, und ich rühmte und verherrlichte den ewig Lebenden, dessen Herrschaft eine ewige Herrschaft ist, und dessen Reich von Geschlecht zu Geschlecht währt.**

Nebukadnezar sagt etwas Wichtiges: „Als sein Verstand kam, begann er Gott zu preisen." Nannte er Gott früher den Gott

Daniels, so nennt er ihn jetzt „den Höchsten". Das ist der Name, den Gott auch in der Offenbarung trägt. Nach sieben Jahren Verwirrung, und leben ohne Menschenwürde, kehrt der Verstand zu ihm zurück und er erkennt Gott. „Von neuem geboren!"

32 Und alle Bewohner der Erde werden wie nichts geachtet, und nach seinem Willen tut er mit dem Heere des Himmels und mit den Bewohnern der Erde; und da ist niemand, der seiner Hand wehren und zu ihm sagen könnte: Was tust du?

Kein Wort der Anklage findet sich bei ihm über die sieben Jahre. Im Gegenteil, aus seinem Munde kommen nur Worte des Lobes, der Ehrfurcht und der Demut.

33 Zur selben Zeit kam mir mein Verstand wieder, und zur Ehre meines Königtums kamen meine Herrlichkeit und mein Glanz mir wieder; und meine Räte und meine Gewaltigen suchten mich auf, und ich wurde wieder in mein Königtum eingesetzt, und ausnehmende Größe wurde mir hinzugefügt.

Erstaunlich, dass in diesen sieben Jahren niemand anderes den Thron an sich gerissen hat. Es gibt dafür mancherlei Theorien, eine Erklärung jedoch stimmt auf jeden Fall:

„...dass der Höchste über das Königtum der Menschen herrscht und es verleiht, wem er will."   (Dan. 4, 22c)

34 Nun rühme ich, Nebukadnezar, und erhebe und verherrliche den König des Himmels, dessen Werke allesamt Wahrheit und dessen Wege Recht sind, und der zu erniedrigen vermag, die in

Hoffart (Hochmut) **wandeln.**

Nebukadnezar erhält sein irdisches Königreich   zurück. Wichtiger jedoch scheint, dass er zum Bewohner des Reiches Gottes aufgestiegen ist,

„...und ausnehmende Größe wurde mir hinzugefügt." (Dan. 4, 33)

Jetzt erkennt er, dass sein Handeln und Reden vorher „Hoffart" war, ein anderes Wort für Vermessen. Jetzt kennt er sein Herz und hat seinen höchsten Rang erreicht, ein Gegenüber Gottes. Und wenn wir aufmerksam gelesen haben, dann sehen wir, das Gott es diesem heidnischen König jetzt sogar erlaubt, einen Abschnitt in seinem, in Gottes heiligem Wort, zu verfassen.

Nebukadnezar wird nun in der Bibel nicht mehr erwähnt. Nabonid übernimmt 556 v. Chr. die Königsstellung in Babylon und stellvertretend dessen Sohn Belsazar, bis Medo-Persien (das Silber), die Vormachtstellung Babylons 539 v. Chr. ablöst.

Zwischenspiel

Das Tier in uns

„...dass der Höchste über das Königtum der Menschen herrscht und es verleiht, wem er will. „   *(Dan. 4, 22c)*

Auch wenn die Regierung böse ist? Wie muss man sich Nebukadnezar vorstellen?

Es ist schon ein paar Jahre her, dennoch wird der irakische Diktator Saddam Hussein, (irakisches Staatsoberhaupt von 1979 bis zu seiner Hinrichtung wegen Völkermord im Jahre 2003) für viele Menschen als Inbegriff des Bösen in Erinnerung sein. Er sah sich als zweiter Nebukadnezar und ließ sich sogar an der Ausgrabungsstelle von Babylon einen Palast bauen.

Egal, ob gute Herrscher oder böse Herrscher, Gott greift ins Weltgeschehen ein. Und das auf Wegen, die wir weder verstehen können, noch verstehen müssen. Der Herr Jesus gibt uns einen guten Rat, wie wir damit umgehen sollen.

„44 Ich aber sage euch: Liebt eure Feinde, segnet, die euch fluchen, tut wohl denen, die euch hassen, und betet für die, die euch beleidigen und verfolgen 45 damit ihr Söhne eures Vaters seid, der in den Himmeln ist; denn er lässt seine Sonne aufgehen über Böse und Gute und lässt regnen über Gerechte und Ungerechte."   *(Matth. 5, 44+45)*

Niemand wird gezwungen, die Sonne oder den Regen zu nutzen, aber alle bekommen das gleiche Angebot und zwar kostenlos, alle haben die gleiche Chance.

„37 ...Der den guten Samen sät, ist der Sohn des Menschen, 38 der Acker aber ist die Welt; der gute Same aber, dies sind die Söhne des Reiches, das Unkraut aber sind die Söhne des Bösen; 39 der Feind aber, der es gesät hat, ist der Teufel; die Ernte aber ist die Vollendung des Zeitalters, die Schnitter aber sind Engel.

Zwischenspiel

40 Gleichwie nun das Unkraut zusammengelesen und im Feuer verbrannt wird, also wird es in der Vollendung des Zeitalters sein. 41 Der Sohn des Menschen wird seine Engel aussenden, und sie werden aus seinem Reich alle Ärgernisse zusammenlesen und die welche die Gesetzlosigkeit tun; 42 und sie werden sie in den Feuerofen werfen: da wird sein das Weinen und das Zähneknirschen. 43 Dann werden die Gerechten leuchten wie die Sonne in dem Reiche ihres Vaters. Wer Ohren hat zu hören, der höre"! (Matth. 13, 37-43)

Gott,

„*welcher will, dass alle Menschen errettet werden und zur Erkenntnis der Wahrheit kommen.*" (1.Tim. 2, 4)

kommt mit allen Menschen zum Ziel. Das Ziel ist: Für die Kinder Gottes ein Freiflug ins himmlische Jerusalem. Für die Söhne des Bösen eine Flatrate im Feuersee.

Welcher Weg zu welchem Ziel, das bestimmen wir selbst. Dabei fällt die Wahl gar nicht schwer, es gibt nur zwei.

Welch eine tiefe Wahrheit liegt in diesem vierten Kapitel!
Es erinnert mich zunächst an eine Geschichte, die ich vor einigen Jahren erzählt bekommen habe.
Ein europäischer Handelsreisender war unterwegs durch die arabische Wüste. Bei einer Oase wurde Rast gemacht und man unterhielt sich bei einem Tee über dieses und jenes. Das Gespräch fand irgend wie zum Thema Religion und einer der

Beduinen fragte den Europäer geradeheraus, ob er denn auch an Gott glaube?

Der Europäer begann zu lächeln und erklärte nun, dass alles eine Frage der Entwicklungsgeschichte der Menschheit sei, angefangen beim Urknall, über die Einzeller, die irgendwann weiterentwickelt aus dem Meer kamen und über den Affen bis hin zum Menschen, Evolution eben und nicht Schöpfung

Daraufhin stand der Beduine auf, ging zur Öffnung des Zeltes und schob die Zeltwand ein wenig zur Seite. Dann bat er den Europäer, er möge doch bitte mal raus sehen. Dort standen die Kamele. „Ja", sagte der Europäer, „ich sehe, es sind Kamele." „Stimmt" antwortete der Beduine, „entweder sie arbeiten oder sie saufen und fressen. Dabei produzieren sie jede Menge „......" (Tipp: das gesuchte Wort reimt sich auf „Mais"). Und das erstaunliche dabei, ...so kommen sie, ohne es zu merken, ganz ohne Gott aus."

Wenn es einen Unterschied zwischen Mensch und Tier gibt, dann sicher diesen, dass Gott den Mensch als sein Gegenüber geplant hatte und uns die Ewigkeit ins Herz gelegt hat.

„Und Gott schuf den Menschen in seinem Bilde, im Bilde Gottes schuf er ihn."   (1.Mose 1, 27)

„Du hast ihn ein wenig unter die Engel erniedrigt; mit Herrlichkeit und Ehre hast du ihn gekrönt und ihn gesetzt über die Werke deiner Hände."   (Hebr. 2, 7)

Wir sprechen von Menschenwürde und davon, dass diese

unantastbar sei (Art. 1 Grundgesetz). Diese vom Gesetzgeber garantierte „Unantastbarkeit" der Menschenwürde wird jedoch leider nur all zu oft freiwillig verspielt. Horden, oder sollte man schon sagen Herden, die laut grölend durch die Straßen ziehen, um Unruhe zu stiften, zu provozieren, um bereitwillig ihre Schuldlosigkeit einzubüßen. Gewaltbereit, ohne Achtung und ohne Respekt vor der Unversehrtheit oder dem Eigentum anderer. Die sich selbst nur all zu gerne als „Wölfe" sehen, um Angst zu verbreiten und um einzuschüchtern.

Da sind die gepflegten, in guten Anzügen auftretenden Geschäftemacher (Ich meine nicht die ehrlichen Geschäftsleute), denen jedes Mittel recht ist, ihre Mitmenschen auszubeuten, hinters Licht zu führen, zu belügen, dabei den Ruin anderer in Kauf nehmen, um des eigenen Vorteils willen. Die alles daran setzen, das Klischee vom „Hai" aufrecht zu halten. Und so weiter…

Gottloses Handeln wird von jedermann angeprangert. Ohne Gott leben jedoch, ist eher die Norm. Arbeiten, Essen und Trinken, Vergnügen und Egoismus. Jede Menge Kot eben.

Das Tier aus der Offenbarung ist wohl deshalb das Tier, weil es ein in hohem Maße Gottloser Mensch sein wird.

„Aber gleichwie die Tage Noahs waren, also wird auch die Ankunft des Sohnes des Menschen sein."　　　　　　(Matth. 24, 37)

„27 sie aßen, sie tranken, sie heirateten, sie wurden verheiratet, bis zu dem Tage, da Noah in die Arche ging, und die Flut kam und

alle umbrachte. 28 Gleicherweise auch, wie es geschah in den Tagen Lots: sie aßen, sie tranken, sie kauften, sie verkauften, sie pflanzten, sie bauten; 29 an dem Tage aber, da Lot von Sodom ausging, regnete es Feuer und Schwefel vom Himmel und brachte alle um. 30 Desgleichen wird es an dem Tage sein, da der Sohn des Menschen geoffenbart wird."   (Luk. 17, 27 – 30)

Nebukadnezar glaubte auch, dass er ohne Gott auskommt. Er war vermessen genug, sich selbst als Maßstab seines Handelns zu sehen. Ein Leben, in dem das Tier die Oberhand gewinnt, weil man ohne die gottgewollte Würde des Menschen auszukommen glaubt. Der Mensch stellt sich selbst in den Mittelpunkt und schafft sich damit seine eigenen Religionen. Vergnügungssucht, Körperkult, Karrierewahn, das Tier wird regelrecht angebetet. Man ist sogar davon überzeugt, vom Affen ab zu stammen und glaubt, sein Schicksal in Tierkreiszeichen besiegelt zu sehen. Hackordnungen bestimmen das Leittier.

„Seid nicht wie ein Ross, wie ein Maultier, das keinen Verstand hat"   (Psalm 32, 9)

Sieben Jahre lang verbrachte Nebukadnezar wegen seiner Vermessenheit unter der Herrschaft des Tieres in ihm, bis er bereit war, seine Knie vor dem einzigen wahren Gott zu beugen, und Gott anzuerkennen.

„Denn es steht geschrieben: „So wahr ich lebe, spricht der Herr, mir soll sich jedes Knie beugen, und jede Zunge soll Gott bekennen."   (Röm. 14, 11)

Zwischenspiel

Tier? Das reicht von niedlich bis furchteinflößend, von Lamm bis Bestie. Die letzten sieben Jahre der heutigen, vermessenen, heidnischen Welt, werden so, wie bei Nebukadnezar, vom Tier beherrscht werden. Die erste Hälfte der Zeit wird es Reden führen wie ein Lamm, und die Welt wird ihm zu Füßen liegen, weil er verspricht, die Probleme der Menschheit lösen zu können, mit all den Wunderkräften, die ihm der Teufel geben wird. In der zweiten Hälfte wird seine Regierung bestialisch sein. Er wird sich in den Tempel Gottes setzen und verlangen, dass man ihn als Gott anbetet (*2. Thess. 2, 1-4*).

„Aber der Stein, der nicht von Menschenhand gemacht ist, wird alle Königreiche der Erde wegfegen und ihre Spur wird nicht mehr gefunden."   *(Dan. 2, 35)*

Jesus kommt wieder, jedes Knie wird sich beugen und bekennen, dass er Gott ist. Und dann baut Jesus sein Königreich auf. Und wir, die wir nicht zulassen, dass dieses Tier Raum in uns gewinnt, können sagen: „Wir sind gerettet!"

„Denn ihr seid der Tempel des lebendigen Gottes, wie Gott gesagt hat: „Ich will unter ihnen wohnen und wandeln, und ich werde ihr Gott sein, und sie werden mein Volk sein."   *(2. Kor. 6,16)*

Kapitel 5:

1 **Der König Belsazar machte seinen tausend Gewaltigen ein großes Mahl, ...**

„Nabonid" war ein Nachfolger von Nebukadnezar. Er teilte sich die Königswürde mit „Belsazar", seinem Sohn. Während Junior die inneren Angelegenheiten regierte, ging Vater Nabonid seiner Arbeit nach. Die bestand darin, Kriege zu führen. Die Tatsache, dass Nebukadnezar den Schöpfergott als wahren Gott erkannt hatte, ließ die beiden jedoch unbeeindruckt. Sie hielten es mehr mit dem Mondgott „Sin" und mit alten babylonischen Traditionen und verehrten „Marduk", ihren Chefgötzen. Bis zu jener spektakulären Vollmondnacht am 12.10. 539 v. Chr.

Im Palast war Party beim König. Das Fest muss riesig gewesen sein. Ungewöhnlich war jedoch der Zeitpunkt. Das Medo - Persische Reich unter Führung von „Kyros", war ihnen mit seinem Militär verdächtig nahe gerückt. Das Silber schickte sich an, das Gold abzulösen. Es sollte die letzte Nacht Babylons unter babylonischer Herrschaft werden. Belsazar vertraute der angeblichen Uneinnehmbarkeit seiner Stadt ebenso wie der Kriegskunst seines Vaters. Er wusste noch nicht, dass Nabonid bereits zwei Tage vorher, in der Gegend um die Stadt Opis, vor den Truppen des Kyros geflohen und auf dem Weg ins Exil war.

...und er trank Wein vor den Tausend.

Der Alkohol floss in Strömen, der König betrank sich und so

glaubte er, sich einen Spaß machen zu können, in dem er die Tempelgeräte holen ließ, die Nebukadnezar seiner Zeit bei der Einverleibung Jerusalems hatte mitgehen lassen, um mit seinen Gästen daraus zu trinken.

2 Belsazar befahl, als der Wein ihm schmeckte, dass man die goldenen und die silbernen Gefäße herbeibrächte, welche sein Vater Nebukadnezar aus dem Tempel zu Jerusalem weggenommen hatte, auf dass der König und seine Gewaltigen, seine Frauen und seine Kebsweiber daraus tränken.

In ihrer Weinseligkeit ließen sie sich dazu hinreißen, leblose Götzen zu rühmen. Götzen aus Gold, Silber, Erz, Eisen, Holz und Stein. Die Materialreihenfolge ähnelt dem Standbild aus dem Traum von Nebukadnezar. Wir erinnern uns, es waren Symbole für Nationen, welche den Verlauf der Weltgeschichte prägten und noch prägen werden. Eine Weltgeschichte, in der leblose Götzen, alles materielle eben, eine größere Rolle spielen als man sie dem Schöpfer - Gott einzuräumen bereit ist.

„26 Und gleichwie es in den Tagen Noahs geschah, also wird es auch sein in den Tagen des Sohnes des Menschen: 27 sie aßen, sie tranken...“   (Luk. 17, 26+27)

5 In demselben Augenblick kamen Finger einer Menschenhand hervor und schrieben, dem Leuchter gegenüber, auf den Kalk der Wand des königlichen Palastes; und der König sah die Hand, welche schrieb. 6 Da veränderte sich die Gesichtsfarbe des Königs, und seine Gedanken ängstigten ihn; und die Bänder

seiner Hüften lösten sich, und seine Knie schlugen aneinander.

Wenn wir es am wenigsten erwarten, (wie ein Dieb in der Nacht), greift Gott ins Weltgeschehen ein.

„So wacht nun, denn ihr wisst weder den Tag noch die Stunde.“   *(Matth. 25, 13)*

Was für eine gespenstische Szene, als plötzlich, mitten im Getöse des Gelages, eine körperlose Hand, die Botschaft Gottes an die Wand im Festsaal schrieb. Wen wundert`s, dass Belsazar, der Ohnmacht nahe, in Panik geriet?

7 Der König rief mit Macht, dass man die Beschwörer, die Chaldäer und die Wahrsager hereinbringe; und der König hob an und sprach zu den Weisen von Babel: Jeder, der diese Schrift lesen und ihre Deutung mir anzeigen wird, der soll mit Purpur bekleidet werden, mit einer goldenen Kette um seinen Hals, und er soll als Dritter im Königreich herrschen.

Er selbst war ja, neben seinem Vater Nabonid, der zweite Mann im Staat. Wer die Schrift zu deuten vermochte, sollte der Dritte werden.
Doch es scheint in der Familie zu liegen, dass ihm nur die einfielen, welche sich Weise nannten, ohne weise zu sein.

„22 indem sie sich für Weise ausgaben, 23 sind sie zu Narren geworden“   *(Röm. 1, 22+23)*

8 Dann kamen alle Weisen des Königs herbei; aber sie vermochten nicht die Schrift zu lesen, noch die Deutung

derselben dem König kundzutun. **9 Da geriet der König Belsazar in große Angst, und seine Gesichtsfarbe veränderte sich an ihm; und seine Gewaltigen wurden bestürzt.**

Die Party war zu Ende! Angst! Nichts vermag schneller zu ernüchtern.

10 Infolge der Worte des Königs und seiner Gewaltigen trat die Königin in das Haus des Gelages. ...

Angelockt durch das Chaos im Festsaal betrat nun „die Königin" den Festsaal. Hier verhält es sich wie bei der Bezeichnung Vater. Seine Frauen und seine Kebsweiber waren ja mit auf der Party. Seine Mutter kann es wohl nicht gewesen sein, denn die war Hohepriesterin des Mondgottes. Wir können davon ausgehen, dass es sich bei der Königin, die nun den Saal betrat, um die Großmutter gehandelt hat. Das würde auch erklären, dass sie etwas zu berichten weiß, was die Generation Belsazars schon vergessen zu haben scheint.

...Die Königin hob an und sprach: O König, lebe ewiglich! Lass deine Gedanken dich nicht ängstigen und deine Gesichtsfarbe sich nicht verändern! 11 Es ist ein Mann in deinem Königreich, in welchem der Geist der heiligen Götter ist; und in den Tagen deines Vaters wurden Erleuchtung und Verstand und Weisheit gleich der Weisheit der Götter bei ihm gefunden; und der König Nebukadnezar, dein Vater, hat ihn zum Obersten der Schriftgelehrten, der Beschwörer, der Chaldäer und der Wahrsager erhoben, dein Vater, o König! 12 Darum dass ein

außergewöhnlicher Geist, und Kenntnis und Verstand, ein Geist der Traumdeutung und der Rätselerklärung und der Knotenlösung bei ihm gefunden wurde, bei Daniel, welchem der König den Namen Beltschazar gegeben hat. So werde nun Daniel gerufen, und er wird die Deutung anzeigen.

Die Königin erinnert sich an die Ereignisse, die sich viele Jahre vorher zugetragen hatten, als Nebukadnezars Träume von Daniel gedeutet wurden. Lebenserfahrung ist eben doch wertvoller als Königswürde. Diese Erfahrung scheint auch mit einer respektvolleren Umgehensweise einher zugehen, denn sie nennt Daniel bei seinem richtigen Namen und nicht Beltschazar, wie es Nebukadnezar tat.

13 **Darauf wurde Daniel vor den König geführt. Der König hob an und sprach zu Daniel: Bist du Daniel, einer der Weggeführten von Juda, welche der König, mein Vater, aus Juda hergebracht hat? 14 Und ich habe von dir gehört, dass der Geist der Götter in dir ist, und dass Erleuchtung und Verstand und außergewöhnliche Weisheit bei dir gefunden werden. 15 Und nun sind die Weisen, die Beschwörer, vor mich geführt worden, damit sie diese Schrift läsen und ihre Deutung mir kundtäten; aber sie vermögen nicht, die Deutung der Sache anzuzeigen.**

Belsazar muss eingestehen, dass seine Weisen und Beschwörer nicht in der Lage sind, die Botschaft Gottes zu entschlüsseln. Und so setzt auch er auf Daniel und verspricht ihm den gleichen Lohn wie seinen Weisen.

16 **Ich habe aber von dir gehört, dass du Deutung zu geben und Knoten zu lösen vermagst. Nun, wenn du diese Schrift zu lesen und ihre Deutung mir kundzutun vermagst, so sollst du mit Purpur bekleidet werden, mit einer goldenen Kette um deinen Hals, und du sollst als Dritter im Königreich herrschen.** 17 **Da antwortete Daniel und sprach vor dem König: Deine Gaben mögen dir verbleiben, und deine Geschenke gib einem anderen; ...**

Ein Lohn, auf den Daniel scheinbar nur all zu gerne Verzichten möchte.

...jedoch werde ich die Schrift dem König lesen und die Deutung ihm kundtun.18 **Du, o König! Der höchste Gott hatte Nebukadnezar, deinem Vater, das Königtum und die Größe und die Ehre und die Herrlichkeit verliehen;** 19 **und wegen der Größe, die er ihm verliehen, bebten und fürchteten sich vor ihm alle Völker, Völkerschaften und Sprachen. Wen er wollte, tötete er, und wen er wollte ließ er leben; und wen er wollte, erhob er, und wen er wollte, erniedrigte er.** 20 **Als aber sein Herz sich erhob und sein Geist bis zur Vermessenheit sich verstockte, wurde er von seinem königlichen Throne gestürzt, und man nahm ihm seine Würde.**

In seiner Rede führt Daniel die Ereignisse um Nebukadnezar an, der zum Tier wurde, als er seine Menschenwürde verlor. Wir sehen, dass mit der Würde, von der Daniel hier spricht, nicht die Königswürde gemeint ist, denn den Verlust des Thrones zählt er gesondert auf.

21 Und er wurde von den Menschenkindern ausgestoßen, und sein Herz wurde dem der Tiere gleich, und seine Wohnung war bei den Wildeseln; man gab ihm Kraut zu essen wie den Rindern, und sein Leib wurde vom Tau des Himmels benetzt bis er erkannte, dass der höchste Gott über das Königtum der Menschen herrscht, und darüber bestellt, wen er will. 22 Und du, Belsazar, sein Sohn, hast dein Herz nicht gedemütigt, obwohl du dieses alles gewusst hast.

Wenn Unwissenheit in der weltlichen Gesetzgebung schon nicht vor Strafe schützt, wie viel mehr hat der mit Strafe zu rechnen, der wissentlich gegen Gottes Willen handelt? Hier haben wir quasi den Schlüssel zu Gottes Urteil über Belsazar: „Er hätte es wissen müssen."

23 Und du hast dich über den Herrn des Himmels erhoben; und man hat die Gefäße seines Hauses vor dich gebracht, und du und deine Gewaltigen, deine Frauen und deine Kebsweiber, ihr habt Wein daraus getrunken. Und du hast die Götter von Silber und Gold, von Erz, Eisen, Holz und Stein gerühmt, die nicht sehen und nicht hören und nicht wahrnehmen; aber den Gott, in dessen Hand dein Odem ist, und bei dem alle deine Wege sind, hast du nicht geehrt. 24 Da wurde von ihm diese Hand gesandt und diese Schrift gezeichnet.

Daniel schickt seiner Schriftdeutung eine flammende Rede voraus und man gewinnt den Eindruck, dass er seinem Herzen mutig Luft macht.

25 **Und dies ist die Schrift, welche gezeichnet worden ist: „Mene, mene, tekel upharsin."** 26 **Dies ist die Deutung der Sache: „Mene", Gott hat dein Königtum gezählt und macht ihm ein Ende.** 27 **„Tekel" du bist auf der Waage gewogen und zu leicht erfunden worden.** 28 **„Peres" (= die Einzahl von pharsin), dein Königreich wird zerteilt und den Medern und Persern gegeben.**

Daniel erlebt nun, wie sich der Traum Nebukadnezars zu erfüllen beginnt. Er wird Augenzeuge eines von Gott vorhergesagten Ereignisses in der Weltgeschichte. Das Silber löst das Gold ab.

29 **Alsdann befahl Belsazar, und man bekleidete Daniel mit Purpur, mit einer goldenen Kette um seinen Hals; und man rief über ihn aus, dass er der dritte Herrscher im Königreich sein solle.** 30 **In derselben Nacht wurde Belsazar, der König der Chaldäer, getötet.**

Am Ende der Nacht gab es das Königreich Babylonien nicht mehr. Die Armee des Medo-Persien Herrschers Kyros hatte die uneinnehmbare Stadt eingenommen. [65 Jahre nach Prophetie (in Dan. 2, 39) eingetroffen]

Ein Feldherr von Kyros hatte weit vor der Stadt den Euphrat, der unter den Stadtmauern her durch die Stadt floss, umleiten lassen. So konnten seine Soldaten ungehindert durch das relativ trockene Flussbett, unter dem Absperrgitter hindurch, in die Stadt eindringen und von Innen die Tore öffnen, während im Königspalast gefeiert wurde.

Drehen wir das Rad der Geschichte noch einmal [300 Jahre] zurück. Jesaja schrieb damals:

„So spricht Jahwe zu seinem Gesalbten, zu Kyros, dessen Rechte ich ergriffen habe, um Nationen vor ihm niederzuwerfen, und damit ich die Lenden der Könige entgürte, um Pforten vor ihm aufzutun, und damit Tore nicht verschlossen bleiben." (Jes. 45, 1)

[300 Jahre nach Prophetie eingetroffen, ...die Nacht, in der sich genau das erfüllte und sich die Tore Babylons für Kyros öffneten. Mit seinem Namen vorhergesagt, zu einer Zeit also, da Kyros noch nicht einmal geboren war.]

Zwischenspiel

Und? Hätten Sie`s gewusst?

In unserer zivilisierten Welt kann man nicht weit sehen, ohne dass die Augen früher oder später an irgend einem Kirchturm hängen bleiben. Haben Sie sich schon mal gefragt, was das für merkwürdige Bauwerke sind? Wozu sind die da? Was und wer steckt dahinter? Dabei braucht man für die Frage nach Gott noch am allerwenigsten solch ein Kirchengebäude. Paulus schreibt in seinem Brief an die Römer:

„...denn sein unsichtbares Wesen, nämlich seine ewige Kraft und Gottheit, wird seit Erschaffung der Welt an den Werken durch Nachdenken wahrgenommen, sodass sie keine Entschuldigung haben.“ (Schlachter 2000 Übersetzung: *Röm. 1, 20*)

...keine Entschuldigung! oder wie es bei Belsazar hieß: *...obwohl du dieses alles gewusst hast!* Weiter schreibt Paulus:

„21 Denn obgleich sie Gott erkannten, haben sie ihn doch nicht als Gott geehrt und ihm nicht gedankt, sondern sind in ihren Gedanken in nichtigen Wahn verfallen, und ihr unverständiges Herz wurde verfinstert. 22 Da sie sich für weise hielten, sind sie zu Narren geworden.“ (*Schlachter 2000 Übersetzung: Röm. 1, 21+22*)

Das heißt, was mit Nebukadnezar geschah, geschieht heute millionenfach an anderen Menschen. Sie halten sich für weise genug, einen Gott abzulehnen, den sie zwar der Schöpfung nach erkennen können, aber sein Liebesbrief an uns, die Bibel, interessiert sie nicht. Das heißt, sie aber Narren genug, Gott, den sie gar nicht näher kennenlernen wollen, zu verurteilen und erfinden jede Menge Gründe, weswegen es, ihrer Meinung nach, einen Gott nicht geben kann, woran die Kirchen und Gemeinden einen nicht unwesentlichen, negativen Anteil haben. Und wenn es doch einen Gott geben sollte, dann nur einen, dem man mal die Meinung sagen müsste. Oder der nur akzeptiert wird, wenn er sich so zurecht biegen lässt, dass er in unser selbst-geschaffenes Gottesbild passt. Wenn das nicht vermessen ist!

Oder wie es zu Belsazar gesagt wurde:

„Und du hast dich über den Herrn des Himmels erhoben"

(Dan.5, 23)

Und dann ist da noch die Botschaft Gottes. Wenn man sich über Gott erhebt, ist es schwer, seine Botschaft zu verstehen und wenn es hart auf hart kommt, wenn es an die eigene Existenz geht, dann wird der Ruf laut nach jemandem, in dem der Geist der Götter zu sein scheint. Von den Göttern der Schamanen und Geistheilung, der Esoterik, über die Philosophie, den Gott Liberalismus, bis zu allerlei Religionen und viele andere Götter. Doch letztlich bleiben alle diese Götzen stumm. Nur einer vermag Rätsel zu lösen und Verborgenes kundzutun, das ist der Schöpfer-Gott, dessen Name JHWH, „Wahrheit" ist, in dessen ungeteiltem Interesse wir alle einmal stehen werden. Doch ob dessen Geist uns erfüllt, das darf jeder selbst entscheiden.

„Jesus antwortete und sprach zu ihm: Wenn jemand mich liebt, so wird er mein Wort halten, und mein Vater wird ihn lieben, und wir werden zu ihm kommen und Wohnung bei ihm machen."

(Joh.14, 23)

Die meisten Bibelausleger erklären uns das Danielbuch als ein zweigeteiltes Buch, das in seiner ersten Hälfte die persönlichen Erlebnisse von Daniel und seinen Freunden schildert und in der zweiten Hälfte rein prophetischer Natur ist. Sehen wir aber genau hin, dann erkennen wir in dem, was wir bis jetzt gelesen haben, eine Parallele zur Menschheitsgeschichte, zu unserer

Zwischenspiel

heutigen heidnischen Welt und deren ungehindertem Vormarsch in die Arroganz gegenüber Gott. Direkt in den endzeitlichen Abfall.

Nebukadnezar pflegte ja zunächst noch einen respektvollen Umgang mit seinen Göttern, um dann nach schweren, um nicht zu sagen „tierischen" Kämpfen, den Schöpfer-Gott zu erkennen, was seine Menschenwürde zum Vorschein brachte.

Nur zwei Generationen später ist davon nichts mehr zu spüren. Belsazar hat keinerlei Respekt mehr vor allem Göttlichen. Gott hat zu seinen Vätern in mancherlei Weise geredet, hat sie Wunder erleben lassen. Belsazar ignoriert das alles. Obwohl „das Gericht" bereits vor der Tür steht, in seinem Fall Kyros und seine Truppen. Er findet es angemessener zu feiern, sich zu betrinken und mit seinen lästerlichen Reden vor seinen Gästen und Huren groß zu tun. Alles wie heute, nur ohne Kyros aber dafür... mit Jesus, dessen Gericht ebenfalls schon vor der Tür steht.

Obwohl Daniel in seinen Diensten steht und bei Hofe eine wichtige Position inne hat, scheint Belsazar ihn nicht einmal zu kennen. Er dreht sich nur um sich selbst.

Daniel und seine Freunde sind nicht mit von der Partie bei der Party. Daniel ist erst zur Stelle, als es darum geht, ein mutiges Zeugnis für Gott abzugeben. Und der Spaßgesellschaft die Botschaft Gottes, den Vollstreckungsbeschluss, zu übersetzen.

Christen haben keinen Anteil an der Spaßgesellschaft der letzten

Tage, während das Gericht Gottes schon vor der Tür steht. Mögen sie auch Spielverderber genannt werden, ein kleiner Überrest, so wie Daniel und seine Freunde, werden in das Reich überwechseln, das auf das Gericht folgt. Bei Daniel war es noch ein irdisches Reich, mit Darius als König. Bei uns wird es bereits das ewige Reich sein, mit Jesus Christus als unserem König. Während sich die Welt um uns in einem Strudel aus Ignoranz gegenüber allem Göttlichen immer mehr ins Verderben dreht.

Beweise? Lesen Sie einfach weiter!

Daniel 6, 1   **Daniels Prüfung**

Kapitel 6

1 **Und Darius, der Meder, bekam das Königreich, als er ungefähr zweiundsechzig Jahre alt war.**

Als Kyros 539 v. Chr. die Herrschaft über Babylon ergriff, muss Daniel bereits etwa 80 Jahre alt gewesen sein. Kyros aber war ein vielbeschäftigter Herrscher und so setzte er Darius, den Meder, als König über Babylonien ein.

2 **Es gefiel Darius, über das Königreich hundertzwanzig Satrapen zu bestellen, die im ganzen Königreich sein sollten,** 3 **und über diese, drei Vorsteher, von welchen Daniel einer war: damit jene Satrapen ihnen Rechenschaft gäben damit der König keinen Schaden erleiden sollte.**

Wir können sehen, wie groß das babylonische Reich gewesen sein muss, etwa 120 Beamten waren nötig, um die eroberten Gebiete zu verwalten. Drei Vorsteher teilten sich die Aufsicht über die 120 Beamten, so dass der König es nun mehr mit drei Personen zu tun hatte. Daniel war einer von ihnen.

Darius mochte Daniel gut leiden, denn Daniel war in seinem Dienst von ungewöhnlichem Erfolg begleitet und sehr gewissenhaft.

4 Da übertraf dieser Daniel die Vorsteher und die Satrapen, weil ein außergewöhnlicher Geist in ihm war; und der König gedachte, ihn über das ganze Königreich zu bestellen.

Was war das Geheimnis seines Erfolges? War er besser ausgebildet als seine „Berufskollegen"? Nein, alles was er machte, tat er nicht, um den Menschen zu gefallen. Er arbeitete so, als wenn er es für Gott machen würde. „Gott ist mein Richter", so war sein Name und so lebte er.

„Was irgend ihr tut, arbeitet von Herzen, als dem Herrn und nicht den Menschen." (Kolosser 3, 23)

Diese Einstellung setzte damals wie heute eine Maschinerie des Neides und der Missgunst in Bewegung.

5 Da suchten die Vorsteher und die Satrapen einen Anklagegrund gegen Daniel von Seiten der Verwaltung zu finden; aber sie konnten keinen Anklagegrund und keine schlechte Handlung finden, weil er treu war und kein Vergehen und keine schlechte Handlung an ihm gefunden wurden.

Neid ist die Wurzel vieler anderer Übel. Im Verborgenen gebiert sie Lügen und Intrigen. Wenn Daniel in seiner Arbeit unanfechtbar war, dann musste eben sein Privat-leben herhalten.

6 Da sprachen diese Männer: Wir werden gegen diesen Daniel keinen Anklagegrund finden, es sei denn dass wir in dem Gesetz seines Gottes einen gegen ihn finden. 7 Dann liefen diese Vorsteher und Satrapen eilig zu dem König und sprachen zu ihm also: König Darius, lebe ewiglich!

Daniel jedoch hatte seinen Glauben nie zur Privatsache erklärt und so war seine Frömmigkeit für jedermann von außen sichtbar. Einfach also, ihm daraus einen Strick zu drehen. Ein Gebetsverbot musste her.

8 Alle Vorsteher des Königreichs, die Statthalter und Satrapen, die Räte und Landpfleger, sind einig darüber geworden, dass der König eine Verordnung aufstelle und ein Verbot erlasse, dass ein jeder, der binnen dreißig Tagen von irgend einem Gott oder Menschen etwas erbittet außer von dir, o König, in die Löwengrube geworfen werden soll.

Möglicherweise hat sich Darius geschmeichelt gefühlt, dass er, anstelle der Götter, zum Empfänger von Gebeten werden sollte. Es hätte ihm aber auch ruhig auffallen dürfen, dass es sich um eine Intrige handelte, denn Daniel fehlte bei der Übereinkunft.

9 Nun, o König, erlasse das Verbot und lass eine Schrift aufzeichnen, die nach dem Gesetz der Meder und Perser, welches unwiderruflich ist, nicht abgeändert werden darf.

Auch der Nachdruck, mit dem Darius darauf hingewiesen wurde, dass Gesetze, nach medo-persischem Recht, unwiderrufbar sind, wenn sie erst einmal erlassen wurden, hätte die schnelle Entschlussfreudigkeit von Darius abbremsen müssen.

10 Deshalb ließ der König Darius die Schrift und das Verbot aufzeichnen.

Doch gesagt, getan, das Gesetz wurde erlassen. Ganz im Sinne von Daniels Gegnern.

11 Und als Daniel erfuhr, dass die Schrift aufgezeichnet war, ging er in sein Haus; und er hatte in seinem Obergemach offene Fenster gegen Jerusalem hin; und dreimal des Tages kniete er auf seine Knie und betete und lobpries vor seinem Gott, wie er vordem getan hatte.

Stellen Sie sich einmal vor, Ihr Name wäre: „Gott ist mein Richter!" Wie oft am Tag würde Ihnen dieses, uns allen noch bevorstehende Ereignis bewusst werden?
Und jetzt die nächste Frage: Wie oft wird Ihnen diese Tatsache in Ihrem alltäglichen Leben wirklich bewusst?
Die letzte Frage: Wie wäre Ihr Leben, wenn Sie überzeugt davon wären, dass dieses Ereignis kurz bevor steht?"
Auf Daniel scheint dieses Menschengebot: „Du sollst nicht zu irgendwelchen Göttern beten sondern zu deinem König!" nicht den geringsten Eindruck zu machen. Er hält sich lieber an den Willen Gottes, der gesagt hat:

„Du sollst keine anderen Götter haben neben mir!" (2. Mose 20, 3)

Hinzu kommt, dass Gottesfurcht auch fest einkalkulieren kann, was die Welt „unmöglich" nennt.

12 Da liefen jene Männer eilig herbei und fanden Daniel betend und flehend vor seinem Gott.

Seine Gegner waren bestens über Daniels Gewohnheit im Bilde. Man kannte sich. Sie wussten, wann und wo Daniel zu beten pflegte.

13 Dann nahten sie und sprachen vor dem König betreffs des königlichen Verbotes: Hast du nicht ein Verbot aufzeichnen lassen, dass jedermann, der binnen dreißig Tagen von irgend einem Gott oder Menschen etwas erbitten würde, außer von dir, o König, in die Löwengrube geworfen werden sollte? Der König antwortete und sprach: Die Sache steht fest nach dem Gesetz der Meder und Perser, welches unwiderruflich ist. 14 Hierauf antworteten sie und sprachen vor dem König: Daniel, einer der Weggeführten von Juda, achtet nicht auf dich, o König, noch auf das Verbot, welches du hast aufzeichnen lassen; sondern er verrichtet dreimal des Tages sein Gebet.

Wie heißt es doch so treffend: „Es kann der Frömmste nicht in Frieden leben, wenn es dem bösen Nachbarn nicht gefällt." 120 Verwalter und zwei Minister gegen Daniel. 122 Männer, die kaltblütig den Tod Daniels wünschten.
Karrieredenken ist oftmals unlogisch, denn nur einer von ihnen hätte Daniels Platz einnehmen können. Doch so weit denkt keiner mehr, wenn Neid erst zu Hass wird.

… „17 Als sie nun versammelt waren, sprach Pilatus zu ihnen: Wen wollt ihr, dass ich euch los geben soll, Barabbas oder Jesus, welcher Christus genannt wird? 18 Denn er wusste, dass sie ihn aus Neid überliefert hatten"   *(Matth.27, 17+18) …*

15   Da wurde der König, als er die Sache hörte, sehr betrübt, und er sann darauf, Daniel zu retten; und bis zum Untergang der Sonne bemühte er sich, ihn zu befreien.

Ein böses Erwachen für Darius. Er muss erkennen, dass er sich selbst zum Werkzeug einer Intrige gemacht hat. Um so schlimmer, dass er nun die Verantwortung für das Schicksal Daniels tragen muss, diesen alten Mann, den er so sehr schätzte.

16 Da liefen jene Männer eilig zum König und sprachen zum König: Wisse, o König, dass die Meder und Perser ein Gesetz haben, dass kein Verbot und keine Verordnung, die der König aufgestellt hat, abgeändert werden darf.

Die Widersacher bleiben am Ball und zeigen Darius, wie er selbst seine Handlungsfähigkeit eingeschränkt hat, sodass er keine Möglichkeit findet, Daniel vor den Löwen zu verschonen.

17 Dann befahl der König, und man brachte Daniel und warf ihn in die Löwengrube. Der König hob an und sprach zu Daniel: Dein Gott, welchem du ohne Unterlass dienst, er möge dich retten!

[Gott erlaubt uns durch einen Psalm, bereits ca. 980 Jahre vor diesem Ereignis in der Löwengrube, einen Blick in die Gedanken Jesu am Kreuz. Jedoch sind hier die Gedanken Daniels ähnlich.]:

„20 Du aber, Jahwe, sei nicht fern! Meine Stärke, eile mir zur Hilfe! ...22 rette mich aus dem Rachen des Löwen!"   (Psalm 22, 20+22)

18 Und ein Stein wurde gebracht und auf die Öffnung der Grube gelegt; und der König versiegelte ihn mit seinem Siegelringe und mit dem Siegelringe seiner Gewaltigen, damit hinsichtlich Daniels nichts verändert würde.

Eine Parallele:

„ ...und legte ihn (Jesus) in seine neue Gruft, die er in dem Felsen aus gehauen hatte; und er wälzte einen großen Stein an die Tür der Gruft und ging hinweg."   (Matth. 27, 60)

Ein Grab. In den Augen der Welt ist das klar. Tod ! Gesichert und versiegelt, wie beim Grab von Jesus Christus.

„Sie aber gingen hin und sicherten, nachdem sie den Stein versiegelt hatten, das Grab (Jesu) mit der Wache." (Matth 27, 66)

19 Darauf ging der König in seinen Palast, und er übernachtete fastend und ließ keine Kebsweiber zu sich hereinführen; und sein Schlaf floh von ihm. 20 Dann stand der König bei der Morgenröte, sobald es hell wurde, auf und ging eilends zu der Löwengrube. 21 Und als er sich der Grube nahte, rief er mit trauriger Stimme nach Daniel. Der König hob an und sprach zu Daniel: Daniel, Knecht des lebendigen Gottes, hat dein Gott, welchem du ohne Unterlass dienst, vermocht, dich von den Löwen zu retten?

Der, den der Tod selbst nicht halten konnte, rettet die ihn lieben. Daniel wurde gerettet!

„Und fürchtet euch nicht vor denen, die den Leib töten, die Seele aber nicht zu töten vermögen; fürchtet aber vielmehr den, der sowohl Seele als Leib zu verderben vermag in der Hölle."

(Matth. 10, 28)

22 Da sprach Daniel zu dem König: O König, lebe ewiglich! 23 Mein Gott hat seinen Engel gesandt und hat den Rachen der Löwen verschlossen, dass sie mich nicht verletzt haben, weil vor ihm Unschuld an mir gefunden wurde; und auch vor dir, o König, habe ich kein Verbrechen begangen.

Schuldlos, vor Gott und den Menschen. Das trifft nur auf die zu, die bereit sind, Jesus Christus als ihren Herrn und Retter, an zu nehmen. Aus eigener Kraft, sind wir dazu nicht in der Lage. Doch dann… „Bis zum Tode musst Du wissen, dass der Schuldbrief ist zerrissen!"

24 Da freute sich der König sehr, und er befahl, Daniel aus der Grube herauszuholen. Und Daniel wurde aus der Grube herausgeholt; und keine Verletzung wurde an ihm gefunden, weil er auf seinen Gott vertraut hatte.

Vertrauen = griechisch: Pisteou = Bedeutung: Glauben

25 Und der König befahl, und man brachte jene Männer, welche Daniel angezeigt hatten, und man warf sie in die Löwengrube, sie, ihre Kinder und ihre Weiber; und ehe sie noch auf den Boden der Grube gekommen waren, bemächtigten sich ihrer die Löwen und zermalmten alle ihre Gebeine.

Die Ankläger trifft das „Gericht"! Ein Wort das niemand gerne hört. Deshalb muss man sich doch die Frage stellen, ob es wirklich sinnvoll ist, Teile der Bibel als unwahr zu bezeichnen, während andere Teile sich bereits wortwörtlich erfüllt haben.

Wie wir noch sehen werden, zieht sich die Erfüllung von Vorhersagen wie ein roter Faden durch die Bibel und letztlich auch noch durch unsere Zeit. Gott sagt von sich, dass er: „der an sich Seiende" ist. Das bedeutet, dass er die Wahrheit ist. Jesus Christus sagt:

„Ich bin der Weg, die Wahrheit und das Leben".   (Joh. 14, 6)

Warum also sollte die Sache mit dem Gericht nicht auch wahr sein?

„28 Wundert euch darüber nicht, denn es kommt die Stunde, in welcher alle, die in den Gräbern sind, seine Stimme hören, 29 und hervorkommen werden: die das Gute getan haben, zur Auferstehung des Lebens, die aber das Schlechte verübt haben, zur Auferstehung des Gerichts."   (Joh. 5, 28+29)

26 Alsdann schrieb der König Darius an alle Völker, Völkerschaften und Sprachen, welche auf der ganzen Erde wohnten: Friede euch in Fülle! 27 Von mir wird Befehl gegeben, dass man in der ganzen Herrschaft meines Königreichs bebe und sich fürchte vor dem Gott Daniels; denn er ist der lebendige Gott und besteht in Ewigkeit, und sein Reich wird nie zerstört werden und seine Herrschaft währt bis ans Ende; 28 der da rettet und befreit, und Zeichen und Wunder tut im Himmel und

auf der Erde: denn er hat Daniel aus der Gewalt der Löwen errettet.

Darius wurde, nach Nebukadnezar, das zweite Staatsoberhaupt, das den Gott Daniels als den wahren Gott anerkannte. Den Gott Daniels? Nicht den Gott Israels?
Richtig, dieses Privileg hatte Israel durch seinen Ungehorsam verspielt. Wie es Gott vorher gesagt hatte, herrschte er nicht mehr über Israel. Jetzt herrschten die Nationen über Israel. Die aber wechseln, wie es ihr Machtstreben zulässt, bis der Stein, nicht von Menschenhand gemacht, alle Nationen wegfegen wird.

29 Und dieser Daniel hatte Gedeihen unter der Regierung des Darius und unter der Regierung Kyros, des Persers.

Zwischenspiel

Es muss Liebe sein!

Feuer!!! Es brennt!!! Alle laufen zur Suche nach dem Feuerlöscher, nur Daniel nicht. Er behält die Ruhe. Er erfährt, dass es plötzlich ein Gesetz gibt, das ihn zum Tode verurteilt, wenn er seine Gewohnheit zu beten nicht abstellt. Es brennt also, anstatt zum Feuerlöscher, geht er beten. Immer das Nötigste zuerst. Regierende erlassen nun mal Gesetze. Im Fall von Darius

will so ein Gesetz allerdings gründlich überlegt sein, denn medo -
persische Gesetze galten als unfehlbar und konnten daher nicht
zurück genommen werden.

Er hat sich überrumpeln lassen und erst, als es Daniel treffen
soll, wird ihm bewusst, was er getan hat. Nein, das darf nicht
sein, ausgerechnet Daniel, sein bester Mann, soll wegen eines
Gesetzes, das er erlassen hat, in die Löwengrube? Er wollte ihm
doch sogar noch ein höheres Amt geben. Er grübelt und grübelt.
Er schläft nicht mehr, kommt nicht mehr zur Ruhe. Er fastet.
Möglicherweise betet er sogar. Er versucht alles nur erdenkliche,
um Daniel zu retten und findet keine Lösung.
Und dann sind da noch die Ankläger und die machen ihm klar,
dass er sein Gesicht nicht verlieren darf ja, dass das Gesetz die
Strafe fordert. Und Gesetz ist Gesetz.

Eine andere Szene, ein anderer König, ein anderer Daniel und ein
anderer Widersacher:
Der König? Das ist Gott.
Daniel? Das sind wir (Gott ist auch unser Richter).
Der Ankläger ist Satan.
Die Szene? Gottes Wille.

Doch der Mensch kann nicht anders, er verstößt und verstößt,
erst die Gebote, dann Gott. Verdrängung nennt man so etwas.
Dabei wollte Gott uns doch ursprünglich ein viel höheres Amt
geben. Doch Gott lässt das nicht auf sich beruhen.
Gott ist unfehlbar und seine Gesetze daher unveränderbar, also
sucht er nach Möglichkeiten, den Menschen zu retten, obwohl

Zwischenspiel

der Satan uns ständig bei ihm verklagt. Doch im Gegensatz zu Darius findet Gott eine Lösung.

Er selbst nimmt die Strafe auf sich!

„Gott aber erweist seine Liebe gegen uns darin, dass Christus, da wir noch Sünder waren, für uns gestorben ist."   *(Röm. 5, 8)*

Gesetz ist Gesetz, doch Gnade ist eben nicht nur Gnade, nein, es muss Liebe sein!

Daniel 7   Prophetische Träume

Kapitel 7, 1

Ab jetzt, in der zweiten Hälfte des Buches, erleben wir Daniel selbst, als Empfänger von prophetischen Träumen. Seinen ersten eigenen prophetischen Traum erhielt er im ersten Regierungsjahr des Königs Belsazar 553 v. Chr.. 14 Jahre später erlebt Daniel, wie sich diese Prophetie erfüllt und Darius die Regierungsgeschäfte übernahm.

1 Im ersten Jahre Belsazars, des Königs von Babel, sah Daniel einen Traum und Gesichte seines Hauptes auf seinem Lager. Dann schrieb er den Traum auf, die Summe der Sache berichtete er.

Gott erleichtert es Daniel und uns, in die Welt der Prophetie einzudringen. Die Botschaften kommen stückweise, nicht alle auf einmal. Je mehr er erhält, um so mehr geht es ins Detail.

Am Anfang scheint eine Wiederholung zu stehen.Das Standbild, aus dem Traum von Nebukadnezar, allerdings mit völlig anderen Symbolen. Es geht um Tiere, die aus dem aufgewühlten großen Meer steigen. Auf vielen Landkarten des Altertums wird das Mittelmeer als „das große Meer" bezeichnet.

2 Daniel hob an und sprach: Ich schaute in meinem Gesicht bei der Nacht, und siehe, die vier Winde des Himmels brachen los auf das große Meer.

3 Und vier große Tiere stiegen aus dem Meere herauf, eines verschieden von dem anderen. 4 Das erste war gleich einem Löwen und hatte Adlerflügel; ich schaute, bis seine Flügel ausgerissen wurden, und es von der Erde aufgehoben und wie ein Mensch auf seine Füße gestellt und ihm eines Menschen Herz gegeben wurde.

Die meiste Zeit seines Lebens war Nebukadnezar damit beschäftigt, auf Beutezug zu sein. Unter seiner Herrschaft wuchs das Reich sehr schnell (Flügel sind ein Symbol der Schnelligkeit). Bis er Gott anerkannte und seine menschliche Seite zum Vorschein kam. Das erste Tier, ein Löwe, das Wappentier Babyloniens, steht, wie das goldene Haupt aus dem Traum von Nebukadnezar, für Babylon.

5 Und siehe, ein anderes, zweites Tier, gleich einem Bären; und es richtete sich auf einer Seite auf, und es hatte drei Rippen in seinem Maul zwischen den Zähnen; und sprach zu ihm also: friss viel Fleisch!

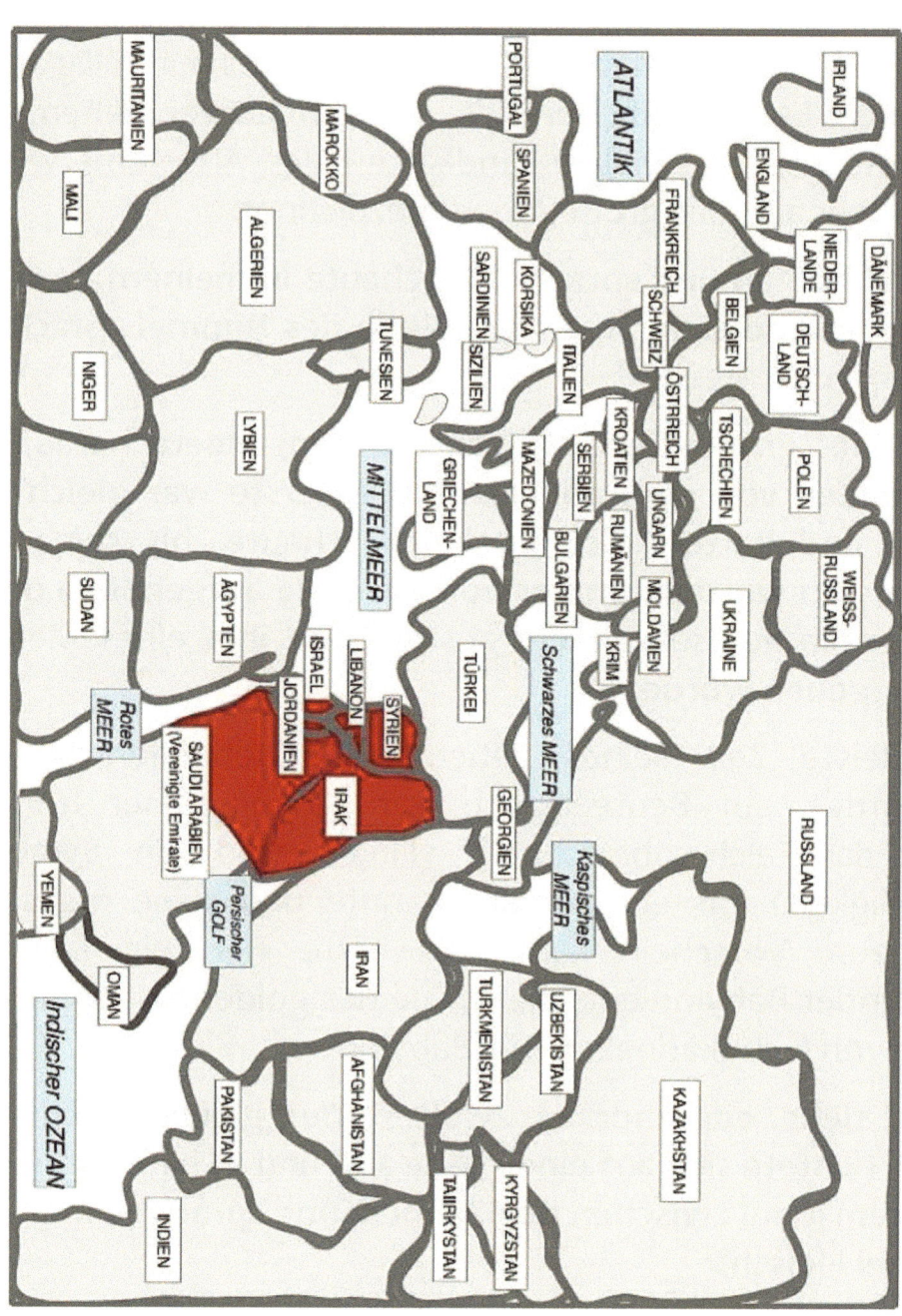

Das Medo-Persische Reich

Während der schnelle Löwe das Wappentier Babylons war, ist der Bär ein schwerfälliger, aber sehr kräftiger Bergbewohner. Das spricht für Medo-Persien.

Weil der Bär auf einer Seite höher war als auf der anderen, sehen wir die unterschiedlichen Kräfteverhältnisse des Doppelreiches. Die drei Rippen in seinem Maul zeugen davon, dass der Bär vor kurzer Zeit Beute erjagt haben muss, er kaute ja noch. Diese drei Rippen könnten Babylon, Ägypten und Lydien in Klein-Asien darstellen, welche Medo-Persien sich kurz zuvor „einverleibt" hatte.

Normalerweise frisst ein Raubtier, was es vor die Zähne bekommt. Das ist seine Art.

Hier jedoch, bekommt der Bär gesagt, dass er viel Fleisch essen soll. Eine höhere Instanz bestimmt also sein Jagdverhalten. Gott gebrauchte Kyros für seine Ziele, so wie er es vorher gesagt hatte. [300 Jahre nach Prophetie eingetroffen.]

6 Nach diesem schaute ich, und siehe, ein anderes, gleich einem Pardel (Leopard); und es hatte vier Flügel eines Vogels auf seinem Rücken; und das Tier hatte vier Köpfe, und Herrschaft wurde ihm gegeben.

Mit über 60 Kilometern in der Stunde ist ein Leopard schon ein schnelles, wendiges Tier. Die Flügel sollen das betonen. Und tatsächlich hat Alexander der Große, der aus dem kleinen Mazedonien stammte, nur 13 Jahre gebraucht, um sein Reich auf zu bauen. Doch Alexander starb bereits mit 33 Jahren. Er hinterließ niemanden, der sein Reich hätte erben können. Daher teilten seine vier Generäle die Regentschaft und das Reich unter sich auf.

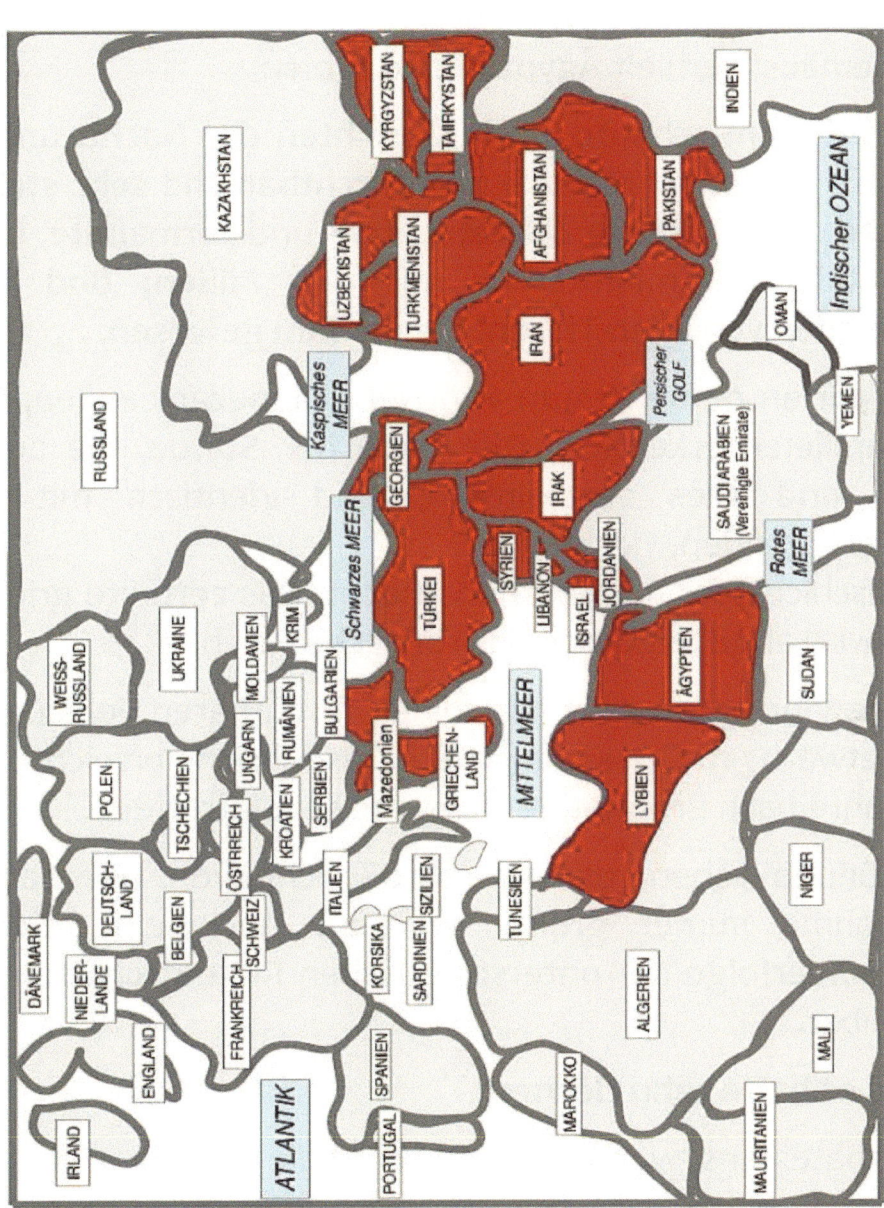

Das griechische Reich Alexander des Großen

- „Kassander" erhielt Griechenland
- „Lysmachos" erhielt die Türkei
- „Seleucus"   erhielt Syrien und die Wüstenländer Vorderasiens
- „Ptolemäus" erhielt Ägypten und Lybien

7 Nach diesem schaute ich in Gesichten der Nacht: und siehe, ein viertes Tier, schrecklich und furchtbar und sehr stark, und es hatte große eiserne Zähne; es fraß und zermalmte, und was übrig blieb, zermalmte es mit den Füßen; und es war verschieden von allen Tieren, die vor ihm gewesen, ...

Wenn wir an den 1. Traum von Nebukadnezar denken, können wir Parallelen erkennen. Die Beine der Statue, die aus Eisen waren und alles zermalmten, sind identisch mit diesem furchterregenden, vierten Tier.
Die Geschichtsdaten geben uns Recht. Das zerteilte griechische Reich wird abgelöst durch das römische Reich.

Rom begann 272 v. Chr. mit seinen furchtbaren Feldzügen und hatte etwa 117 n. Chr. seine größte Ausdehnung erreicht.
[332 Jahre nach Prophetie (Dan. 2, 40) eingetroffen]

Wir können sehen, dass die Großreiche von Übernahme zu Übernahme immer größer wurden. Auch eine lückenlose Aufeinanderfolge der unterschiedlichen Regentschaften ist hier erkennbar.

... und es hatte zehn Hörner.

Doch spätestens, wenn unser Blick auf die 10 Hörner des vierten

Das römische Reich (117 n.Chr.)

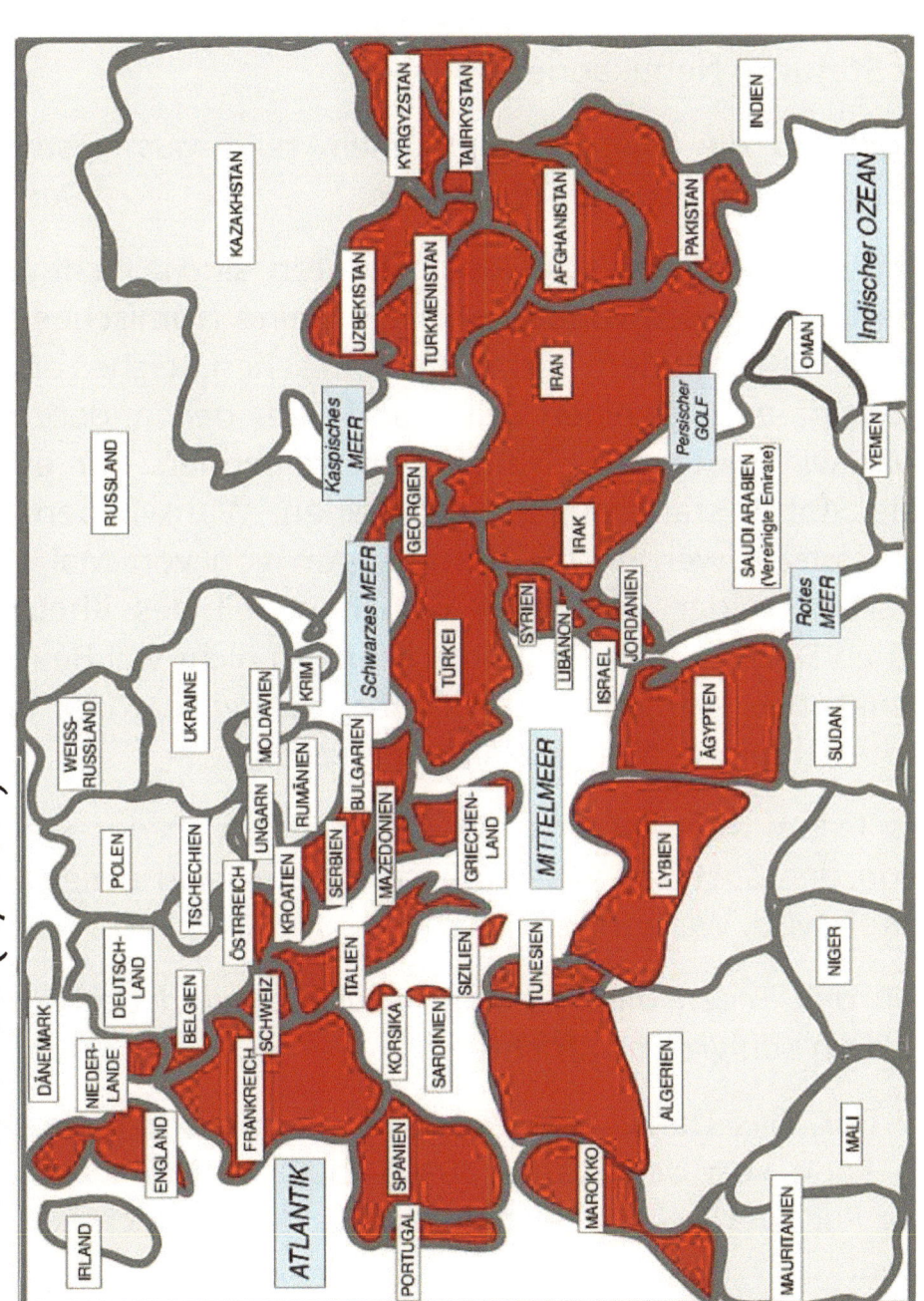

Tieres fällt, merken wir, dass hier irgendetwas anders läuft als bei der Statue in Nebukadnezars Traum.

„Und dass du die Füße und die Zehen, teils aus Eisen und teilweise aus Töpferton gesehen hast…"   (Dan. 2, 41)

Die Länder, die das römische Reich bildeten, sind ja nicht von der Erdoberfläche verschwunden. Auf die Beine (römisches Reich) folgen die Füße. Mit dem Zerfall des römischen Reiches entstand West Europa auf der einen Seite und auf der anderen Seite das, was wir heute den „Nahen Osten" nennen. Wir erinnern uns, die Statue stand auf „zwei" Beinen. Wie wir bereits am Anfang sagten, werden die Vorhersagen von von Mal zu Mal detaillierter. Leider wird dem östlichen Teil des ehemaligen römischen Reiches in vielen Betrachtungen nicht viel Beachtung geschenkt und so glauben wir nur zu gerne, dass unsere westliche Kultur der Maßstab aller Dinge sei.

Daniels Traum befindet sich mit seiner Vision an der Stelle der Zeit, von der Gott uns wissen lässt, dass er sein ewiges Reich aufrichten wird. Wir erinnern uns?

„Und in den Tagen dieser Könige (Europa) wird der Gott des Himmels ein Königreich aufrichten…"   (Dan. 2, 44)

Dieses Tier, das Daniel hier sieht, ist identisch mit einem der beiden Füße von der Statue aus Nebukadnezars Traum. Aber welcher Fuß, der Rechte oder der Linke, der westliche oder der im Osten?

Während wir bei der Statue im Traum von Nebukadnezar den Unterschied zwischen den beiden Schultern sehr gut sehen konnten, eine war höher als die andere und zeigte damit auf das unterschiedliche Kräfteverhältnis, können wir bei den Füßen, auf den ersten Blick, keinen Unterschied erfahren. Und dennoch, die beiden Füße können unterschiedlicher kaum sein. Während der eine Fuß, zum christlichen Abendland wurde, entschied sich der Andere für die Welt des Islam.

Doch zurück zu Daniels Vision. Er schaute sich den Kopf dieses Tieres genauer an.

8 Während ich auf die Hörner achtgab, siehe, da stieg ein anderes, kleines Horn zwischen ihnen empor, und drei von den ersten Hörnern wurden vor ihm ausgerissen; und siehe, an diesem Horn waren Augen wie Menschenaugen, und ein Mund, der große Dinge redete.

Daniel betrachtet das schreckliche Tier. Und während er Acht hat auf die zehn Hörner, sieht er ein weiteres Horn, das zwischen diesen 10 Hörnern entsteht. Hörner sind ein Symbol für Königreiche oder für politische Macht. Das Tier scheint also mehrere Völker oder Staaten zu symbolisieren, zwischen denen sich ein neuer, zunächst unscheinbarer Staat zu entwickeln scheint, der so sehr an Macht gewinnt, dass er drei andere Staaten verdrängt.

Bevor wir bei Daniel jedoch mehr über dieses kleine Horn erfahren, geht die Betrachtung der zehn Hörner und dem kleinen Horn in seiner Vision, nahtlos über zu einem Blick in den

Himmel, einer Szene des Gerichts und der Übergabe von Gottes ewigem Reich in die Hände Jesu Christi. Ein Ereignis, das auch für uns noch in der Zukunft liegt.

9 Ich schaute, bis Throne aufgestellt wurden und ein Alter an Tagen sich setzte: sein Gewand war weiß wie Schnee, und das Haar seines Hauptes wie reine Wolle; sein Thron Feuerflammen, dessen Räder ein loderndes Feuer. 10 Ein Strom von Feuer floss und ging von ihm aus; tausend mal Tausende dienten ihm, und zehntausend mal Zehntausende standen vor ihm. Das Gericht setzte sich, und Bücher wurden aufgetan.

Dieser plötzliche Szenenwechsel scheint uns auf die zeitliche Nähe hinweisen zu wollen, zwischen dem Auftreten des kleinen Horns und dem großen Stein, der am Ende das Standbild zertrümmern wird. Ein Hinweis auf die Wiederkunft Jesu. Doch wenn es um das Ende der Zeit geht, sollten wir uns einen echten Experten ins Boot holen. Die Rede ist von Johannes, dem Jünger Jesu.

Johannes erhielt die Visionen, die wir „Offenbarung" nennen (ca. 95 n. Chr.).

Daniel sah zwar, was sich in Zukunft ereignen würde, Johannes hingegen bekommt einen viel größeren Überblick und darf dabei viel mehr Details sehen. Irgendwo müssten sich ihre Bilder und Blickrichtungen gekreuzt haben. Tatsächlich, Johannes sieht Szenen im Himmel, die sich mit denen decken, die auch Daniel gesehen hat:

„sein Haupt aber und seine Haare weiß wie weiße Wolle, wie Schnee, und seine Augen wie eine Feuerflamme"   (Off. 1, 14)

„Und ich sah: und ich hörte eine Stimme vieler Engel um den Thron her und um die lebendigen Wesen und die Ältesten; und ihre Zahl war Zehntausende mal Zehn-tausende und Tausende mal Tausende,"   (Off. 5, 11)

„...und Bücher wurden aufgetan; und ein anderes Buch ward aufgetan, welches das des Lebens ist. Und die Toten wurden gerichtet nach dem, was in den Büchern geschrieben war, nach ihren Werken."   (Off. 20, 12)

Hier scheint es sich um die gleiche Gerichtsszene zu handeln, die wir gerade in den Versen 9 und 10 bei Daniel gesehen haben. Johannes bekommt auch das Tier zu sehen.

„1 Und ich sah aus dem Meere ein Tier aufsteigen, welches zehn Hörner und sieben Köpfe hatte, und auf seinen Hörnern zehn Diademe, und auf seinen Köpfen Namen der Lästerung. 2 Und das Tier, das ich sah, war gleich einem Leopard und seine Füße wie die eines Bären, und sein Maul wie eines Löwen Maul. Und der Drache gab ihm seine Macht und seinen Thron und große Gewalt."

      (Off 13, 1 + 2)

Wir hören von dem Drachen, der dem Tier die Macht, den Thron und die Gewalt gibt. Die Bibel macht kein Geheimnis daraus, wer der Drache ist.

„Und er griff den Drachen, die alte Schlange, welche der Teufel und der Satan ist; und er band ihn tausend Jahre"   (Offb 20, 2)

Im Gegensatz zu Daniel kann Johannes das Tier ziemlich gut beschreiben. Denn er sieht eine Mischung aus Leopard, Bär und Löwe. Er sieht das Tier wohl zu einem späteren Zeitpunkt als Daniel, denn es hat nur noch sieben Hörner. Die drei anderen sind schon verdrängt. Es hat zwar nur noch sieben Hörner, aber immer noch zehn Kronen.

Wir erkennen, dass es sich bei dem, was Johannes sieht, um eine Mischung aus Leopard, was für das Reich Alexander des Großen spricht, einem Bär für Medo-Persien und einem Löwen, für Babylonien handelt.

Das Tier steht somit für die östlichen Mittelmeerländer. Ebenso steht es für schnelle Eroberung (Alexander der Große), für Kraft (Kyros) und für Vermessenheit (Nebukadnezar). Abgesehen von der Vermessenheit, würde nichts davon auf den Westen hindeuten.

Daniel sprach im Vers 8 davon, dass das Tier Augen hatte wie Menschenaugen, was Intelligenz symbolisiert. Ferner sagt er, dass es einen Mund hatte, mit dem es große Dinge redete. Was das Wesen des Tieres betrifft, erhalten wir auch bei Johannes mehr Informationen.

„Und es wurde ihm ein Mund gegeben, der große Dinge und Lästerungen redete"   *(Off. 13, 5a)*

„Und es öffnete seinen Mund zu Lästerungen wider Gott"
                                                        (Off. 13, 6a)

So wie es aussieht, haben wir es also mit einer Person innerhalb eines politischen Systems zu tun, das einen Bezug zur Religion hat. Ein System, das vom Drachen, also vom Teufel, gesteuert wird. Johannes kann sogar sehen, wie diese Person ihr voraus bestimmtes Ende finden wird.

„Und es wurde ergriffen das Tier und der falsche Prophet, der mit ihm war, der die Zeichen vor ihm tat, durch welche er die verführte, welche das Malzeichen des Tieres annahmen und die sein Bild anbeteten, lebendig wurden die zwei in den Feuersee geworfen, der mit Schwefel brennt."   (Off.19, 20)

11 **Dann schaute ich wegen der Stimme der großen Worte, welche das Horn redete: ich schaute, bis das Tier getötet, und sein Leib zerstört und dem Brande des Feuers übergeben wurde.**

Bis hierher gleichen sich die beiden Visionen von Daniel und Johannes, wenn man davon absieht, dass bei Johannes mehr Details erkennbar sind.

12 **Und was die übrigen Tiere betrifft: ihre Herrschaft wurde weggenommen, aber Verlängerung des Lebens ward ihnen gegeben bis auf Zeit und Stunde.**

Wie wir sehen konnten, lösen die Länder einander in der Herrschaft ab. Das bedeutet jedoch nicht, dass sie nicht mehr existieren. Bis Jesus die Herrschaft übernimmt, *„bis auf Zeit und Stunde"*, werden sie weiter existieren.

13 **Ich schaute in Gesichten der Nacht: und siehe, mit den Wolken des Himmels kam einer wie eines Menschen Sohn; und**

er kam zu dem Alten an Tagen und wurde vor denselben gebracht.

Ein Hinweis auf Jesus Christus, den Menschensohn.

Zu den wichtigsten Säulen des christlichen Glaubens zählen nicht der Kirchgang oder die Zugehörigkeit zu einem Kirchenchor. Zu den wichtigsten Säulen gehört die Gewissheit der Sündenvergebung durch Gnade. Ferner gehört dazu, dass wir auf die Wiederkunft von Jesus Christus glauben und der Glaube an die Auferstehung der Toten sowie an das ewige Leben. Er hat es versprochen und wie schon gesagt, es gibt keine Prophetie in der Bibel, die sich nicht erfüllt. Für Christen gilt daher:

„16 Denn der Herr selbst wird mit gebietendem Zuruf, mit der Stimme eines Erzengels und mit der Posaune Gottes hernieder kommen vom Himmel, und die Toten in Christo werden zuerst auferstehen; 17 danach werden wir, die Lebenden, die übrig bleiben, zugleich mit ihnen entrückt werden in Wolken dem Herrn entgegen in die Luft; und also werden wir allezeit bei dem Herrn sein.“   *(1.Thess. 4, 16 + 17)*

Mit dem Wissen aus diesem wichtigen Einschub geht es jetzt zunächst weiter im Danielbuch:

14 **Und ihm** (*Jesus*) **wurde Herrschaft und Herrlichkeit und Königtum gegeben, und alle Völker, Völkerschaften und Sprachen dienten ihm; seine Herrschaft ist eine ewige Herrschaft, die nicht vergehen, und sein Königtum ein solches,**

das nie zerstört werden wird.

Das 1000 jährige Reich Jesu auf der Erde ist real und steht noch
bevor. Die Herrschaft Jesu in der Ewigkeit ebenso.
Daniel hatte natürlich vor allem sein Volk im Sinn. Israel ist
Gottes Volk! Das ist es immer noch. Klar, dass Daniel tief
ergriffen war von dem, was er sah. Sie befanden sich damals
unter der Herrschaft der Heiden. Dass sich das Blatt eines Tages
wenden sollte, das war die Hoffnung der Juden und ist auch
unsere Hoffnung als Kinder Gottes.

15 **Mir, Daniel, ward mein Geist in mir tief ergriffen, und die
Gesichte meines Hauptes ängstigten mich.**

Daniel war nicht nur ergriffen von dem was er sah, er war auch
voll Furcht von dem, was er sah und vieles davon verstand er
nicht. Doch er war klug genug, die Gelegenheit beim Schopfe zu
packen, um mit klopfendem Herzen seine Fragen los zu werden,
bevor der Nachrichtenstrom möglicherweise abriss.

16 **Ich nahte zu einem der Dastehenden, um von ihm Gewissheit
über dies alles zu erbitten. Und er sagte mir, dass er mir die
Deutung der Sache kundtun wolle:** 17 **Diese großen Tiere, deren
vier waren, sind vier Könige, die von der Erde aufstehen
werden.** 18 **Aber die Heiligen der höchsten Örter werden das
Reich empfangen, und werden das Reich besitzen bis in
Ewigkeit, ja, bis in die Ewigkeit der Ewigkeiten.**

Im Grunde genommen sagt ihm ein Engel hier aber zunächst
nichts Neues. So ähnlich hatte er es Nebukadnezar auch erklären

dürfen. Dass sich die Hoffnung auf Gottes Reich für sein Volk erfüllen sollte, war eine gute Nachricht. Das letzte Tier, das er gesehen hatte, machte ihm jedoch Angst.

19 Darauf begehrte ich Gewissheit über das vierte Tier, welches von allen anderen verschieden war, sehr schrecklich, dessen Zähne von Eisen und dessen Klauen von Erz waren, welches fraß, zermalmte, und was übrig blieb, mit seinen Füßen zertrat; 20 und über die zehn Hörner auf seinem Kopfe; und über das andere Horn, welches emporstieg, und vor welchem drei abfielen; und das Horn hatte Augen und einen Mund, der große Dinge redete, und sein Aussehen war größer als das seiner Genossen. 21 Ich sah, wie dieses Horn Krieg wider die Heiligen führte und sie besiegte,

Wieso führte ein kleines Horn Krieg wider die Heiligen? Auch hier dürfen wir nicht vergessen, dass für Daniel die Heiligen der gläubige Teil Israels war. Er liebte Gott und er liebte sein Volk. Gott selbst jedoch hat es gefallen, jedem, der an Jesus Christus glaubt, die Chance zu geben, sein Kind zu werden. Also führt das kleine Horn auch Krieg gegen die Christen.

22 bis der Alte an Tagen kam, und das Gericht den Heiligen der höchsten Örter gegeben wurde, ...

Ja, Christen werden es am Ende der Zeit nicht leicht haben. Das ganze Neue Testament hindurch werden Christen als die Heiligen bezeichnet. So führt uns die Vision Daniels an dieser Stelle direkt zum Tag des Gerichtes im Himmel.

... und die Zeit kam, da die Heiligen das Reich in Besitz nahmen.

„Hört, meine geliebten Brüder: Hat nicht Gott die weltlich Armen auserwählt, reich zu sein im Glauben, und zu Erben des Reiches, welches er denen verheißen hat, die ihn lieben? (Jak. 2, 5)

23 Er sprach also: Das vierte Tier: ein viertes Königreich wird auf Erden sein, welches von allen Königreichen verschieden sein wird; und es wird die ganze Erde verzehren und sie zertreten und sie zermalmen.

Der Engel lenkt Daniels Blick wieder zu den Eroberungsfeldzügen der Römer und darauf, dass aus deren Reich zehn Könige aufstehen werden. Hier beginnen nun die Fragen und es gibt unterschiedlichste Antworten.

Wird das römische Reich wieder entstehen? Ist damit Europa gemeint? Oder ist es die UNO als Weltregierung? Hat Amerika oder Russland irgend etwas damit zu tun?

24 Und die zehn Hörner: aus jenem Königreich werden zehn Könige aufstehen; und ein anderer wird nach ihnen aufstehen, und dieser wird verschieden sein von den vorigen und wird drei Könige erniedrigen.

Das Königreich, aus dem die zehn Königreiche aufstehen, wird von Johannes in der Offenbarung 13, 2 als eine Mischung aus Babylonien, Medo-Persien und dem Reich von Alexander dem Großen identifiziert.

Es handelt sich also um den östlichen Mittelmeer – Raum.

Das ursprünglich kleine Horn aus Vers 8 wird nicht klein bleiben. Im gleichen Vers sehen wir, dass zunächst drei der zehn Völker von ihm „erniedrigt" werden. Die übrigen sieben werden mit ihm ein Bündnis eingehen und ihn als Anführer bestätigen.

„Diese haben einen Sinn und geben ihre Macht und Gewalt dem Tier. „   *(Off. 17, 13)*

Dadurch wird sein Gebietsanspruch und seine Macht größer sein als bei irgend einem der anderen Bündnispartner

„...und sein Aussehen war größer als das seiner Genossen."
                                      (Dan. 7, 20 b)

In der modernen Literatur und den meisten Bibelauslegungen, ist in diesem Zusammenhang, immer wieder, von einem „Zehn Staatenbund" zu lesen, der sich gegen Israel stellen wird. Hat die Bibel auch hier eine Antwort? Ich denke ja!

„1 Ein Lied, ein Psalm von Asaph.

2 Gott, schweige nicht; verstumme nicht, sei nicht untätig stille.

3 Denn siehe, deine Feinde toben, und deine Hasser erheben das Haupt.

4 Wider dein Volk machen sie listige Anschläge, und beraten sich wider deine Schützlinge

5 Sie sprechen: Kommt und lasst uns sie vertilgen, dass sie keine Nation mehr seien, dass nicht mehr gedacht werde des Namens Israel!

6 Denn sie haben sich beraten mit einmütigem Herzen, sie haben einen Bund wider Dich gemacht:

7 *Die* **Zelte Edoms** *und die* **Ismaeliter, Moab** *und die* **Hageriter,**
8 **Gebal** *und* **Ammon** *und* **Amalek, Philistäa** *samt den*
   Bewohnern von **Tyrus;**
9 *auch* **Assur** *hat sich ihnen angeschlossen; sie sind zu einem Arm*
   geworden den Söhnen Lots. Sela.   (*Psalm 83, 1-9*)

Hier im Psalm 83 stoßen wir tatsächlich auf zehn Völker, die sich verbünden, um Israel als Nation zu vertilgen. Völker, die den Namen Israel vergessen machen wollen. Dazu muss Israel natürlich erst einmal als Nation existieren und nicht nur als Volk. Dies ist seit ihrer Staatsgründung 1948 der Fall.

Damit hat dieser Psalm also einen prophetischen Charakter und schildert nunmehr [seit ca. 950 v. Chr.] Ereignisse, die vor 1948 n. Chr. nicht möglich gewesen wären, seither aber täglich ihre Schatten voraus werfen. Was sind das für Völker? Wo sind sie zu finden? Wer waren sie und was haben sie gegen Israel?
Wir können uns an dieser Stelle entscheiden, ob wir die Tagesschau sehen, die Zeitung lesen oder mit der Betrachtung fortfahren wollen, das Ergebnis dürfte in jedem Fall das gleiche sein.

1. Ismaeliter
1. Mose 17, 1-22
 Gott schließt einen Bund mit Abraham und dessen Sohn Isaak.

Der Koran behauptet, Ismael sei der verheißene Sohn Abrahams sei und nicht Isaak. Der Koran entstand allerdings erst im 7. Jahrhundert n. Chr.. Mohammed, sein Verfasser behauptet dennoch, dass die zu seinen Lebzeiten schon 3600 Jahre alte Bibel, zu Gunsten der Juden und zu Gunsten Isaaks, gefälscht worden sei.

Ein Buchstabenrätsel: Würfeln wir mit den Buchstaben „Ismael" dann erhalten wir den Islame. Ismael steht für das Volk der Ismaeliter. Diese stehen für „die Welt des Islam."

2. Philistäa

2. Mose 23, 1 – 33

Gott gebietet Israel, die Philister zu vertreiben und nicht mit ihnen zusammen zu leben, da sie Götzen dienen.

Die heutigen Palästinenser sind wohl die eifrigsten und wohl auch die bekanntesten Israel - Gegner. Sie machen keinen Hehl daraus, dass sie nicht eher ruhen werden, <u>bis die Nation Israel ausgelöscht ist</u>. Ihre Siedlungen befinden sind im Gaza Streifen, Jordanien, Syrien, Ägypten, im Libanon, doch letztlich findet man sie in allen Ländern der Welt.

3. Die Zelte Edoms

1. Mose 25, 29 – 34

Esau verachtete sein Erstgeburtsrecht.

Jakob war der Mann, dem Gott den Namen Israel gab. Sein „älterer" Zwillingsbruder hatte alle Rechte, die er ALS Erstgeborener hatte, bei Jakob gegen einen Teller Linsensuppe

* Wikipedia/Mohammed (Die Auseinandersetzung mit den Schrift-
  besitzern)

eingetauscht. Die Rede ist von Esau, der wegen seiner roten Haare „Edom", „rot", genannt wurde. Sein Siedlungsgebiet waren die roten Felsen im Süden Jordaniens. Er war mit einer Tochter Ismaels verheiratet.

4. Moab (*1. Mose 19, 36*)

Moab heißt: „Vom Vater" und steht als Sinnbild für die Wiederentstehung Sodoms, in Lots Fluchthöhle.

Die Moabiter siedelten im heutigen mittleren Jordanien. Er war ein Sohn Lots, der in Blutschande mit seiner ältesten Tochter gezeugt wurde, die ihn betrunken gemacht hat, um ihn missbrauchen zu können.

5. Die Hageriter (*1. Chronik 5, 10 + 19*)

Möglicherweise waren es im Krieg mit Israel erlittene Gebietsverluste, die sie zu feinden Israels werden ließen.

Die Hageriter hatten nichts mit Saras Magd Hagar zu tun. Sie waren ein arabisches Volk, aus dem Gebirge eines nordöstlichen Armes des Libanon, östlich vom Ostjordanland, das schon zur Zeit von König Saul mit Israel im Krieg lag.

6. Gebal (*Hesekiel 27, 9*)

Wenn es darum geht, gegen Gott zu sein, ist es ein Leichtes, Mitstreiter zu finden.

Gebal stammt aus einer Gebirgsgegend nördlich Israels, aus dem Beziehungen zu der Stadt Tyrus, die sich selbst als Gott betrachtete und somit in Feindschaft gegenüber dem Gott der Schöpfung stand.

heutigen Libanon. Dieses Volk stand in engen wirtschaftlichen Beziehungen zu der Stadt Tyrus, die sich selbst als Gott betrachtete und somit in Feindschaft gegenüber dem Gott der Schöpfung stand.

7. Ammon (*5. Mose 23,4 + 4. Mose 22, 5*)
Die Ammoniter und die Moabiter weigerten sich, Israel beim Weg aus Ägypten durch die Wüste zu unterstützen und gingen so weit, dass sie Bileam bestellten, um Israel verfluchen zu lassen. Deshalb schloss Gott sie aus.
Er war auch ein Sohn Lots. Und auch er wurde durch Blutschande gezeugt. Dieses mal jedoch mit der jüngeren Tochter.
Die Ammoniter betrieben Götzendienst, bei dem sie ihre Kinder opferten. Sesshaft waren sie im Norden Jordaniens.

8. Amalek (*5. Mose 25, 17 – 19*)
Sie stellten sich Israel entgegen, und überfielen sie hinterrücks, bei ihrer Wüstenwanderung.
Ein Enkel Esau' s. Seit Israels Auszug aus Ägypten, zeigen sich die Amalekiter als erbitterte Feinde Israels.

9. Tyrus (*Hesekiel 28, 2*)
Tyrus hielt sich selbst für göttlich. Die Stadt heißt jetzt „Sur" und ist mit ca. 130 000 Einwohnern die viertgrößte Stadt im Libanon. Dort finden wir auch den Sitz der radikal-islamischen Hisbollah. Ehemals eine Stadt der Schönheit und des Reichtums, bis sie glaubte, sich über Gott erheben zu können.

10. Assur *(Jesaja 10, 12 ff)*

Er war ein Enkel von Noah. Sem war sein Vater. Er baute die Stadt Ninive und legte damit den Grundstein zum ersten Großreich der Erde, zu Assyrien. Dagegen war Babylonien ein Zwerg. Es erstreckte sich von Ägypten bis zum persischen Golf. Sein Problem? Das Königtum Assyrien betrachtete sich als Stellvertretung eines Gottes „Assur" auf Erden.

Es war vermessen wie Tyrus oder wie Nebukadnezar. Gott- und Menschenverachtend, ein Götzendiener, voller Feindschaft gegenüber dem Gott der Bibel.

Die Aufzählung dieser 10 Völker in diesem Psalm könnte uns aber auf die Spur der 10 „Hörner" führen, die am Ende der Zeit mit dem auftretenden kleinen Horn einen Bund schließen.

Eines haben diese Länder allerdings gemeinsam. Sie gehören inzwischen alle zum Islam.

Im *Psalm 83* wird uns der Nahe Osten aufgelistet. Und damit alles, was derzeit auch in den Medien immer öfter für Schlagzeilen sorgt.

Doch wer ist das kleine Horn, das nach diesen zehn Königreichen auf der Weltbühne erscheinen wird? Ist es vielleicht der „IS", der „Islamische Staat"? Übrigens, kaum jemand weiß, dass der Islamische Staat keine Erfindung der Neuzeit ist. Es war nur eine sehr, sehr lange Zeit still um ihn.

Gegründet wurde er nämlich bereits im Jahr 622 n. Chr., mit Beginn der islamischen Zeitrechnung, von keinem Geringeren als von Mohammed selbst.

Die 10 Völker aus Psalm 83 gab es damals auch schon oder besser gesagt, noch, denn es gibt sie bis auf den heutige Tag.

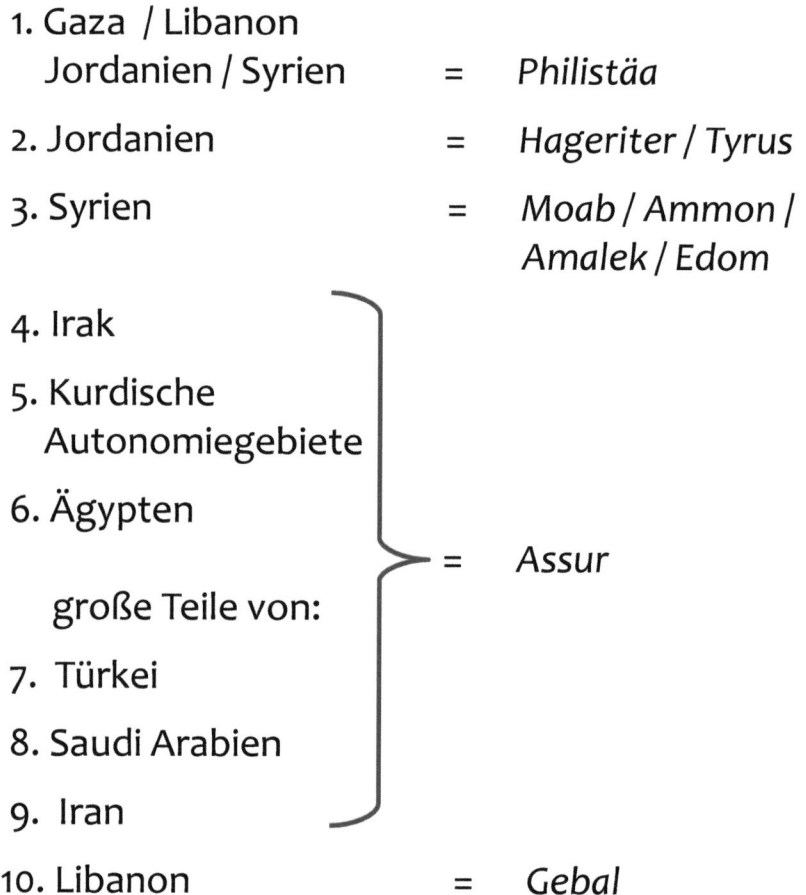

1. Gaza / Libanon
   Jordanien / Syrien   =   *Philistäa*

2. Jordanien   =   *Hageriter / Tyrus*

3. Syrien   =   *Moab / Ammon /*
                          Amalek / Edom

4. Irak

5. Kurdische
   Autonomiegebiete

6. Ägypten

   große Teile von: =   *Assur*

7. Türkei

8. Saudi Arabien

9. Iran

10. Libanon   =   *Gebal*

Alle diese Länder haben eines gemeinsam:
Sie sind Kinder der *Ismaeliter*, es ist die Welt des Islam. Und diese Welt des Islam, verfolgt das gleiche Ziel, wie der „IS", der islamische Staat. Ein weltweites Kalifat und Scharia für alle. Das war schon oft genug der Grund für viele Kriege.

Die Philosophie des Islamischen Staates und deren Anhänger: „Wir haben Zeit, gerechnet wird in Jahrzehnten, Rückschläge sind normal." Schließlich handelt es sich um die wohl größte religiöse Säuberungsaktion seit Beginn der Menschheitsgeschichte. Denn das Ziel ist, dass die ganze Welt, Mohammed als ihren religiösen Mittelpunkt anerkennt.

Es handelt sich um eine komplette Umwälzung aller unserer bisherigen Denkmuster zum Thema Staat. Es handelt sich um uneingeschränkte Macht. Oder besser gesagt, um eine Diktatur mit uneingeschränkter Macht.

7 Und es wurde ihm gegeben, mit den Heiligen Krieg zu führen und sie zu überwinden; und es wurde ihm Gewalt gegeben über jeden Stamm und Volk und Sprache und Nation. 8 Und alle, die auf der Erde wohnen, werden es anbeten, ein jeder, dessen Name nicht geschrieben ist in dem Buche des Lebens des geschlachteten Lammes von Grundlegung der Welt an.   *(Off. 13, 7 + 8)*

Fassen wir zusammen, dann sehen wir einen Diktator, (Politiker, Staatsform oder Religion) an der Spitze einer Staatengemeinschaft, der es zur Weltherrschaft bringt. Ein Tier, das haben wir schon gesehen, kann niedlich sein oder wie im vorher gesagten Fall eine Bestie. Sehen wir uns Nebukadnezar an, dann sehen wir, dass das Tier ein regierender aber „gottloser" Mensch ist.

25 Und er wird Worte reden gegen den Höchsten und die Heiligen der höchsten Örter vernichten; und er wird darauf sinnen, Zeiten und Gesetz zu ändern, und sie werden eine Zeit und Zeiten und eine halbe Zeit in seine Hand gegeben.

„Und er wird Worte reden gegen den Höchsten…"
Der Höchste, das ist der Schöpfer – Gott, der Gott der Bibel.
Doch wie wir gesehen haben, wird das kleine Horn vom Teufel
gesteuert.   *(Off. 13, 4 und Off. 20, 2 / hier Seite 121)*

„…und die Heiligen der höchsten Örter vernichten."
Er wird versuchen, so viele Menschen wie möglich auf seine
Seite, ins Verderben zu ziehen. Wer sich nicht dazu zwingen
lässt, zunächst seinen Gott, und später sogar ihn selbst, als Gott
anzubeten, wird getötet werden.

*„…und es wurde ihnen gegeben, Gericht zu halten; und die Seelen
derer, welche um des Zeugnisses Jesu und um des Wortes Gottes
willen <u>enthauptet waren</u>, und die, welche das Tier nicht angebetet
hatten, noch sein Bild, und das Malzeichen nicht angenommen
hatten an ihre Stirn und an ihre Hand, und sie lebten und
herrschten mit dem Christus tausend Jahre."*   *(Off. 20, 4)*

Als ich vor vielen Jahren zum ersten Mal diese Stelle über die
Enthauptungen gelesen habe, war ich zunächst doch sehr
skeptisch. Diese Tötungsmethode war ja wohl doch eher im
Mittelalter geläufig, aber in der Zukunft?
Seit 2015 wurden, zu unser aller Erstaunen, sowohl unsere
Nachrichten, als auch das Internet, immer wieder mit Berichten
über Enthauptungen von Christen durch den islamischen Staat,
gefüllt. Enthauptung, das ist das gängige Urteil für Ungläubige
im Islam.

„…und er wird darauf sinnen, Zeiten und Gesetz zu ändern…"

Zunächst einmal steht da: *„...und er wird darauf sinnen...".*
Das beruhigt denn es bedeutet doch zunächst einmal, dass er denkt, er könnte am Worte Gottes etwas ändern. Das Wort Gottes aber <u>ist unveränderlich,</u> es bleibt!

„...Zeiten und Gesetz zu ändern..." Hier erinnere ich mich, dass die Erklärung an Daniel gerichtet ist. Wie stellte sich für ihn und sein Volk das Wort Gottes dar?

Es ist in drei Teile gegliedert
1. *Das Gesetz*   = Die 5 Mose-Bücher
2. *Die Propheten* = Jeremia, Jesaja, Hesekiel, Hosea, Joel etc.
3. *Die Schriften*   = Weisheitsliteratur, Psalmen, Sprüche etc.

Wenn als Grundlage, zur Entwicklung einer neuen Religion, die fünf Bücher Mose umgeschrieben werden, dann hat man versucht, das Gesetz zu ändern!
Wenn man dazu auch noch andere Festzeiten festlegt und beispielsweise der siebte Tag auf den sechsten verlegt wird, dazu noch die bisherige Zeitrechnung, die wir mit „nach Christus" bezeichnen, abschafft und mit „nach Mohammed" bezeichnet, dann rundet sich auch dieses Bild, zusammen mit den bisherigen Details, zu einer erfüllten Prophetie.

Weiter heißt es, es wird ihm die Macht gegeben, dreieinhalb Jahre lang die Gläubigen zu verfolgen.

Eine Zeit = ein Jahr.
Zeiten   = zwei Jahre
eine halbe Zeit = halbes Jahr.

Und woher weiß man, dass diese Zeit 3,5 Jahre sind?

Weil 3,5 Jahre 1260 Tage sind und das deckt sich mit den 1260 Tagen aus der *Offenbarung 12, 6* wo wir in Bildern lesen können, dass Israel auf der Flucht vor dem Drachen in eine Wüste 1260 Tage (3 ½ Jahre = 1260 Tage) von Gott auf wundersame Weise geschützt und ernährt werden wird. Das hat er übrigens schon einmal gemacht, damals waren es allerdings 40 Jahre auf dem Weg durch die Wüste nach der Befreiung aus Ägypten.

„Und das Weib floh in die Wüste, wo selbst sie eine von Gott bereitete Stätte hat, auf dass man sie da selbst ernähre tausendzweihundertsechzig Tage."   (Off. 12, 6)

Zudem deckt es sich auch mit den 42 Monaten aus *Offenbarung Kapitel 13 Vers 5*   (3 ½ Jahre = 1260 Tage = 42 Monate)

„Und es wurde ihm ein Mund gegeben, der große Dinge und Lästerungen redete; und es wurde ihm Gewalt gegeben, zweiundvierzig Monate zu wirken."   (Off. 13, 5)

26 Aber das Gericht wird sich setzen; und man wird seine Herrschaft wegnehmen, um sie zu vernichten und zu zerstören bis zum Ende.

Doch am Ende wird das Gute siegen, denn Jesus Christus wird Gericht halten:

„Und der Teufel, der sie verführte, wurde in den Feuer- und Schwefelsee geworfen, wo sowohl das Tier als auch der falsche Prophet sind; und sie werden Tag und Nacht gepeinigt werden von Ewigkeit zu Ewigkeit."   (Off 20, 10)

Der Teufel, das Tier und der falsche Prophet, das Trio des Antichristen. Wir sehen, dass der Teufel nicht davor zurück schreckt, den dreieinigen Gott, in allen Bereich zu imitieren.

„...ein Menschenmörder von Anfang und ist in der Wahrheit nicht bestanden, weil keine Wahrheit in ihm ist. Wenn er die Lüge redet, so redet er aus seinem Eigenen, denn er ist ein Lügner und der Vater derselben."   *(Joh. 8, 44)*

27 Und das Reich und die Herrschaft und die Größe der Königreiche unter dem ganzen Himmel wird dem Volke der Heiligen der höchsten Örter gegeben werden. Sein Reich ist ein ewiges Reich, und alle Herrschaften werden ihm dienen und gehorchen.

Kennen Sie das Gebet, das wir das „Vater Unser" nennen? Darin ist die Rede von genau diesem Reich, von dem hier im Danielbuch die Rede ist.

„Er sprach aber zu ihnen: Wenn ihr betet, so sprecht: Vater, geheiligt werde dein Name; dein Reich komme"   *(Luk. 11, 2)*

Viele von uns nehmen schon gar nicht mehr war, dass wir regelmäßig darum beten, dass Gott sein Reich aufrichten möge. Diese 1000jährige Herrschaft Jesu auf der Erde. Sie ist näher als wir denken. Sieben Jahre, nachdem der Antichrist mit dem Volk Israel ein (Schutz-?) Bündnis schließt, welches er aber nach 3,5 Jahren bricht, Wird das Reich Gottes, auch das 1000 jährige Friedensreich genannt, hier auf der Erde, durch den Herrn Jesus Christus, aufgerichtet. Er wird in großer Macht und Herrlichkeit zurück kommen. Diesmal kommt er nicht um sich für uns ans Kreuz nageln zu lassen, sondern als König.

Aber vorher holt der Herr uns zu sich heim, denn er kommt ja mit uns zurück auf die Erde. Uns, das sind wir Christen, seine Heiligen. Das bedeutet, dass wir entrückt werden, evakuiert werden, bevor die Welt vom Zorn Gottes getroffen wird. Und die Bibel hat noch nie geirrt!

28 Bis hierher das Ende der Sache. Mich, Daniel, ängstigten meine Gedanken sehr, und meine Gesichtsfarbe veränderte sich an mir; und ich bewahrte die Sache in meinem Herzen.

Zwischenspiel

Nur eine Lüge – und die Welt tickt anders

„Nein, nein, sie ist nicht meine Frau, sie ist meine Schwester!" War wohl eine außergewöhnliche Frau, diese Sarai (Sara)? Abram (Abraham) jedenfalls war davon überzeugt, dass sie durch ihre Schönheit alle Männerblicke auf sich ziehen würde. Und genau deshalb hatte er Angst um sein Leben. In der Tat war sie seine Halbschwester (*1. Mose 20, 12*), aber selbst eine halbe Wahrheit kann ganze Folgen haben. Und tatsächlich war es ausgerechnet der Pharao, der ein Auge auf Sarai geworfen hatte. Doch hatte Gott nicht gesagt, dass Abram in ein Land ziehen solle, dass Gott ihm zeigen wollte? Solange diese Zusage bestand, gab es doch keinen Grund, um sein Leben zu fürchten. Es sei denn, man wollte Gottes Erfüllung etwas auf die Sprünge helfen, so nach dem Motto, so lange ich dafür sorge, dass ich am Leben bleibe, kann Gott seine Verheißung an mir erfüllen?! Wir glauben selbst oft genug, etwas tun zu können, etwas tun zu müssen, damit Gott wirken kann. Und dann knüpfen wir unsere Beziehung zu Gott an Bedingungen, die Menschen sich aus-gedacht haben.

Die Lüge bewirkte, dass Sarai an den Königshof berufen wurde und dass Gott eingreifen musste. Der Pharao und sein Haus wurde mit Plagen versehen. Die Lüge flog auf, Abram und Sarai wurden des Landes verwiesen. Doch Abram ging es dabei nicht schlecht, denn der Pharao ließ sich sein Fortgehen einiges kosten und so gab es jede Menge Vieh, Gold, Personal und Sarai selbst bekam ihre persönliche Magd, die Ägypterin Hagar.
(1. Mose 12, 10 – 20)

Sarai war aber trotzdem unglücklich, da sie Abram kein Kind gebären konnte und so kam sie auf die, für damalige Verhältnisse scheinbar nicht außergewöhnliche Idee, Hagar, ihre Magd, könnte doch als „Leihmutter" herhalten.
(1. Mose 16, 1-16)

Genau so, wie Adam die Anweisungen Gottes zu Gunsten seiner Frau missachtete, so fällt auch Abram darauf herein und er versucht die Verheißung Gottes in Erfüllung zu bringen, indem er auf seine Frau hört. Er folgt ihrem Wunsch und zeugt einen Sohn mit Hagar. Ismael wird geboren, als Abram etwa 86 Jahre alt ist. Ist Ismael das Kind der Verheißung? Nein, er ist das Kind einer menschlichen Manipulation, um die Erfüllung einer Verheißung Gottes erzwingen zu wollen! Ein Kind des Fleisches also.

Hätte Abram nicht gelogen, wäre Hagar wohl nicht in den Dienst von Sarai gekommen. Dann hätte es auch keinen Ismael gegeben. Folglich ist Ismael nicht die Folge einer göttlichen Verheißung, sondern die Folge einer Lüge!

Das einzig Positive daran ist, zu sehen, wie Gott „trotzdem" zu seinem Wort steht und „seinen" Plan durchzieht. Und so, wie es aussah, war Gott mehr daran gelegen als Abram, der schien zunächst ganz zufrieden damit zu sein, einen Sohn zu haben, auch wenn er nicht von Sarai stammte. Das geht zumindest aus dem Gespräch hervor, das Gott mit Abram führte, als Ismael etwa zwölf Jahre alt war.

Gott schließt einen Bund mit Abraham und kündet an, dass er einen Bund mit Isaak schließen wird, wenn er geboren sein wird. (1. Mose 17):

„17 Und Abraham fiel auf sein Angesicht und lachte und sprach in seinem Herzen: Sollte einem Hundertjährigen geboren werden, und sollte Sara, sollte eine Neunzigjährige gebären? _18 Und Abraham sprach zu Gott: Möchte doch Ismael vor dir leben!_ 19 Und Gott sprach: Fürwahr, Sara, dein Weib, wird dir einen Sohn gebären, und du sollst ihm den Namen Isaak geben; und ich werde meinen Bund mit ihm errichten zu einem ewigen Bunde für seinen Samen nach ihm. 20 Und um Ismael habe ich dich erhört: Siehe, ich *habe ihn gesegnet und werde ihn fruchtbar machen und ihn sehr, sehr mehren; zwölf Fürsten wird er zeugen, und ich werde ihn zu einer großen Nation machen. 21 Aber meinen Bund werde ich mit Isaak errichten, den Sara dir gebären wird um diese bestimmte Zeit im folgenden Jahr.* (1. Mose 17, 17-21)

Die Bibel kann man getrost als das älteste Buch der Welt bezeichnen. Das alte Testament kam etwa 460 v. Chr. zum Abschluss. Es waren sehr viele unterschiedliche Autoren der verschiedensten Epochen über 3500 Jahre daran beteiligt. Trotzdem finden wir in all diesen Schriften einen roten Faden. Gott liebt die Menschen, seine Geschöpfe und er möchte, dass alle zur Erkenntnis der Wahrheit kommen um gerettet zu werden. Jesus sagt:

„Das Gesetz und die Propheten" (eine Bezeichnung für das alte Testament) *waren bis auf Johannes; von da an wird das Evangelium des Reiches Gottes verkündigt, und jeder dringt mit Gewalt hinein."* (Luk. 16, 16)

Das alte Testament findet also mit Johannes dem Täufer seinen Abschluss. Danach wird das Evangelium verkündet. Was machen wir nach dieser Aussage Jesu mit den Propheten, die nach Johannes aufgestanden sind? Allen voran Mohammed, der sich trotzdem Prophet nennt und nun behauptet, er sei der letzte, das Siegel der Propheten? (Sure 33,40) Von ihm stammt der Koran (ca. 610 n. Chr.) Einziger Autor: „er selbst". Sein Inhalt: Wie aus einem Würfelbecher zu einem neuen Buch ausgegossene und veränderte Bibelzitate. Ein Buch, das kritiklos mit

Zwischenspiel

der Frage umgeht, von wem alle diese Inspirationen stammen und mittels Behauptung vom Autor selbst bewiesen wird. Seine Botschaft: Wer etwas anderes glaubt, wird getötet.

„...und er wird darauf sinnen, Zeiten und Gesetz zu ändern."

(Dan. 7, 25)

Das Gesetz ist das alte Testament, die Zeiten sind die Festzeiten Gottes, der Sabbat, der 7. Tag, den der Islam auf den 6. Tag verlegt hat und die islamische Zeitzählung.
Laut Koran ist es Ismael, auf dem die Verheißungen liegen sollen. Es öffnen sich uns tiefe geistliche Wahrheiten, wenn wir an dieser Stelle weiter graben.

Der Sohn der Sklavin, „Ismael" ,führt in die Sklaverei.
Der Sohn der Freien „Isaak" führt zur freien Entscheidung.

Hagar ist nicht einfach nur der Name einer Sklavin. Dieses arabisches Wort steht gleichnishaft für den Berg Sinai. Dort empfing Mose die Tora, das Gesetz. *(Galater 4, 21-31)*

Das Gesetz aber vermag niemanden zu retten.

Sehen wir uns einmal an, wie unterschiedlich Ismael gesehen wird. Im Koran heißt es über ihn:

„Erzähle, was in diesem Buch über Ismael steht. Er war fürwahr getreu seinem Versprechen, er war ein Gesandter, ein Prophet."
= Sure 19:54

Und die Bibel sagt über ihn:

„Und er, er wird ein Wildesel von Mensch sein; seine Hand wider alle und die Hand aller wider ihn, und angesichts aller seiner Brüder wird er wohnen.“   (1. Mose 16, 12)

Christen und Moslems haben nicht nur zwei verschiedene Väter (Ismael und Isaak), sondern auch zwei verschieden geistliche Einflüsse. Ismael bringt Gebundenheit und Tod. Isaak bringt die freie Entscheidung und das Leben.

Koran	Bibel
Heute habe ich Eure Glaubenslehre für Euch vollendet und meine Gnade an Euch erfüllt und Euch den Islam zum Bekenntnis erwählt. = Sure 5, 3	*„Ich nehme heute den Himmel und die Erde zu Zeugen gegen euch: Das Leben und den Tod habe ich euch vorgelegt, den Segen und den Fluch! So wähle das Leben, auf dass du lebst, du und dein Same,“* (5.Mose 30, 19)
Laut Mohammed, hat Allah, die Entscheidung für die einzelnen Menschen bereits getroffen. Das ist Gebundenheit.	Nach der Bibel hat jeder einzelne Mensch für sich die freie Entscheidung.

Der Koran zeigt uns einen Gott, der damit zufrieden zu sein scheint, von seinen Geschöpfen gefürchtet zu werden. Ein Lippenbekenntnis aus Angst vor Strafe reicht aus. Das automatisierte Abspulen ritueller Handlungen reicht aus. Und

damit trägt Satans Rebellion gegen den wahren Gott Früchte.
„Ich will hinauffahren auf Wolkenhöhen, mich gleich machen dem Höchsten."   *(Jes. 14, 14)*

Er wollte sein wie Gott und schuf eine Religion, in der er Gott imitiert. Doch Liebe lässt sich durch Androhung von Gewalt nicht erzwingen. Eine Macht ohne *„bedingungslose"* Liebe ist nicht vollkommen. Auch schuf er nichts Neues. Der Islam ist eine Gesetzesreligion. Angeblich deshalb entstanden, weil die Gesetzesreligion der Juden und die auf Gnade basierende Lehre des Evangeliums keinen Erfolg hatte.

Damit unterstellt der Islam, Gott die Wiederholung eines Fehlers ein paar Jahrhunderte später (=Sure 2:113, 134, 141). Niemandem fällt dabei auf, dass sie ihrem Gott damit die Vorhersehung und das Allwissen absprechen.
Neues und Vollkommenes ist Sache des Schöpfers. Der Teufel begnügt sich von Anbeginn damit, zu zerstören, zu verdrehen, zu kopieren, zu stehlen und zu lügen.

„Wer den Sohn hat, hat das Leben; wer den Sohn Gottes nicht hat, hat das Leben nicht."   *(1. Joh. 5, 12)*

Dieser Vers aus dem 1. Johannesbrief stammt aus der Zeit etwa 600 Jahre bevor Mohammed im Koran betont, „dass Gott keinen Sohn habe!" (=Sure 10:68-70)

Demnach hat Allah das Leben nicht. Der Gott der Christen und der Gott der Moslems kann also nicht der gleiche Gott sein! Das Wesen des Antichristen ist es, alleiniger Gott sein zu wollen, ohne Sohn.

„Jeder, der den Sohn leugnet, hat auch den Vater nicht; wer den Sohn bekennt, hat auch den Vater."   (1. Joh. 2, 23)

Es reicht nicht aus, zu sagen: „Die Bibel war zuerst da!" Doch der wesentlichste Aspekt der Bibel sind nun mal eben die Hinweise auf Jesus Christus und unsere Erlösung durch ihn. Erlösung? Ein Begriff, den es im Koran so nicht gibt, nur Märtyrer sind auf der sicheren Seite. Die sicherste Methode, ein Märtyrer zu werden ist die, bei der Tötung von „Ungläubigen" selbst getötet zu werden. Dieser Gott des Islam belohnt demnach alle, die das, was Gott sich zum Ebenbild geschaffen hat, zerstören.

Niemand vermag durch ein Gesetz gerettet zu werden. Einzig die Gnade bewirkt, dass wir gerettet werden. Die Hinweise auf Jesus Christus ziehen sich wie ein roter Faden durch die ganze Bibel, wie die Prophetien, denen wir hier auf der Spur sind.
Auch außerbiblische Quellen belegen vielerorts die Richtigkeit biblischer Aussagen und Ereignisse (siehe Anhang). Besser kann man die Echtheit einer Sache nicht unterstreichen, als dadurch, dass tatsächlich passiert, was geschrieben steht. Die Bibel ist mit solchen Ereignissen prall gefüllt.
Der Koran hingegen ist prall gefüllt mit Drohungen und Aufrufen zu widerbiblischem Gedankengut. Dem Christentum entgegen. Die Terrormiliz „Islamischer Staat", die seit 2014 immer mehr von sich reden machte, zeigt uns einen ungeschminkten Islam. Terror und Vergewaltigungen deren „Opfer" wegen unzüchtiger Handlungen getötet werden. Geiselnahme, Zwangsehen,

Zwischenspiel

Erpressungen, Enthauptungen.
Kleine Jungen müssen zur Beseitigung der Hemmschwelle Enthauptungsvideos ansehen und an blonden Puppen das Abschneiden von Köpfen üben. Ausbildung für Frauen gibt es nicht mehr. Die Programme der Hochschulen werden auf die Schule des Koran reduziert. Und einer ernennt sich zum Kalif.

„...Seine Hand wider alle und aller Hände wider ihn...“

(1. Mose 16, 12)

„Ihr seid aus dem Vater, dem Teufel, und die Begierden eures Vaters wollt ihr tun. Jener war ein Menschenmörder von Anfang und steht nicht in der Wahrheit, weil keine Wahrheit in ihm ist. Wenn er die Lüge redet, so redet er aus seinem eigenen, denn er ist ein Lügner und der Vater derselben.“   (Joh. 8, 44)

„Wer ist der Lügner, wenn nicht der, der da leugnet, dass Jesus der Christus ist? Dieser ist der Antichrist, der den Vater und den Sohn leugnet.“   (1. Joh. 2, 22)

„Allah hat keinen Sohn“, so steht es im Koran und in großen Buchstaben von innen am Tor der Al Aqsa Moschee auf dem Tempelberg in Jerusalem.

*„Dar al – Islam, Frieden im Islam bedeutet: „Herrschaft über alle Nichtmuslime“!
Der islamische Begriff „Dar as – Salam“ („Haus des Friedens“) bezeichnet alle Gebiete unter muslimischer Herrschaft.
Gebiete, die nicht vom Islam kontrolliert werden, gelten als

„Dar al – Harb" („Haus des Krieges").

Die Bewohner des „Dar as – Salam" („Haus des Friedens") sind entweder Muslime oder aber sogenannte „Dhimmis".

Dhimmis sind sogenannte Schutzbefohlene minderen Rechts, also Nicht-Muslime aus dem „Dar al – Harb" („Haus des Krieges"). Diese müssen einen zeitweiligen Schutzvertrag („Aman") abschließen, und „Djizya" (Kopfsteuer) zahlen, wenn sie den „Dar as Salam" („Haus des Friedens") betreten wollen, da sie als sogenannte „Harbis" sonst keinerlei Rechte hätten, auch kein Recht auf Leben. Ebenso dürfen Nichtmuslime im „Dar as Salam" („Haus des Friedens") dazu gezwungen werden, den Islam „anzunehmen".*

**„Das Christentum ist wesentlich dadurch gekennzeichnet, dass es von den Menschen nicht die Einhaltung bestimmter Ritualgesetze verlangt, wohl aber einen gesunden, das heißt, einen guten Lebenswandel.

Ein Vergleich zwischen Christentum und Islam ergibt, dass ein Moslem auch dann als gottesfürchtig gelten kann, wenn er in moralischer Hinsicht unrein ist, wohl aber die rituellen Zeremonien einhält. In einem neueren Buch über Marokko heißt es: „Man erwartet gar nicht, dass Lehre und Praxis des Islam, außer im Hinblick auf das Ritual, eine Einheit bilden. Jemand gilt auch dann als religiös, wenn er ausgesprochen schlecht ist, jedoch den Segen Gottes erbeten hat, ohne dass ihm die

* Chronologie des Islam; Snakerblock, wordpress

Zwischenspiel

Widersinnigkeit seines Verhaltens in den Sinn kommt...
Anmerkung des Autors: Wie könnte man sonnst im Namen
Allahs 155 Schulkinder erschießen?
(Taliban in Pakistan,15.12.2014-ARD)

...Wie die Dinge liegen, geht sehr gut aus den Äußerungen eines
Berbers mit Fez hervor, der einmal bemerkte: „Wollen Sie
wissen, was es mit unserer Religion auf sich hat? Wir reinigen
uns mit Wasser, während wir an Ehebruch denken; wir gehen in
die Moschee, um zu beten, und denken dabei, wie wir unseren
Nachbarn am besten betrügen können; wir geben an der Tür
Almosen und gehen in unser Geschäft, um die Menschen zu
berauben; wir lesen im Koran und gehen hin und begehen
unaussprechliche Sünden; wir fasten und gehen auf Pilgerfahrt,
und trotzdem lügen und töten wir!"
Wenn dies gewiss auch nicht für alle Moslems gilt, so sollten wir
doch bedenken, dass Christentum keinesfalls heißt, ein Ritual zu
erfüllen, auch wenn dies im Bibellesen und Kirchgang besteht,
sondern darin, ein bibeltreues Leben zu führen. Der christliche
Glaube ist, wenn er ein echter Glaube ist, ein heilsamer,
Gesundheit spendender Glaube, der in sittlicher Hinsicht
reinigende Kraft besitzt." **

Der sogenannte gemäßigte Moslem ist genau so weit vom
Koran entfernt, wie der Christ von der Bibel, der es sich in der
staatlich anerkannten, organisierten Kirche bequem gemacht

** William Barclay; Briefe an Timotheus; Aussaat Verlag
   Neukirchen-Vluyn; 2006; Seite 42

Weltbevölkerungsanteil des Isalm:

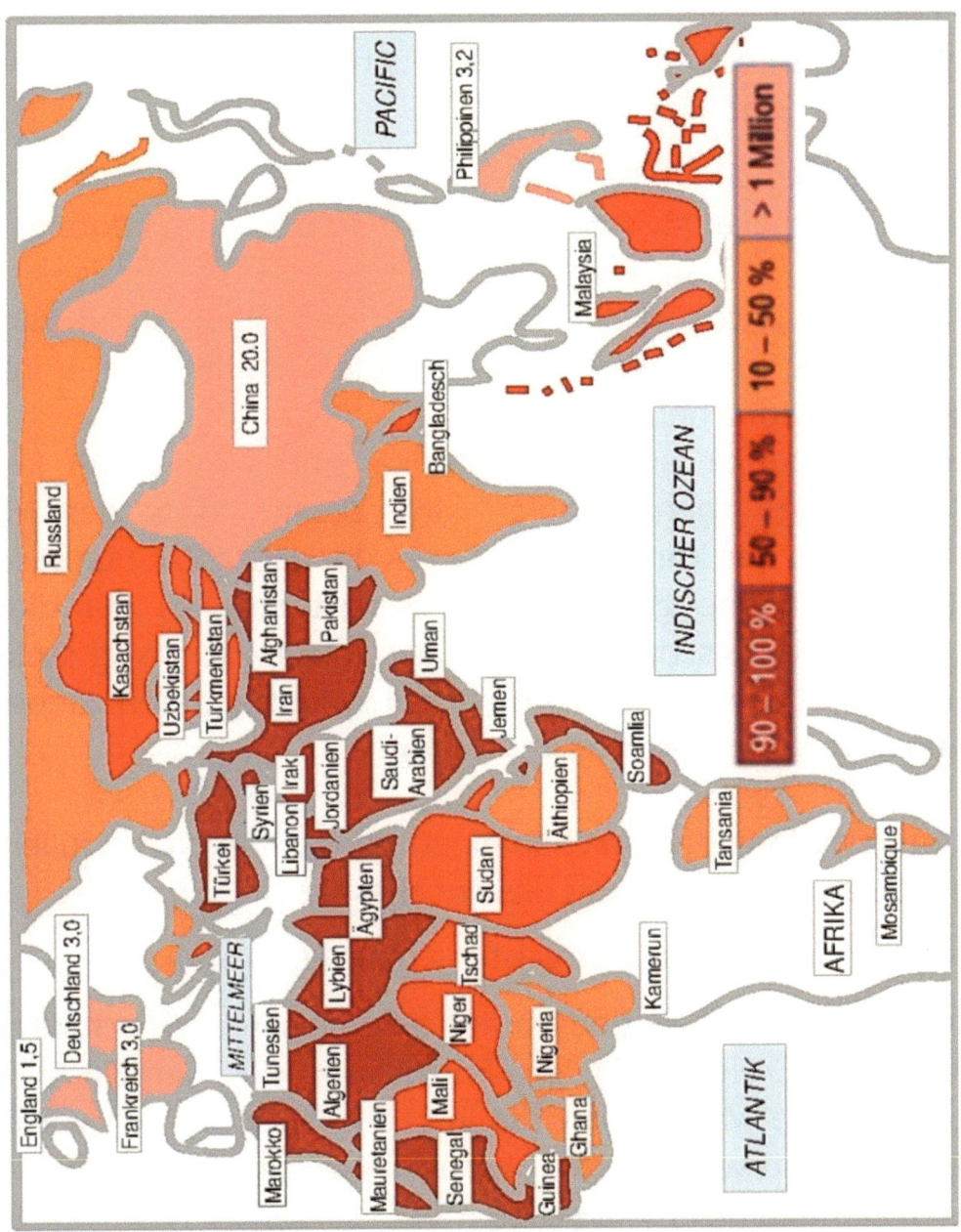

hat. Von einigen Überwindern abgesehen. *(Off. 3, 21)*
Damit keine Missverständnisse aufkommen, es reicht nicht aus, ein guter Mensch zu sein. Es reicht auch nicht, ein Freizeit- oder Gelegenheits - Christ zu sein.

"Jeder, der den Sohn leugnet, hat auch den Vater nicht; (nur) wer den Sohn bekennt, hat auch den Vater."　　　*(1. Joh. 2, 23)*

Bei allen Aktivitäten in der Geschichte des Islam, stand immer die Errichtung eines weltumspannenden Kalifats im Vordergrund, das ist auch heute noch so.
Selbst Südamerika und Nordamerika sind inzwischen keine weißen Flecken mehr. Daniel wird gesagt, dass der Herrschaftsbereich des kommenden Tieres die ganze Erde umfassen wird. Es wird eine grausame Herrschaft sein, in der dieses Königreich alle zerschmettert, die sich ihm in den Weg stellen. Die Rede ist von der Errichtung einer kommenden Einheitsreligion unter einem weltweiten Diktator.

Warum beschäftige ich mich in einem Buch über sich erfüllende Prophetie so ausführlich mit diesem Thema?

1. Wir sind mitten in der Betrachtung des vierten Tieres.

2. Die Zeichen der Zeit deuten auf das nächste sich erfüllende, prophetische Ereignis hin, die Entrückung der Gemeinde. Die Sorge, dass die Menschheit die letzte Chance an sich vorüber ziehen lässt und wir eine Welt zurücklassen, in der zu leben wir unseren Feinden nicht wünschen möchten, geschweige denn

unseren Kindern und Enkeln.

Falls es bis hierher nicht sichtbar geworden ist, dann betone ich hiermit noch einmal, dass ich Christ bin und ich es daher mit den folgenden Versen ABSOLUT genau nehme:

„Ich aber sage euch: Liebt eure Feinde, segnet, die euch fluchen, tut wohl denen, die euch hassen, und betet für die, die euch beleidigen und verfolgen."   (Matth. 5, 44)

„Und wenn ein Fremdling bei dir weilt in eurem Lande, so sollt ihr ihn nicht bedrücken."   (3. Mose 19, 33)

Gott bietet ausnahmslos allen Menschen seine Gnade an!

Die Vorgeschichte unseres Volkes „Deutschland" macht eine solche Einführung notwendig, da wir nicht einmal mehr auf Probleme hinweisen können, ohne uns der Intoleranz, dem Fremdenhass oder rechten Gedankenguts verdächtig zu machen. Für mich gilt weder das Eine, noch das Andere, für mich zählt Gottes Wort und dass Jesus uns gezeigt hat, wie wir sein sollen.

Gott sprach zu Abraham:

„Und ich will segnen, die dich segnen, und wer dir flucht, den werde ich verfluchen; und in dir sollen gesegnet werden alle Geschlechter der Erde! ,,   (1.Mose 12, 3)

Deutschland hat in seiner Geschichte vom dritten Reich wesentlich Schlimmeres getan, als den Nachkommen Abrahams zu fluchen. Möglicherweise bezahlen wir jetzt den Preis dafür, indem wir gegenüber der Intoleranz tolerant sein müssen.

*Einem Bericht des deutschen Innenministeriums zur Folge, kann die Abnahme der deutschen Bevölkerung nicht mehr gestoppt werden. (Demografiebericht)

Die Abwärtsspirale sei nicht mehr umkehrbar. Es gibt ausreichend Untersuchungen darüber, dass statistisch gesehen 2,1 Kinder pro Elternpaar erforderlich sind, um eine Kultur zu erhalten. Weiterhin zeigt die Geschichte, dass bei einer Geburtenrate von 1,9 Kindern pro Elternpaar, ein schleichender Untergang einer Kultur nicht aufgehalten werden kann. Bei einer Rate von 1,4 wie wir sie in Deutschland finden, ist eine Umkehr nicht mehr möglich. Das deutsche Volk verschwindet absehbar aus der zukünftigen Weltgeschichte.

Ein Beispiel:

Wenn zwei Elternpaare je ein Kind haben, dann gibt es halb so viele Kinder wie Eltern. Wenn diese beiden Kinder nun auch nur ein Kind haben, dann gibt es nur noch ¼ soviel Enkel wie Großeltern.

Angenommen im Jahr 2017 kommen 1 Millionen Babys zur Welt.

Dann können unmöglich 2037 Zwei Millionen Erwachsene berufstätig werden. Das heißt, dass die Elterngeneration nicht mehr ersetzt werden kann.

Schon im Jahr 2030 wird jeder dritte noch lebende Deutsche bereits über 65 Jahre alt sein. Dank geburtenreicher Jahrgänge,

* Bericht der Bundesregierung zur demografischen Lage und künftigen Entwicklung des Landes 2012

die Jahre des sogenannten Babybooms in den 60ern.*
Danach geht es rasant bergab mit den Zahlen der deutschen Anteile an der Bevölkerung Deutschlands. Deutschland ist ein Einwanderungsland. Ach wie oft haben wir das in den letzten Jahren von den Regierenden gehört.
Der türkische Ministerpräsidenten Recep Tayyip Erdogan ist da wesentlich konkreter wenn er sagt:

„Die Demokratie ist nur der Zug, auf den wir aufsteigen, bis wir am Ziel sind. Die Minarette sind unsere Bajonette, die Kuppeln unsere Helme, die Moscheen unsere Kasernen und unsere Gläubigen sind unsere Soldaten!"

Seit 1990 stammt der Gesamtbevölkerungszuwachs in Europa zu 90 % aus islamischen Einwanderungen. Bei einer islamischen Frau liegt die Geburtenrate bei einem Durchschnitt von 3,1 Kindern.

Die Migrationsbeauftragte der Bundesregierung, Staatsministerin Aydan Özoguz, legte mit dem 10. Bericht zur Lage der Migration in Deutschland vom 29.10.2014 Fakten vor. Jeder fünfte Erwachsene und jeder dritte Jugendliche hat in Deutschland einen Migrationshintergrund.

Waren es 2005 noch 1,3 Millionen Migranten, so leben 2014 bereits 16,3 Millionen Migranten in Deutschland. Das entspricht einer Steigerung um das 12,5 fache in nur 9 Jahren. Allein 2013 sind mehr als 437.000 Menschen nach Deutschland einge-

** „Die Welt" (N24) vom 23.06.2015

wandert. Ihrem Lagebericht zufolge stellt der Islam die größte Gruppe fremder Religionsgemeinschaften in Deutschland.

Das heißt, es lebten bereits 2014 etwa 4,3 Millionen gläubige Muslime in Deutschland, in 2350 Moscheegemeinden (Stand: 2014). In vielen Bundesländern gibt es bereits flächendeckend Koran - Unterricht an den Schulen. Die Stadtstaaten Hamburg und Bremen haben die islamischen Feiertage in ihre gesetzliche Feiertagsordnung aufgenommen.

Entschuldigung, da habe ich etwas nicht verstanden: Frau Özoguz legt in ihrem Bericht großen Wert auf eine Verbesserung des Schutzes der Emigranten vor Diskriminierung und fremdenfeindlichen Übergriffen? Das wünschen wir uns auch! Der „Normalbürger wäre der Strafverfolgung ausgesetzt, wenn er einen Juden öffentlich als einen verächtlichen Affen oder als ein Schwein bezeichnen würde. = Sure 2:65 / Sure 5:60 / Sure 7:166. In weit über hunderten Koranversen wird außerdem zu Hass und Totschlag gegen die sogenannten „Kuffar" (islamischer Name für Ungläubige, also Nichtmuslime) aufgerufen. Würde ein Deutscher ein Buch wie den Koran schreiben, wäre er längst im Visier des Verfassungsschutzes wegen Verbreitung volksverhetzenden Gedankengutes.

Dass dies kein Spaß ist, zeigt uns der islamische Staat,Boko Haram, Al Kaida, Hamas, Taliban, Al - Nusra, Hisbollah, Abu Sayyaf und viele andere islamische Gruppen, die den Koran, und damit auch dessen Aufruf zum Djihad und der Tötung der Nichtmuslime, ernst nehmen.

Der Koran, ein Buch voller Widersprüche. Heißt es an einer Stelle, dass Christen in Ordnung sind, weil sie einen einzigen Gott lieben = Sure 2,62; 3,113-114, so steht dem gegenüber, dass gegen die, die Unrecht tun (das sind Menschen, die nicht an Allah glauben = Sure 3,114), zu kämpfen sei, <u>bis die Religion allein Allah gehört</u> = Sure 3,193 oder dass Christen sich entweder bekehren, Kopf-Steuern zahlen oder <u>durch das Schwert</u> sterben müssen = Sure 9,29.

Werden diese Verse beim Koran-Unterricht an unseren Schulen ausgeklammert? Oder reicht es schon aus, wenn zum Schutz vor Diskriminierung, die Kreuze weiterhin aus den Klassenzimmern verschwinden?
113 der 114 Suren beginnen mit Worten: „Allah, dem Allerbarmer und Barmherzigen". Die Allerbarmung und Barmherzigkeit bezieht sich jedoch nur auf gläubige Moslems.
„Mohammed ist der Gesandte Gottes. Und diejenigen, die mit ihm gläubig sind, sind <u>den Ungläubigen gegenüber heftig</u>, unter sich aber mitfühlend" = Sure 48 : 29.
Ihre Saat der Terrorangst regiert schon jetzt die Welt. Meinungsfreiheit und Demonstrationsrecht, und damit ein Wesenszug der westlichen Staatsordnungen, unterliegen beim Abwägen gegenüber der Angst vor Terrordrohungen. Ein bekannter Supermarkt-Discounter zog aus Angst vor Terror ein Seifenprodukt aus seinen Märkten zurück, weil auf dem Etikett im Hintergrund eine Moschee zu sehen war, was den Unmut einiger Islamisten erregte.

Zwischenspiel

Als Satan im Paradies Eva verführte, sagte er:

"Gott weiß, dass welches Tages ihr davon esst, eure Augen aufgetan werden und ihr sein werdet wie Gott, erkennend Gutes und Böses."   *(1. Mose 3, 5)*

Damit hat er sogar Zugeständnisse an die Wahrheit gemacht. Allah, der Gott, der im Koran geoffenbart wird, ist kein liebender Vater. Es heißt dort:
„er verlange danach, Menschen in die Irre zu führen"
= Sure 6, 39; 126
„Er hilft denen nicht, die von ihm in die Irre geführt werden"
= Sure 30, 29
Und sein Zugeständnis an die Wahrheit bleibt auch im Koran nicht verborgen, wenn es dort heißt:
„er verlangt danach, mit Ihnen die Hölle zu bevölkern"
= Sure 32,13
Allah verflucht das Kreuz Jesu Christi, behauptet, Jesus sei nicht gekreuzigt worden
= Koran, Sure 4,157
Er leugnet die Gottessohnschaft Jesu = Sure 72,3
Er bestreitet die Drei-Einigkeit Gottes = Sure 4,171
eine unverzichtbare Kernaussage christlichen Glaubens.
Allah bezeichnet sich als der Listigste = Sure 3,54 und Sure 8,31, eine Eigenschaft, die in der Bibel nur dem Satan zukommt.
(1. Mose 3, 1; Eph. 6, 11).
Mehr als 20 Kampf- und Tötungsverse im Koran gegen die Wesen, und nicht zuletzt, die von Allah erlaubte Lüge

gegenüber Ungläubigen, die Taqiya = Sure 3,28 und Sure 16,106, Ungläubigen, besonders gegen Juden und Christen. Neun judenhassende Verse, Unterdrückung der Frau als minderwertiges bestätigen, dass es sich beim Islam um „die" antichristliche Ideologie handelt.

Vor wenigen Tagen erst hat eine zum Christentum konvertierte Iranerin auf Facebook folgenden Beitrag gepostet:

„Ihr alle braucht einen Grundkurs für den Islam. Viele von Euch haben kein ausreichendes Wissen über diese Religion". Ihr seid zu schnell bereit, die „Seiten" zu wechseln, wenn einer mit gut klingenden Argumenten kommt. Ich bin eine iranische Christin und seit über 36 Jahren in Deutschland. Mittlerweile lebe ich in der Schweiz, weil sie mir politisch stabiler erschien. Aber ich muss feststellen, dass es auch hier sehr viel Dummheit und Naivität in Bezug auf den Islam gibt. Ich kenne den Islam aus nächster Nähe. Ich bin nach dem Sturz des Schahs Mohammed Reza Pahlavi vor dem Islam nach Deutschland geflohen.

Ich habe hier studiert, geheiratet und Kinder bekommen. Ich habe mich vollständig integriert und mich den Regeln des Gastlandes angepasst. Das war und ist für mich immer eine Frage des Respekts und Anstands gewesen! Der „gläubige" Moslem kann das nur sehr schwer, denn es würde bedeuten, sich unterzuordnen. Das aber verbietet ihm seine Religion. Er kann aber so tun, als ob, denn das erlaubt ihm die Taqiya. Der Islam kommt nicht nach Europa um zu bereichern, sondern um zu erobern!

Zwischenspiel

Das ist auch einer der Gründe, weshalb überwiegend junge Männer im kampffähigen Alter kommen. Der Moslem glaubt, ihm gehöre die ganze Welt. Das hat ihnen Mohammed so versprochen. Dabei ist es dem Moslem erlaubt, alle Andersdenkenden zu ermorden. Das ist Islam – legitimes Wissen und Praxis.

Der Islam hat dem Westen den Krieg erklärt – hier hat es nur noch keiner wirklich vernommen! Zur Erklärung: Schauen Sie sich bitte den Koran und die Geschichte des Islam an. Ich habe als Iranerin Zugang zu Moscheen und höre dort immer wieder erschreckende Dinge, die definitiv nicht grundgesetzkonform sind.

Dort wird gepredigt, dass die Welt NUR Allah und NUR seinen Gläubigen gehört. Dieses Recht sollen Muslime einfordern, auch mit Gewalt. Das ist deren einziger Antrieb im Leben. Den verfolgen sie geradezu fanatisch (wie man ja überall gut sehen kann)! Im Islam hat man jedoch heute erkannt, dass eine kriegerische Eroberung des Westens nicht mehr möglich ist. Es fehlt ganz einfach die militärische Stärke. Daher hat man sich auf „friedliche" Invasion verlegt. Ich war als Iranerin unerkannt schon in vielen Moscheen, und habe immer wieder radikale imperialistische Töne gehört. So sollen sich die Muslime in fremde Länder begeben, sich dort ruhig und friedlich verhalten, sich reichlich vermehren, und auf den Tag Allahs warten.

Und nun schauen Sie sich die Geschichte der 57 islamischen

Länder auf der Welt an. Ein Teil wurde kriegerisch erobert, aber ein nicht geringer Teil wurde durch Verdrängung in Besitz genommen. Die Taktik ist immer die gleiche: Einwandern, ruhig verhalten, sich vermehren, Moscheen bauen, Islamverbände gründen, in die Politik gehen und Übernahme.

Soweit der Brief einer iranischen Christin.

*Wie sieht es denn mit der Islamisierung in anderen europäischen Ländern aus?

Frankreich: 30% der Einwohner unter 20 sind islamisch. Im Jahre 2027 wird jeder fünfte Franzose ein Islamist sein. Im jahre 2048 ist Frankreich rein rechnerisch eine islamische Republik.

Niederlande: 50% der Neugeborenen sind moslemisch. 2028 wird die Hälfte der niederländischen Bevölkerung moslemisch sein. Sie sind dort bereits im Parlament vertreten.

Belgien: Zur Zeit sind hier 25 % der Bevölkerung und 50% aller Neugeborenen Moslems. Gemäß der belgischen Regierung werden im Jahr 2025 ein Drittel aller europäischen Kinder in einer moslemischen Familie aufwachsen.

Russland: 23 Miliionen Moslems, das ist bereits jetzt jeder fünfte Einwohner. In wenigen Jahren werden 40% der gesamten russischen Armee islamisch sein.

* Auszüge aus "SOS Abendland" von Udo Ulfkotte, Kopp Verlag

<u>Deutschland</u>: Im Jahre 2065 wird Deutschland eine islamische Republik sein.*

Das interessante an diesen Zahlen ist jedoch, dass es sich dabei um eine Hochrechnung aus der Zeit vor der sogenannten Flüchtlingskrise handelt.
In den Jahren 2015 und 2016 sind, zusammen genommen, noch einmal ca. 1,1 Millionen Asylsuchende nach Deutschland gekommen. Der überwiegende Teil ist moslemisch. Begriffe wie Wirtschaftswachstum, Brutto-Sozialprodukt und Fachkräftemangel verschleiern jedoch, ebenso wie die Worthülse einer „angeblichen" Islamisierung, eine ehrliche Information. Schade, so wird die Chance, auf die Zusammenhänge mit den biblischen Vorhersagen hinzuweisen, heruntergespielt.

Unerschrockene Christen werden mundtot gemacht, indem man sie in die rechte Ecke, an den Pranger der Intoleranz stellt oder sie als Verschwörungstheoretiker bezeichnet.

Die Politik und der Durchschnittsbürger halten stattdessen lieber eine Organisation für christlich, deren Papst Johannes Paul der II. in der Omajaden-Moschee in Damaskus den Koran küsst (2001). Eine Kirche, fehlgeleitet wie der Islam selbst. Sie halten es für ein Zeichen der Ökumene, wenn sich die katholische Kirche mit der evangelischen Kirche zusammen schließt, um zur Erweiterung der Fatih-Moschee in Pforzheim den Kronleuchter zu stiften und signalisieren damit dem gläubigen Christen, dass wir alle ja nur einen Gott hätten. Sie erinnern sich? Allah hat keinen Sohn! Sie halten es für christlich, wenn der Rats-Vorsitzende der "EKD" (evangelischen Kirche Deutschland), sich aktiv ins Islam-Forum einbringt und dabei mithilft, den Koran zu verbreiten und im gleichen Atemzug das Kreuz verleugnet, indem er es beim Besuch des Tempelberges in Jerusalem, auf Wunsch seiner islamischen Gastgeber, ablegt.

Sie halten es für christlich, wenn die Kirche segnet, was Gott in seinem Wort, der Bibel, längst verworfen hat. Und woran liegt das? Es liegt daran, dass selbst die meißten Christen, oder besser gesagt, die meißten Namens-Christen, etwas nicht zu wissen scheinen, nämlich: "Ein Christ ist nicht christlich. Ein Christ ist biblisch! Ein Christ gehört keiner Religion an, er gehört einer Person an, Jesus Christus!"

Bis jetzt ist alles eingetreten, was die Bibel vorhergesagt hat. Das heißt, dass auch der Rest eintreffen wird. Gott gibt...

„Und in den Tagen dieser Könige wird der Gott des Himmels ein Königreich aufrichten, welches ewiglich nicht zerstört, und dessen Herrschaft keinem anderen Volke überlassen werden wird; es wird alle jene Königreiche zermalmen und vernichten, selbst aber ewiglich bestehen."   (Dan. 2, 44)

Demonstrationen gegen die schleichende Islamisierung in Deutschland und ausländerfeindliche Parolen zeigen eher, wie wenig Wissen um die Zusammenhänge besteht. Sie wirken auf mich wie der Versuch von Herodes, den Plan Gottes mit einem Massenmord an den Kindern Bethlehems durchkreuzen zu wollen. Zumal es ohnehin um die Islamisierung der Welt geht und nicht um die Islamisierung Deutschlands. Warnenden Stimmen wird bestenfalls vorgeworfen, Angst zu schüren.

Dabei gibt es nur einen Weg, dem Dilemma zu entkommen, das ist die Flucht in die Arme von Jesus Christus, die ausgebreitet dort am Kreuz auf jeden Menschen warten, der sich retten lassen möchte. *„Er ist der Weg, die Wahrheit und das Leben!"*

Wir Christen sollten uns eher freuen, denn wir sehen, dass die Vorbereitungen für das Reich Christi auf Hochtouren laufen. Und das lässt unsere Entrückung immer näher kommen. So gesehen hat der Islam durchaus seinen Platz in der Menschheitsgeschichte.

Im Danielbuch lesen wir von den Ereignissen um das kleine Horn, dem Antichristen. Es wird ihm gelingen, die Weltherrschaft zu erreichen. Es wird eine gottlose Herrschaft sein. Übrigens, der Islamische Staat hat sich am 02. November 2014 mit der Terrororganisation Al Kaida verbündet und zum Widerstand gegen die Kreuzfahrer Nationen aufgerufen.

Ein Kampfspruch der Hamas lautet: Am Sabbat töten wir die Juden und am Sonntag die Christen.

„1 Geliebte, glaubt nicht jedem Geiste, sondern prüft die Geister, ob sie aus Gott sind; denn viele <u>falsche Propheten</u> sind in die Welt ausgegangen. 2 <u>Hieran erkennt ihr den Geist Gottes:</u> Jeder Geist, der Jesus Christus im Fleisch gekommen bekennt, ist aus Gott; 3 <u>und jeder Geist, der nicht Jesus Christus im Fleisch gekommen bekennt, ist nicht aus Gott; und dies ist der Geist des Antichristen,</u>

* L. Schneider, Journalist und Gründer von Israel Heute TV 08/09

von welchem ihr gehört habt, dass er komme, und jetzt ist er schon in der Welt."   *(1. Joh. 4, 1-3)*

„...Und deshalb sendet ihnen Gott eine wirksame Kraft des Irrwahns, dass sie der Lüge glauben,"   *(2. Thess. 2, 11)*

[ca. 600 Jahre später schreibt Mohammed]:
„Allah hat keinen Sohn" = Sure 10 : 68-70

Die Bibel lässt offen, ob der Diktator aus der großen Trübsal durch Waffengewalt zur Weltherrschaft kommen wird, oder durch eine Geburtenrate von 3,1 Kindern pro Familie.

So wie Adam damals im Paradies die Ordnungen Gottes zu gunsten seiner Frau außer Kraft gesetzt hat, so machen wir es in unserer westlichen Welt auch. Wir machen unseren Frauen den Chefsessel bequem, anstatt ihnen ein sinnerfülltes Leben als Mutter zu ermöglichen. Wir setzen die Ordnung Gottes außer Kraft, und segnen, was Gott „dahin gegeben" hat, auch dann, wenn es mit seiner Anordnung zu Wachstum und Vermehrung nicht vereinbar ist, siehe *Römer 1, 28 ff*. Die Welt kommt in Bewegung und zwar so, wie es die Bibel für die letzte Zeit vorher sagt.

"29 Aber so wie damals der nach dem Fleisch Geborene (Ismael) *den nach dem Geiste Geborenen* (Isaak) *verfolgte, also auch jetzt. 30 Aber was sagt die Schrift? „Stoß hinaus die Magd* (Hagar {steht für Gesetz}) *und ihren Sohn* (den Islam)*, denn der Sohn der Magd soll nicht erben mit dem Sohne der Freien* (Gnade durch Jesus)

Zwischenspiel

31 Also, Brüder, sind wir nicht Kinder der Magd, sondern der Freien (Sara)."

(Galater 4, 29-31)

Liebe Leser, ich möchte nicht, dass der Eindruck entsteht, ich könnte persönlich gegen die Menschen gerichtet sein, die den Islam als ihre Überzeugung leben. Das sei Ferne!

Jesus Christus hat für alle Menschen ihre Sündenschuld bezahlt, dort am Kreuz und auch das aus lauter Liebe. Er hat sein Milieu, die Herrlichkeit beim Vater verlassen, um allen Menschen die Rettung anbieten zu können.

„Denn also hat Gott die Welt geliebt, dass er seinen eingeborenen Sohn gab, auf dass jeder, der an ihn glaubt, nicht verloren gehe, sondern ewiges Leben habe."

(Joh. 3, 16)

Was für ein gewaltiges Wort, das Gott hier an alle Menschen richtet! Und dann ist da noch Paulus, der speziell uns Christen ein ähnlich gewaltiges Wort zuruft:

„Seid nun Nachahmer Gottes, als geliebte Kinder, 2 und wandelt in Liebe, gleichwie auch der Christus uns geliebt und sich selbst für uns hingegeben hat als Darbringung und Schlachtopfer, Gott zu einem duftenden Wohlgeruch."

(Eph. 5, 1)

Obwohl die ganze Schöpfung und der Verlauf der Menscheits-geschichte, jeden Menschen neugierig auf den Schöpfer machen sollte, hat Jesus nicht gewartet, bis die Menschen mit Fragen zu ihm kamen. Nein, er ist nicht in seiner Herrlichkeit geblieben:

"6 welcher, da er in Gestalt Gottes war, es nicht für einen Raub achtete, Gott gleich zu sein 7 sondern sich selbst zu nichts machte und Knechtsgestalt annahm, indem er in Gleichheit der Menschen geworden ist, 8 und, in seiner Gestalt wie ein Mensch erfunden, sich selbst erniedrigte, indem er gehorsam ward bis zum Tode, ja, zum Tode am Kreuze."   (Philipper 2, 6 - 8)

Sind wir noch Nachahmer Gottes, wenn wir es uns in unserem christlichen Milieu gemütlich einrichten, und uns nur noch um uns selbst drehen? Oder versuchen wir es wenigstens, die Menschen zu überreden, sich für Jesus Christus und das ewige Leben zu entscheiden, weil wir wissen, was auf die Menschheit zukommt?

"Da wir nun den Schrecken des Herrn kennen, so überreden wir die Menschen..."   (2. Kor. 5, 11)

"So sind wir nun Gesandte für Christum, als ob Gott durch uns ermahnte; wir bitten an Christi Statt: Laßt euch versöhnen mit Gott !"   (2. Kor. 5, 20)

Das jedoch muss jeder Christ für sich selbst entscheiden. Doch bedenke, wenn Gott Dir aufs Herz legt, einen Moslem vom Christentum zu überzeugen, dann stelle dich nicht über Ihn. Wir haben in dem Brief der iranischen Schwester gelesen, dass der Islam verbietet, sich unter zu ordnen.

"Kämpft gegen die jenigen, die nicht an Allah und nicht an den jüngsten Tag glauben und nicht verbieten, was Allah und sein Gesandter verboten haben und nicht die Religion der Wahrheit

befolgen, von denjenigen, denen die Schrift gegeben wurde, bis sie den Tribut aus der Hand entrichten und gefügig sind."
= Sure 9 : 29

Hier haben wir es mit einem Befehl zum Kampf zu tun. Der Kampf soll gegen diejenigen gerichtet sein, denen die Schrift gegeben wurde, also gegen Juden und gegen uns Christen, bis wir ihnen Tribut zahlen und gefügig sind. <u>Wir</u> müssen <u>unsere</u> Unterlegenheit anerkennen und den Status als zweitklassiger Mensch akzeptieren, als solche, die nicht die gleichen Rechte haben, wie die Moslems, nicht einmal das Recht auf Leben. Deshalb brauchen wir ihren Schutz, den sie uns gegen Schutzgeldzahlungen, die „Djizya" (Kopfsteuer) gewähren.

Das einzige, was wir machen können ist, dass wir sie zum Nachdenken bringen, damit sie selbst ihre Religion erkennen, in der sie versklavt sind.

So sagt der Koran unter Anderem:
Die Thora und das Evangelium sind Mose und Jesus von Gott gegeben worden; diese Heiligen Schriften sind Führung, Gnade, Licht und Ermahnung für die Völker = Sure 29 : 27
(Sure bedeutet übrigens Eingebung.)

und:

„Und so sollen die Leute des Evangeliums nach dem walten, was Allah darin herabgesandt hat. Wer nicht nach dem waltet, was Allah (als Offenbarung) herabgesandt hat, das sind die Frevler."
= Sure 5 : 47

Der Koran selbst sagt über die fünf Bücher Mose und das Evangelium, dass es heilige Schriften sind, gut zur Führung, Gnade, Licht und Ermahnung, und dass wir, die wir das Evangelium haben, danach walten sollen. Walten, heißt danach handeln, danach entscheiden, danach Leben. Wenn wir nicht nach dem Evangelium leben, dann seien wir Frevler.

Doch wie soll das gehen, wenn wir nach Prüfung des Evangeliums feststellen müssen, das Jesus Christus, am Kreuz, stellvertretend für alle Sünder, gestorben ist, während der Koran das Gegenteil behauptet? So geht der Moslem davon aus, dass Allah so gut sei im Austricksen von Menschen, dass er jemanden Anderen, hat so aussehen lassen wie Jesus, der dann an Jesu Stelle gekreuzigt worden sei.

"...Aber sie haben ihn weder getötet noch gekreuzigt, sondern es erschien ihnen nur so. Und diejenigen, die sich darüber uneinig sind, befinden sich wahrlich im Zweifel darüber. Sie haben kein Wissen darüber, außer dass sie Mutmaßungen folgen. Und sie haben ihn mit Gewissheit nicht getötet."
= Sure 4 : 157

Wenn wir einen Moslem bitten, uns diese Widersprüchlichkeit zu erklären, dann werden wir feststellen, dass sie in der Regel garnicht wissen, was im Evangelium steht. Eine gute Gelegenheit also, ihnen ein Neues Testament zu schenken. Warum sollten sie nicht auch Führung, Gnade, Licht und Ermahnung erfahren, denn laut dem Koran, hat ja angeblich Allah das Evangelium genau dafür herabgesandt (Sure 5 : 47).

Zwischenspiel

Es gibt viele Widersprüchlichkeiten im Koran, die aber so sehr in den Korangläubigen verfestigt sind, dass sie sich vollständig mit dem Koran identifizieren. Man möchte sich wünschen, dass die Bibel die gleiche Wirkung auf die Christen haben möge.

Es gibt zu diesem Thema inzwischen gute Literatur, die dazu geeignet ist, Anleitung zur Evangelisation unter Moslimen zu sein. *

Auch wenn alle diese Fragen zum Islam ihre Berrechtigung haben und auch in einem engen Zusammenhang mit den Prophetien im Danielbuch zu stehen scheinen, möchte ich doch gerne aus diesem Zwischenspiel heraus kommen und mich meinem Kernthema wieder zuwenden.

Auf einen wichtigen Zusammenhang möchte ich allerdings gerne noch hinweisen.

Als Mohammed seine Religion begründete schaffte er alle, rund 360 arabischen Stammesgötter, ab - bis auf einen. Den "Gott vom schwarzen Stein." Dieser Stein steht übrigens in Mekka, die "Kaba" und ist die wichtigste Pilgerstäte der Moslems. Dieser Gott war ein Mondgott und hatte der Überlieferung nach, drei Töchter. Zunächst erlaubte Mohammed, dass diese drei Töchter verehrt werden durften. Später erklärte er aber in der Sure 53, dass die Verehrung der Töchter dieses Mondgottes auf Grund einer satanischen Eingebungen, erfolgt sei und verbot sie nun.

Die Bibel spricht in der Offenarung 2 Vers 17, von einem weißen Stein, den die Überwinder aus der Hand Jesu empfangen sollen.

* Christus für Moslime von Francesco Maggio (CLV)

Dieer weiße Stein soll uns an Gerichtsverhandlungen in der Antike erinnern, in denen jemand, der unschuldig gesprchen wurde, einen weißen Stein erhielt. Der Schuldig verurteilte jedoch erhielt einen schwarzen Stein.

Vom Krieg zwischen schwarz und weiß, zwischen Finsternis und Licht, zwischen dem dem Mondgott der Babylonier und dem Gott der Bibel habe wir im Danielbuch schon gelesen, damals, in dem Kapitel von Daniels Freunden, die in den Feuerofen geworfen wurden. Dieser Krieg ist bis Heute noch nicht vorbei. Übrigens, der Halbmond, ein Zeichen für die Verehrung des Mondgottes, findet sich Heute noch auf vielen Nationalflagen des nahen Ostens. Allen voran die Türkei.

Ein Déjà - vu für Israel ?   **Daniel 8,** 1

Kapitel 8

1 **Im dritten Jahre der Regierung des Königs Belsazar erschien mir, Daniel, ein Gesicht, nach demjenigen, welches mir im Anfang erschienen war.**

551 v. Chr., also nach einer Pause von etwa zwei Jahren, erhält Daniel wieder eine Vision. Und man muss schon sehr aufpassen, will man es nicht mit der Vision verwechseln, die wir im letzten Kapitel betrachten durften. Während das kleine Horn im vorigen

Kapitel aus dem vierten Tier entsprang, geht es in dieser Vision um ein kleines Horn, das aus dem dritten Tier hervorkommt. Die Ereignisse sind also früher ein zu ordnen. Genau, es geht um die Herrschaft Griechenlands.

Daniel bekommt zunächst eine schwere Zeit gezeigt unter der Herrschaft eines Diktators aus einer Zeit vor der Geburt Jesu. Eine Zeit, wie sie sich als „große Trübsal" der letzten Tage für sein Volk (und die Nationen) wiederholen wird, bevor Jesus zurück kommt, um sein Reich aufzurichten.

2 Und ich sah im Gesicht; und es geschah, als ich sah, da war ich in der Burg Susa, welche in der Landschaft Elam ist; und ich sah im Gesicht, und ich war am Flusse Ulai.

Daniel befindet sich in seiner Vision ca. 300 km östlich von Babylon, in der Burg Susa am Fluss Ulai. 100 Jahre später wird Nehemia hier der Mundschenk des Königs Artaxerxes sein und Esther wird hier den größten Teil ihres Lebens verbringen.

3 Und ich erhob meine Augen und sah: und siehe, ein Widder stand vor dem Flusse, der hatte zwei Hörner; und die zwei Hörner waren hoch, und das eine war höher als das andere, und das höhere stieg zuletzt empor.

Man kann davon ausgehen, dass die Bilder, die Daniel in dieser Vision gezeigt bekommt, eine Art Vorspann sind, die zum Hauptgeschehen leiten sollen, da es sich ja eher um eine Wiederholung handelt. Das meisten Zusammenhänge kannte Daniel ja schon aus seiner ersten Vision und nicht zu vergessen, auch aus Nebukadnezars Traum.

Er sieht einen Widder, mit zwei unterschiedlich großen Hörnern? Zwei unterschiedliche Kräfteverhältnisse? Das erinnert doch an den Bären, der auf einer Seite größer war als auf der anderen.

4 Ich sah den Widder nach Westen und nach Norden und nach Süden stoßen, und kein Tier konnte vor ihm bestehen, und niemand rettete aus seiner Hand; und er handelte nach seinem Gutdünken und wurde groß.

Wieder wird hier das Reich Medo-Persiens beschrieben, wie es sich von Osten her ausdehnt. Daniel empfängt diese Vision im dritten Regierungsjahr des Belsazar.

Die Nacht, in der Babylonien von Medo-Persien erobert werden sollte, ist hier also noch 12 Jahre entfernt.

5 Und während ich achtgab, siehe, da kam ein Ziegenbock von Westen her über die ganze Erde, und er berührte die Erde nicht; und der Bock hatte ein ansehnliches Horn zwischen seinen Augen.

Ob nun ein flinker Leopard mit vier Flügeln oder, wie hier, ein Ziegenbock, der so schnell ist, dass er beim Rennen nicht einmal den Erdboden berührt. Klar, das kann nur Alexander der Große sein. Und tatsächlich ist er in der weiteren Beschreibung auch gut zu erkennen. Was immer sich ihm auch in den Weg stellte, nichts schien ihn aufhalten zu können.

6 Und er kam bis zu dem Widder mit den zwei Hörnern, welchen ich vor dem Flusse hatte stehen sehen; und er rannte

ihn an im Grimm seiner Kraft. 7 Und ich sah ihn bei dem Widder anlangen, und er erbitterte sich gegen ihn, und er stieß den Widder und zerbrach seine beiden Hörner; und in dem Widder war keine Kraft, um vor ihm zu bestehen. Und er warf ihn zu Boden und zertrat ihn, und niemand rettete den Widder aus seiner Hand.

Das griechische Reich sollte Medo-Persien ablösen. [217 Jahre nach dieser Vorhersage eingetroffen].

8 Und der Ziegenbock wurde groß über die Maßen; und als er stark geworden war, zerbrach das große Horn, und vier ansehnliche Hörner wuchsen an seiner Statt nach den vier Winden des Himmels hin.

Das stattliche Horn des Ziegenbocks zerbrach. Alexander der Große starb und seine vier Generäle teilten das Land unter sich auf. [Das geschah 228 Jahre nach dieser Vorhersage]. Einer dieser Generäle war Seleukos.

9 Und aus dem einen von ihnen kam ein kleines Horn hervor; und es wurde ausnehmend groß gegen Süden und gegen Osten und gegen die Zierde.

Der achte König dieser Seleukiden-Dynastie, „Antiochus IV Epiphanes", der im Volksmund auch den Namen Epimanes, „der Wahnsinnige" trug, bezeichnete sich selbst als „theos", Gott. Epiphanes heißt: „erschienener Gott". Daniel sieht, wie er sich nach Süden, Norden und nach Israel, „dem Land der Zierde", ausdehnte. Er galt als einer der größten Könige seiner Zeit und lässt sich sehr leicht einreihen in die Liga anderer Judenhasser.

10 Und es wurde groß bis zum Heere des Himmels, und es warf von dem Heere und von den Sternen zur Erde nieder und zertrat sie.

Er verfolgte das Volk Gottes und tötete Hunderttausende. Im Tempel ließ er eine Zeus-Statue aufstellen und opferte auf dem Altar Schweine und deren Blut. Er verbot den Juden jeglichen Dienst im Tempel, die Beschneidung und das mosaische Gesetz. Retten konnte sich nur, wer zum Heidentum konvertierte.

11 Selbst bis zu dem Fürsten des Heeres tat es groß; und es nahm ihm das beständige Opfer weg, und die Stätte seines Heiligtums wurde niedergeworfen.

Auch vor Gott selbst machte sein Frevel nicht Halt, indem er für sich selbst die Autorität und Anbetung verlangte, die allein Gott zusteht.

12 Und das Heer wurde dahin gegeben samt dem beständigen Opfer, um des Frevels willen. Und es warf die Wahrheit zu Boden und handelte und hatte Gelingen.

Er verfolgte die Juden, verdrehte die Wahrheit und verbot die Ausübung der jüdischen Religion.

13 Und ich hörte einen Heiligen reden; und ein Heiliger sprach zu jenem, welcher redete: Bis wann geht das Gesicht von dem beständigen Opfer und von dem verwüstenden Frevel, da sowohl das Heiligtum als auch das Heer zur Zertretung

hingegeben ist?

Daniel hört, wie ein Engel einen anderen Engel etwas fragt und es scheint, als redeten sie über eine Frage, die Daniel auf dem Herzen hat, denn er bekommt die Antwort auf seine unausgesprochene Frage: „Wie lange wird das dauern"?

14 Und er sprach zu mir: Bis zu zweitausend dreihundert Abenden und Morgen; dann wird das Heiligtum gerechtfertigt werden.

Damit kommen wir zu einem der schwierigsten Verse in diesem Kapitel. Oft lesen wir in Kommentaren, dass hier 2300 Tage stünden. Tut es aber nicht. Auch die Variante, grundsätzlich von 2300 Jahren auszugehen, ist vertreten. Dafür gibt es aber keinerlei Bestätigung in der Bibel, so wie z. B. bei „eine Zeit, zwei Zeiten und eine halbe Zeit". Wir können also nicht davon ausgehen dass es Jahre sind und uns eine Geschichte drumherum basteln. Nein, wir müssen lesen, was dort steht.

Die Rede ist vom beständigen Opfer, das sowohl an den Abenden als auch morgens durchgeführt wurde. Damit können wir es in Tage fassen. Zwei Opfer täglich bei 2300 Opfern, einmal abends und einmal morgens, das sind 1150 ganz reale Tage und damit eine Zeitspanne von 3 Jahren und 70 Tagen. Das stimmt mit der Zeit überein, in der die Geschichtsbücher auf das Unwesen von Antiochus Epiphanes in Jerusalem hinweisen.

Vom Beginn der Tempelentweihung am 25. Kislew (9. Monat) 168 v. Chr. [384 Jahre nach dieser Vorhersage eingetroffen], bis

bis zum 16. 12. 164 v. Chr., als das Heiligtum im Tempel durch Judas Makkabäus gesäubert und für Gott wieder eingeweiht (gerechtfertigt) wurde. [387 Jahre nach dieser Vorhersage eingetroffen]
Seither feiern die Juden an diesem Tag das Chanukka Fest, das Einweihungs- oder Lichterfest. Und das sollten wir dem Volke Gottes zugute halten: wenn jemand seine Geschichte kennt, dann sind es die Juden.

15 Und es geschah, als ich, Daniel, das Gesicht sah, da suchte ich Verständnis darüber; und siehe, da stand vor mir wie die Gestalt eines Mannes. 16 Und ich hörte eine Menschenstimme zwischen den Ufern des Ulai, welche rief und sprach: Gabriel, gib diesem das Gesicht zu verstehen!

Vor Gott und seinen Engeln kann man nichts verbergen. Auch nicht, wenn man etwas noch nicht verstanden hat. Deshalb bekommt Gabriel die Aufgabe, dem nach Verständnis suchenden Daniel, die Vision zu erklären.

17 Und er trat an den Ort, wo ich stand; und als er herzu trat, erschrak ich und fiel nieder auf mein Angesicht. Und er sprach zu mir: Merke auf, Menschensohn! Denn das Gesicht geht auf die Zeit des Endes.18 Und als er mit mir redete, sank ich betäubt auf mein Angesicht zur Erde. Er aber rührte mich an und stellte mich auf meinen früheren Standort.

Daniel war ein gottesfürchtiger Mann, durch und durch im Gebet mit Gott verbunden. Im Vertrauen zu Gott hatte er auch schon erlebt, wie real Gott ist. Trotzdem lässt ihn der Kontakt mit den

Engeln in Ohnmacht fallen.

Wahrscheinlich ist „Heiligkeit" ein Zustand, dem wir nur in der Theorie oder „im Herrlichkeitsleib" standzuhalten vermögen.

„Pass gut auf!" bekommt er gesagt, „denn das Gesicht geht auf die Zeit des Endes."

19 Und er sprach: Siehe, ich will dir kundtun, was in der letzten Zeit des Zornes geschehen wird; denn es geht auf die bestimmte Zeit des Endes.

Über die zum Ende der Zeit bestimmte Zeit, erfahren wir mehr in der Offenbarung. Auch über diese Zeit, in der Gott seinen Zorn (Zornschalen) ausgießen lässt. Der Engel Gabriel möchte Daniel und uns auf Ereignisse hinweisen, die sich in jener Zeit des Endes wiederholen werden. Eine Zeit, die sowohl für Daniel, als auch für uns noch in der Zukunft liegen. Die beteiligten Personen werden andere sein, die treibende, satanische Kraft ist die gleiche.

20 Der Widder mit den zwei Hörnern, welchen du gesehen hast, sind die Könige von Medien und Persien. 21 Und der zottige Ziegenbock ist der König von Griechenland; und das große Horn, das zwischen seinen Augen war, ist der erste König. 22 Und dass es zerbrach und vier an seiner Statt aufkamen: vier Königreiche werden aus dieser Nation aufstehen, aber nicht mit seiner Macht.

Er zeigt noch einmal auf Medo-Persien. [217 Jahre nach dieser Vorhersage eingetroffen].

Danach zeigt er auf Griechenland, den Tod Alexander des

Großen und die Teilung Griechenlands. [228 Jahre nach dieser Vorhersage eingetroffen].

23 Und am Ende ihres Königtums, wenn die Frevler das Maß voll gemacht haben werden, wird ein König aufstehen, frechen Angesichts und der Ränke kundig.

Gabriel beschreibt das Geschehen um Antiochus IV Epiphanes (siehe auch Kapitel 11), mit dem auch der Charakter des Antichristen beschrieben wird. Auf diese Weise wechselt unbemerkt der Schauplatz auf „die letzte Zeit", in der der Zorn Gottes ausgegossen wird. Damit können wir quasi auf zwei Schauplätze gleichzeitig sehen.

24 Und seine Macht wird stark sein, aber nicht durch seine eigene Macht; und er wird erstaunliches Verderben anrichten, und Gelingen haben und handeln; und er wird Starke und das Volk der Heiligen verderben. 25 Und durch seine Klugheit wird der Trug in seiner Hand gelingen; und er wird in seinem Herzen großtun und unversehens viele verderben.

Jemand mit dem Charakter eines Antiochus IV Epiphanes, wird zur Zeit des Endes auf der Weltbühne erscheinen doch seine Macht von niemand anderem erhalten, als von Satan selbst. Er, der Ränkeschmieder und Frevler persönlich, steht hinter allem Verderben, Verdrehen und Zerstören.

25 Und gegen den Fürsten der Fürsten wird er sich auflehnen,...

Während wir bei Antiochus schon erkannt hatten, dass er sich gegen den Fürsten des Heeres auflehnen wird, gegen den Gott Israels, *(Dan. 8, 11 / Hier: Seite 169)* handelt es sich bei dem Titel „Fürst der Fürsten" *(Off. 19, 16:* „König der Könige, Herr der Herren"), um *Jesus Christus.* Der Antichrist glaubt, sich gegen Jesus Christus auflehnen zu können.

...aber ohne Menschenhand zerschmettert werden.

Während Antiochus 164 v. Chr. bei einem misslungenen Feldzug in Persien geisteskrank verstarb, wissen wir vom Antichristen, dass auch er ohne Menschenhand zerschmettert werden wird, wenn nämlich der Herr Jesus kommt. Und zwar allein *"...durch die Erscheinung seiner Ankunft"* (2. Thess. 2, 8).

26 Und das Gesicht von den Abenden und von den Morgen, wovon gesagt wurde, ist Wahrheit; und du, verschließe das Gesicht, denn es sind noch viele Tage bis dahin.

Der Engel bestätigt Daniel noch einmal, dass die Vision über die Abschaffung des beständigen Opfers wahr ist und dass er diese Informationen zunächst geheim halten soll, da noch viel Zeit bis dahin vergehen wird.

27 Und ich, Daniel, war dahin und war einige Tage krank. Dann stand ich auf und verrichtete die Geschäfte des Königs. Und ich war entsetzt über das Gesicht, und niemand verstand es.

Schlechte Nachrichten können krank machen. Das, was Daniel zu hören bekommen hat, haut in regelrecht um. Er wird krank und er leidet. Niemanden sonst schien das zu interessieren, denn niemand verstand sein Entsetzen. Mit wem hätte er auch darüber reden können, er hatte ja den Auftrag erhalten, diese Vision zu verschließen.

Zwischenspiel

Schlechte Nachricht

Im Grunde genommen hat Daniel hier nur eine neue Sache erfahren: „Es werden schlechte Zeiten kommen". Der Gedanke an das Gehörte lässt ihn krank werden. Wie reagieren wir auf schlechte Nachrichten?

Im Mittelalter schien sich die Methode bewährt zu haben, dem Überbringer einer schlechten Nachricht den Kopf abzuschlagen. Damit war das akute Problem zunächst aus der Welt. Einen ähnlichen Effekt hat der Vogel Strauß erfunden. Erst einmal den Kopf in den Sand. Das hat gleich drei positive Effekte. 1. Ich sehe nichts Schlechtes, 2. ich höre nichts Schlechtes und 3. wahrscheinlich gibt`s mich gar nicht.

Die hohe Kunst hingegen besteht darin, die Wahrheit über bevorstehende schlechte Zeiten so zu verdrehen, dass die Quelle als unglaubwürdig dasteht, und wer das dann nicht glaubt, ist eben lieblos, intolerant oder rechts und obendrein auch noch unfair.
Dagegen ist Ignorieren oder Verdrängen die wohl am weitesten verbreitete Methode. Man macht einfach so weiter wie bisher

Dagegen ist Ignorieren oder Verdrängen die wohl am weitesten verbreitete Methode. Man macht einfach so weiter wie bisher und am besten ist, man macht sich ein paar positive Gedanken, geht mal ins Kino oder schmeißt 'ne Party. Schließlich will man ja auch irgendwie zum Rest der Welt dazu gehören.

Gott kennt das gut. ER macht zwar keinen Hehl daraus, dass am Ende der Tage ziemlich schlechte Zeiten sein werden, doch er hat eine tolle Idee. Er hat eine gute Nachricht dagegen zu setzen, eine frohe Botschaft, ein Evangelium:

„Denn also hat Gott die Welt geliebt, dass er seinen eingeborenen Sohn gab, auf dass jeder, der an ihn glaubt, nicht verloren gehe, sondern ewiges Leben habe.“   *(Joh. 3, 16)*

„...denn das Unsichtbare von ihm, sowohl seine ewige Kraft als auch seine Göttlichkeit, die von Erschaffung der Welt an in dem Gemachten wahrgenommen und mit dem Verstand ergriffen werden, wird geschaut, damit sie ohne Entschuldigung seien.“   *(Röm. 1, 20)*

Ja aber, ist man dann denn noch „in“, wenn man an Jesus glaubt? Ja, man gehört zu denen, die sich nicht mehr vor schlechten Zeiten zu fürchten brauchen, denn Gottes Zusage gilt allen, die sich über seinen Sohn mit ihm versöhnen (versohnen) lassen. Eine neue Erde, leben in Ewigkeit, ohne Krankheit, ohne Tränen, ohne Krieg stattdessen lieben und geliebt werden.

„...Und er wird bei ihnen wohnen, und sie werden sein Volk sein, und Gott selbst wird bei ihnen sein, ihr Gott.“   *(Offb 21, 3)*

Kapitel 9

1 Im ersten Jahre Darius', des Sohnes Ahasveros', aus dem Samen der Meder, welcher über das Reich der Chaldäer König geworden war,...

Daniel hatte gerade miterlebt, wie das Silber (Medo-Persien) das Gold (Babylon) abgelöst hat. Wir könnten auch sagen, wie der Bär (Medo-Persien) den Löwen (Babylon) vertrieben hat, in jener Nacht, bei der Party des Königs, als die Schrift an der Wand erschienen war. Es war jetzt das Jahr 539 v. Chr., also im ersten Jahr des Darius.

2 im ersten Jahre seiner Regierung merkte ich, Daniel, in den Schriften auf die Zahl der Jahre, betreffs welcher das Wort Jahwes zu dem Propheten Jeremia geschehen war, dass nämlich siebzig Jahre für die Verwüstung Jerusalems vollendet werden sollten.

Jedes siebte Jahr so wollte es Gott, sollte ein Sabbatjahr sein. Das Volk Israel hat sich aber irgendwann nicht mehr daran erinnert, Gott schon. Nach 490 Jahren ohne Sabbatjahr gab Gott dem Land seine Sabbatjahre zurück, alle 70, und der Prophet Jeremia hatte es angekündigt.

„Und dieses ganze Land wird zur Einöde, zur Wüste werden; und diese Nationen werden dem König von Babel dienen siebzig Jahre."   (Jer. 25, 11)
[22 Jahre nach Prophetie eingetroffen]

3 Und ich richtete mein Angesicht zu Gott, dem Herrn, um ihn mit Gebet und Flehen zu suchen, in Fasten und Sacktuch und Asche

Daniel war wirklich ein Mann Gottes. Er forschte in den Schriften, und er suchte die Nähe Gottes im Gebet. Da er nun schon selbst etwa 66 Jahre in Babylon war, musste das Strafgericht Gottes über sein Volk bald vorüber sein.

Doch wie sollte das gehen, wenn niemand die Gründe für die Trennung von Gott bereute? Wenn niemand bereit war, Buße zu tun, also umzukehren zu Gott?

Also bekannte er seine und die Sünden seines Volkes vor Gott und wir werden Zeugen eines „Bußgebetes".

Mir kam beim Schreiben der Gedanke, dass es eigentlich eine tiefe Verletzung dieses intimen Gesprächs mit Gott darstellt, wenn ich zwischendurch immer wieder meinen Senf dazu geben würde. Deshalb mag jeder Leser die Gelegenheit nutzen und seine eigenen Gedanken in aller Stille, gerne auch die eigenen Wünsche zur Wiederherstellung einer Gottes – Beziehung, durch Reue über die eigenen Verfehlungen, beim Lesen des Textes hinzugeben.

4 Und ich betete zu Jahwe, meinem Gott, und ich bekannte und sprach: Ach, Herr! Du großer und furchtbarer Gott, der den Bund und die Güte denen bewahrt, die ihn lieben und seine Gebote halten! 5 Wir haben gesündigt und verkehrt und gesetzlos gehandelt, und wir haben uns empört und sind von deinen Geboten und von deinen Rechten abgewichen. 6 Und

wir haben nicht auf deine Knechte, die Propheten, gehört, welche in deinem Namen zu unseren Königen, unseren Fürsten und unseren Vätern und zu allem Volke des Landes geredet haben. 7 Dein, o Herr, ist die Gerechtigkeit, unser aber die Beschämung des Angesichts, wie es an diesem Tage ist: der Männer von Juda und der Bewohner von Jerusalem, und des ganzen Israel, der Nahen und der Fernen, in allen Ländern, wohin du sie vertrieben hast wegen ihrer Treulosigkeit, die sie gegen dich begangen haben.

8 Jahwe! Unser ist die Beschämung des Angesichts, unserer Könige, unserer Fürsten und unserer Väter, weil wir gegen dich gesündigt haben. 9 Des Herrn, unserem Gott, sind die Erbarmungen und die Vergebungen; denn wir haben uns gegen ihn empört, 10 und wir haben der Stimme Jahwes, unseres Gottes, nicht gehorcht, um in seinen Gesetzen zu wandeln, welche er uns durch seine Knechte, die Propheten, vorgelegt hat. 11 Und ganz Israel hat dein Gesetz übertreten und ist abgewichen, so dass es deiner Stimme nicht gehorcht hat. Und so hat sich der Fluch und der Schwur über uns ergossen, welcher im Gesetz Moses, des Knechtes Gottes, geschrieben steht, weil wir gegen ihn gesündigt haben.

12 *Und er hat seine Worte erfüllt, die er über uns und über unsere Richter geredet hat, welche uns richteten, indem er ein großes Unglück über uns brachte; so dass unter dem ganzen Himmel keines geschehen ist wie dasjenige, welches an Jerusalem geschehen ist.* 13 So wie es im Gesetz Moses geschrieben steht, ist all dieses Unglück über uns gekommen. Und wir flehten

Jahwe, unseren Gott, nicht an, dass wir von unseren Missetaten umgekehrt wären und Einsicht erlangt hätten für deine Wahrheit. 14 Und so hat Jahwe über das Unglück gewacht und es über uns kommen lassen. Denn Jahwe, unser Gott, ist gerecht in allen seinen Taten, die er getan hat; aber wir haben seiner Stimme nicht gehorcht.

15 Und nun, Herr, unser Gott, der du dein Volk aus dem Lande Ägypten mit starker Hand herausgeführt und dir einen Namen gemacht hast, wie es an diesem Tage ist, wir haben gesündigt, wir haben gesetzlos gehandelt. 16 Herr, nach allen deinen Gerechtigkeiten lass doch deinen Zorn und deinen Grimm sich wenden von deiner Stadt Jerusalem, deinem heiligen Berge! Denn wegen unserer Sünden und der Missetaten unserer Väter sind Jerusalem und dein Volk zum Hohn geworden allen denen, die uns umgeben. 17 Und nun höre, unser Gott, auf das Gebet deines Knechtes und auf sein Flehen; und um des Herrn willen lass dein Angesicht leuchten über dein verwüstetes Heiligtum!

18 Neige, mein Gott, dein Ohr und höre! Tue deine Augen auf und sieh unsere Verwüstungen und die Stadt, welche nach deinem Namen genannt ist! Denn nicht um unserer Gerechtigkeiten willen legen wir unser Flehen vor dir nieder, sondern um deiner vielen Erbarmungen willen.

19 Herr, höre! Herr, vergib! Herr, merke auf und handle; zögere nicht, um deiner selbst willen, mein Gott! Denn deine Stadt und dein Volk sind nach deinem Namen genannt.

Daniel bezieht sich in seinem Gebet auf einige Wesenszüge

Gottes: Seine Barmherzigkeit, seine Vergebungsbereitschaft, seine Gerechtigkeit, seine Treue aber auch auf seine Größe und auf sein majestätisches Wesen.

Und Gott zögert nicht. Er weiß, was wir brauchen, bevor wir darum bitten.

„...denn euer Vater weiß, was ihr braucht, ehe ihr ihn bittet.“

(Matth. 6, 8)

20 Während ich noch redete und betete, und meine Sünde und die Sünde meines Volkes Israel bekannte, und mein Flehen vor Jahwe, meinem Gott, für den heiligen Berg meines Gottes niederlegte, 21 während ich noch redete im Gebet, da kam der Mann Gabriel, den ich im Anfang im Gesicht, als ich ganz ermattet war, gesehen hatte, zu mir her, zur Zeit des Abendopfers.

Gott ist, so scheint es, niemals weiter von uns entfernt als ein Gebet. Und seine spontane Antwort auf Daniels Gebet: Daniel erhält Besuch aus der uns umgebenden unsichtbaren Welt. Gabriel ist ihm schon vertraut aus seiner letzten Vision.

22 Und er gab mir Verständnis und redete mit mir und sprach: Daniel, jetzt bin ich ausgegangen, um dich Verständnis zu lehren. 23 Im Anfang deines Flehens ist ein Wort ausgegangen, und ich bin gekommen, um es dir kundzutun; denn du bist ein Vielgeliebter. So merke auf das Wort, und verstehe das Gesicht:

Bereits als Daniel damit begonnen hatte zu beten und zu flehen, erging ein Wort. Das könnte bedeuten, dass im Himmel ein

Entschluss gefasst wurde und Gabriel den Auftrag erhielt, Daniel davon in Kenntnis zu setzen. Wobei Gabriel eine wichtige Information vorneweg schickt: „Du bist ein Vielgeliebter!" Was für eine wunderbare Anrede! Für jemanden, der Gott in seinem Herzen trägt, gibt es nichts Schöneres als diese wunderschöne Bestätigung, ebenso geliebt zu werden.

Wir sollten an dieser Stelle nicht vergessen, wie sehr Gott uns liebt! So sehr, dass er uns Jesus seinen Sohn geschickt hat, damit wir durch den Glauben an ihn und sein für uns vollbrachtes Werk von Golgatha, selig werden können, das ewige Leben haben dürfen, weil er für unsere Sünden den Preis bezahlt hat.

Doch zurück zu dem, was Gabriel dem Daniel noch zu sagen hat.

24 Siebzig Wochen sind über dein Volk und über deine heilige Stadt bestimmt, um die Übertretung zum Abschluss zu bringen und den Sünden ein Ende zu machen, und die Ungerechtigkeit zu sühnen und eine ewige Gerechtigkeit einzuführen, und Gesicht und Propheten zu versiegeln, und ein Allerheiligstes zu salben.

Gabriel gibt Daniel einen Überblick über die sogenannten 70 Jahrwochen. So wie wir in Zehner - Abschnitten denken, z.B. Jahrzehnt oder Jahrhundert u.s.w., so dachten die Hebräer in Siebener Abschnitten, oder wie es wörtlich heißt: „70 Siebener", so dass für Daniel klar war, dass es sich hierbei um 70 x 7 Jahre handelt oder wie wir dazu sagen, um die 70 Jahrwochen. Das sind zusammen 490 Jahre.

Diese Zeit wird von Gabriel in drei Blöcke aufgeteilt:

7 Wochen = 49 Jahre,
62 Wochen = 434 Jahre,
eine Woche = 7 Jahre,

Jeder dieser Blöcke beschreibt eine Zeitspanne, um jeweils ein bestimmtes Ereignis zu erwarten. Die gesamte Zeitspanne jedoch dient, wie wir dem Text entnehmen können dazu, um:

- die Übertretung zum Abschluss zu bringen
- den Sünden ein Ende zu machen,
- die Ungerechtigkeit zu sühnen,
- eine ewige Gerechtigkeit einzuführen,
- Gesicht und Propheten zu versiegeln, und
- ein Allerheiligstes zu salben.

Diese Punkte weisen bereits auf jene Zeit hin, in der Jesus Christus als König regieren wird.

25 **So wisse denn und verstehe: Vom Ausgehen des Wortes, Jerusalem wiederherzustellen und zu bauen, bis auf den Messias, den Fürsten, sind sieben Wochen und zweiundsechzig Wochen. Straßen und Gräben werden wieder hergestellt und gebaut werden, und zwar in Drangsal der Zeiten.**

Was Gabriel hier ankündigt ist erstens der Wiederaufbau von Jerusalem und zweitens die Ankunft des, von Israel sehnsüchtig erwarteten, Messias.
Startzeitpunkt wird die Verkündigung eines Erlasses sein, dessen Ziel es ist, Jerusalem wieder aufzubauen. Israel wartete auf den

Messias. Der Erlass hätte daher auch als Mittel betrachtet werden können, sein Kommen nach zu vollziehen. Doch:

„Er kam in das Seinige, und die Seinen nahmen ihn nicht an."

(Joh. 1, 11)

Es gab vier verschiedene Erlasse und es gibt viele Theorien darüber, welcher der Richtige sei, jedoch nur einer führt uns auch zum Messias. Es geht um den Erlass, den der Perserkönig Artahsasta (er wird auch Artaxerxes genannt), am 5. März 445 v. Chr. verkünden ließ, *(Nehemia 2, 1 - 8)* [94 Jahre, nach dieser Prophetie durch den Engel Gabriel, eingetroffen.]

Die ersten 7 Wochen (49 Jahre) und die nächsten 62 Wochen (434 Jahre) werden von Gabriel im Vers 25, als ein Block genannt, in dieser Zeit des Wartens auf den Messias, den Fürsten, werden die Straßen und die Gräben Jerusalems wieder hergestellt, die Häuser, der Tempel und die Stadtmauer werden wieder errichtet. Zusammen also 483 biblische Jahre, ab dem 5. März 445 vor Christus. Das sind 173 880 Tage.

(Ein biblisches Jahr hat 360 Tage, vgl. *Off. 11, 3* mit *Off. 12, 14.* / vergl. auch die Berechnung nach dem gregorianischen Kalender im Anhang.)

Wann endete diese Zeit? 173 880 Tage nach dem Erlass erreichen wir das Jahr 32 nach Christus.

*

Es ist viel los in der Stadt Jerusalem, das Passah-Fest steht kurz bevor.

Es ist der 10. Nissan 32 n. Chr., fünf Tage vor dem Passafest. (*Joh. 12, 1 + 12*) Wir nennen diesen Tag heute den Palmsonntag, der Tag an dem Jesus öffentlich als „Fürst" in Jerusalem auftritt.

„*12 Des folgenden Tages, als eine große Volksmenge, die zu dem Feste gekommen war, hörte, dass Jesus nach Jerusalem komme, 13 nahmen sie Palmzweige und gingen hinaus, ihm entgegen, und schrien: Hosanna! Gepriesen sei, der da kommt im Namen des Herrn, **der König Israels!** 14 Jesus aber fand einen jungen Esel und setzte sich darauf, wie geschrieben steht: 15 »Fürchte dich nicht, Tochter Zion! Siehe, dein König kommt, sitzend auf einem Eselsfüllen.«*"   (*Joh. 12, 12-15*)

[ca. 553 Jahre nach Prophetie durch Sacharja (*Sach. 9,9*) eingetroffen].

Er wäre nicht der Messias, hätte dieses Ereignis einen Tag früher, gar nicht oder später statt gefunden.

26 Und nach den zweiundsechzig Wochen wird der Messias weggetan werden und nichts haben...

In den folgenden vier Tagen, bis zum Passafest, erleben wir um den Herrn Jesus eine verblüffende Ähnlichkeit zu den mosaischen Gesetzen. So lesen wir:

„*18 indem ihr wisst, dass ihr nicht mit verweslichen Dingen, mit Silber oder Gold, erlöst worden seid von eurem eitlen, von den Vätern überlieferten Wandel 19 sondern mit dem kostbaren Blute Christi, **als eines Lammes ohne Fehl** und ohne Flecken.*"   (*1. Petr. 1, 18-19*)

1. Jesus war ohne Sünde.

2. Seit seinem Auftritt als ein auf dem Esel reitender Fürst, versuchten die Pharisäer vier Tage lang, ihm eine Falle zu stellen, indem sie ihn befragten, um ihn durch eine, in ihren Augen falsche Antwort, als Gotteslästerer überführen zu können. Doch sie schafften es nicht.

In *Lukas 20, 20* heißt es: *„Die Pharisäer beobachteten ihn"*, und im *Vers 26* lesen wir: *„Sie vermochten nicht, ihn eines Fehlers zu überführen."* Er war ohne Fehler, er war „ohne Fehl".

Im alten Testament können wir lesen, dass die Passah – Lämmer vier Tage, bevor sie geschlachtet werden sollten, also vom 10. bis zum 14. Nissan, ausgesondert und geprüft werden sollten, um sicherzustellen, dass sie „ohne Fehler" seien (*2. Mose 12, die Verse 2 – 6*). Jesus erging es genauso und es wurde kein Fehler an ihm gefunden. Er war ohne Sünde, doch wurde er am 15. Nissan, als zur dritten Stunde im Tempel die Passah-Lämmer geschlachtet wurden, auf Golgatha gekreuzigt. Das Lamm Gottes, der Messias, war weggetan, nach den insgesamt 69 Jahrwochen und hatte nichts mehr.

Es fehlt noch eine Jahrwoche, also sieben Jahre für Israel. Die werden zwar noch beschrieben; doch sie beginnen nicht sofort im Anschluss.

...Und das Volk des kommenden Fürsten wird die Stadt und das Heiligtum zerstören, und das Ende davon wird durch die überströmende Flut sein und bis ans Ende: Krieg, fest beschlossenes von Verwüstungen.

27 Und er wird einen festen Bund mit den Vielen schließen für eine Woche; und zur Hälfte der Woche wird er Schlachtopfer und Speisopfer aufhören lassen. Und wegen der Beschirmung der Greuel wird ein Verwüster kommen, und zwar bis Vernichtung und Festbeschlossenes über das Verwüstete ausgegossen werden...

Schon wieder schlechte Nachrichten. Der Engel Gabriel kündet eine regionale Zerstörung an. Wir wissen, dass Jerusalem und der zweite Tempel 70 n.Chr. zerstört wurden. Das ist das eine, uns bekannte, schon stattgefundene Ereignis.

Ab Vers 27 jedoch, blicken wir wieder auf zwei verschieden Schauplätze und Ereignisse gleichzeitig. Eines davon ist die letzte Jahrwoche am Ende der Zeit. Es kommt dann ebenfalls zu einer überströmenden Flut der Zerstörung.

Das könnte bedeuten, dass   Israel mit einem zukünftigen „Fürst" (Politiker) wahrscheinlich ein Sicherheitsabkommen schließen wird. Nach 3 ½ Jahren wird dieser den Bund brechen. und das Volk Israel ebenso verfolgen wie alle anderen, die ihn nicht als Gott akzeptieren. Wer die Bibel nicht kennt, weiß zu diesem Zeitpunkt noch nicht, dass der Bund nach 3½ Jahren gebrochen wird. Danach folgen weitere 3 ½ Jahre, in der das „Festbeschlossene", nämlich der Zorn Gottes, über all das, was dann ohnehin schon verwüstet sein wird, ausgegossen wird. Die Bibel spricht von der großen Drangsal oder Trübsal.

„Und in den Tagen dieser Könige wird der Gott des Himmels ein Königreich aufrichten, welches ewiglich nicht zerstört, und dessen

Herrschaft keinem anderen Volke überlassen werden wird."

(Dan. 2, 44)

...um die Übertretung zum Abschluss zu bringen und den Sünden ein Ende zu machen, ...

Daniel erhält quasi als Randnotiz einen Überblick über:

1. das Gemeindezeitalter:

Christus ist des Gesetzes Ende. Jesus Tod am Kreuz ist der Beginn einer neuen Zeitrechnung. Gott begnadigt die Sünder und macht damit der Sünde und den Übertretungen ein Ende. Seit 32 nach Christus gilt für jeden, der an Jesus Christus glaubt, seine Sünden bekennt und umkehrt von seinen gottlosen Wegen, dass er, wie Gott, die Sünde zu hassen lernt. Ganz egal, ob Jude oder aus den Nationen.

...und die Ungerechtigkeit zu sühnen...

2. Das Gericht über die Gemeinde:

„Hierin ist die Liebe: nicht dass wir Gott geliebt haben, sondern dass er uns geliebt und seinen Sohn gesandt hat als eine Sühnung für unsere Sünden." *(1. Joh. 4, 10)*

...und eine ewige Gerechtigkeit ein zu führen, ...

3. Das 1000 jährige Reich:

Unser Blick wird auf die Zeit nach den 70 Jahrwochen gelenkt, auf die Zeit nach der Drangsal, auf das 1000- jährige Friedensreich, in dem Jesus die Weltherrschaft auf der Erde und eine ewige Gerechtigkeit aufrichten wird.

...und Gesicht und Propheten zu versiegeln, ...

4. Den Beginn der Ewigkeit:

Am Ende des 1000jährigen Reiches erschafft Gott eine neuen Welt. Dann erst wird sich alles erfüllt haben, was die Propheten in ihren Gesichten vorhergesagt haben.

...und ein Allerheiligstes zu salben.

5. Das Paradies:

Die Ewigkeit beginnt. Ein neues Jerusalem und ein neues Heiligtum,

„Siehe, die Hütte Gottes bei den Menschen! Und er wird bei ihnen wohnen, und sie werden sein Volk sein, und Gott selbst wird bei ihnen sein, ihr Gott." (Off. 21, 3)

°

„Siebzig Wochen sind <u>über dein Volk</u> *und* <u>über deine heilige Stadt</u> *bestimmt..."* (Daniel 9, 24)

Wir sehen schon im Text, dass hier die Gemeinde außen vor ist und dass sie bei Gott eine eigene Zeitrechnung hat.

7 Wochen (49 Jahre)⎤
                ├── 69 Wochen = 173 880 Tage
62 Wochen (434 Jahre)⎦   Wiederaufbau Jerusalems
                             bis zum Palmsonntag

Gemeindezeit = Pfingsten 32 n. Chr. Bis zur Entrückung

1 Woche (7 Jahre) = 2 x 3,5 Jahre, davon die letzten 3, 5 Jahre =

die große Trübsal oder die große Drangsal.
Es spricht einiges dafür, dass die Gemeinde zur Zeit der letzten Jahrwoche nicht mehr da sein wird. Mehr dazu und zum 1000 jährigen Reich, im hinteren Teil des Buches.

Zwischenspiel

Ein Bibelcode?

Seit der US-Buchautor Michael Drosnin 1997 mit seinem Buch "Der Bibel Code" eine Erfolgsgeschichte schrieb, scheint es aus den Köpfen nicht mehr heraus zu wollen: „Die Bibel enthält geheime Botschaften". Ob das so ist, und ob man dazu eine unvorstellbar große Computertechnik bemühen muss, ist eigentlich ziemlich egal. Fakt ist, die Bibel enthält vor allem ganz offensichtliche Botschaften. Allen voran „die frohe Botschaft" von der Erlösung durch Jesus Christus.

Zugegeben, die Evangelien und die Briefe im Neuen Testament geben ziemlich offen Auskunft über diese Botschaft, jedoch auch im alten Testament wimmelt es von Botschaften, die von Jesus sprechen. Allerdings reicht es nicht aus, wie im Buch von Michael Drosnin eine „Eingabe - Taste" zu drücken, etwas zeitaufwendiger ist das normale „Forschen in der Schrift!" schon.
Erschwerend kommt hinzu, dass es dem natürlichen Menschen nicht gelingen wird, die Schätze der Bibel zu heben, weil ihm vieles davon wie eine Torheit erscheint.

„Denn das Wort vom Kreuz ist denen, die verloren gehen, Torheit; uns aber, die wir errettet werden, ist es Gottes Kraft." (1. Kor. 1, 18)

Häufig haben Bibelübersetzungen an ihren Versen sogenannte „Querverweise" oder „Fußnoten". Folgt man diesen, dann lässt sich oft schon Erstaunliches entdecken. Manchmal sind Botschaften aber auch versteckt und man entdeckt sie oft erst nach mehrmaligem Lesen. Nach meiner Wiedergeburt sagte mir ein lieber Bruder: „Wenn Du beim Lesen der Bibel eine Frage hast, dann mach Dir mit Bleistift ein Fragezeichen dahinter. Je öfter du in der Bibel liest, um so öfter brauchst du dann ein Radiergummi!" Er hat Recht behalten.

Auf solche „Ideen" kann man nicht kommen, wenn man sich sputen muss, den Bibelleseplan *„In einem Jahr durch die heilige Schrift"*, Abend für Abend mit hängender Zunge und einem Häkchen zum Abhaken, erfüllen zu wollen. Da ist das Lesen unter Gebet deutlich erfolgversprechender.

Im Anhang finden Sie eine Liste mit vorbereiteten Bibelstellen von der Prophetie bis zum eingetroffenen Ereignis. Also besorgen Sie sich bitte eine Bibel, wenn Sie noch keine besitzen und vergleichen Sie die Vorhersagen mit dem, was eingetroffen ist. Sie werden staunen über die wortgetreue Erfüllung der Vorhersagen.

Jesus ist die Zentralfigur, die sich von den ersten Seiten der Bibel bis zu ihrem Ende offenbart. Die alttestamentlichen Autoren wussten nicht, dass Wirklichkeit werden würde, was sie schrieben. Noch weniger wussten sie von wortwörtlicher Erfüllung viele hundert Jahre später. Sie schrieben, was ihnen der Geist Gottes sagte. Es ist nicht übertrieben zu sagen, dass Gott einen Liebesbrief an die Menschheit hat aufschreiben lassen. Auch an jene gerichtet, die ihn noch gar nicht kennen oder jene, die ihn sogar ablehnen.

„Gott aber erweist seine Liebe gegen uns darin, dass Christus, da wir noch Sünder waren, für uns gestorben ist."   (Röm. 5, 8)

Gott schuf den Menschen als sein Gegenüber. ER wünschte sich Gemeinschaft mit uns, wie damals im Garten. Doch der Mensch entschieden für eine Trennung von ihm. Wir schufen uns einen Ersatz, die Sünde. Sünde heißt „Ziel verfehlt", Trennung von Gott. Alles andere, was wir als ethisch-moralisches Fehlverhalten ansehen, ist eine Folge davon. Das heißt, jeder noch so „gute" Mensch hat in den Augen Gottes sein Leben verwirkt, wenn er nicht in Gemeinschaft mit Gott lebt. Dieses verwirkte Leben kann aber durch ein nicht verwirktes Leben, eines, das ohne Sünde ist, ausgetauscht werden. Im alten Testament waren das die Opfertiere.

Im neuen Testament ist es das Leben unseres Herrn Jesus Christus. Wenn ich mein Leben bewusst an den Herrn Jesus übergebe, dann sieht Gott seinen Sohn, wenn er mich ansieht. So ist meine Sünde (Trennung von Gott) und alles, was daraus resultierte, gelöscht und ich bin wieder mit Gott ver<u>sohnt</u> (Sohn) Alle Sünden sind dann vom Tisch. Es gibt seit Golgatha nur noch eine Sünde, wegen der man in der Hölle landen kann, das ist:

„Nicht zu glauben, was uns Gott durch sein Wort und seinen Sohn sagt."

„Als aber die Fülle der Zeit gekommen war, sandte Gott seinen Sohn, geboren von einem Weibe, geboren unter Gesetz, 5 auf dass er die, welche unter Gesetz waren, loskaufte, auf dass wir die Sohnschaft empfingen. 6 Weil ihr aber Söhne seid, so hat Gott den Geist seines Sohnes in unsere Herzen gesandt, der da ruft: Abba, Vater! 7 Also bist du nicht mehr Knecht, sondern Sohn; wenn aber Sohn, so auch Erbe durch Gott."   (Galater 4, 4 – 7)

Vieles wurde vorhergesagt. Es gibt jedoch, außer der Entrückung der Gläubigen, nichts, was noch passieren muss, bevor das Gemeindezeitalter endet. Die Zeichen deuten auf den Beginn der Wehen und das Ende der Gnadenzeit. Wenn wir entrückt sind, kann sich niemand mehr durch Gnade retten lassen vor dem Zorn Gottes.

„Deshalb bitten wir an Christi statt, lasst Euch versöhnen mit Gott."   (2. Kor. 5, 20b)

Daniel 10   **Unsichtbare Welt**

Kapitel 10, 1

1 **Im dritten Jahre Kyros', des Königs von Persien, wurde dem Daniel, welcher Beltschazar genannt wird, eine Sache**

geoffenbart, und die Sache ist Wahrheit und betrifft eine große Mühsal; und er verstand die Sache und bekam Verständnis über das Gesicht.

Zunächst erhalten wir wieder eine exakte Zeitangabe: im dritten Jahr des Kyros, das heißt, wir schreiben das Jahr 536 v. Chr.

2 In selbigen Tagen trauerte ich, Daniel, drei volle Wochen. 3 Köstliche Speise aß ich nicht, und weder Fleisch noch Wein kam in meinen Mund; und ich salbte mich nicht, bis drei volle Wochen um waren. 4 Und am vierundzwanzigsten Tage des ersten Monats, da war ich am Ufer des großen Stromes, das ist der Hiddekel.

Daniel fastete. Warum er fastete, sagt er uns nicht. Möglich, dass ihn die Frage um die Zukunft seines Volkes beschäftigte und er sich eine Antwort auf seine Fragen erhoffte. Er war unterwegs, ein heller Tag am Ufer des Flusses Hiddekel. Das ist der hebräische Name für den Fluss Tigris.

5 Und ich erhob meine Augen und sah: und siehe, da war ein Mann in Linnen gekleidet, und seine Lenden waren umgürtet mit Gold von Uphas; 6 und sein Leib war wie ein Chrysolith, und sein Angesicht wie das Aussehen des Blitzes, und seine Augen wie Feuerfackeln, und seine Arme und seine Füße wie der Anblick von leuchtendem Erz; und die Stimme seiner Worte war wie die Stimme einer Menge. 7 Und ich, Daniel, allein sah das Gesicht; die Männer aber, welche bei mir waren, sahen das Gesicht nicht; doch fiel ein großer Schrecken auf sie, und sie flohen und verbargen sich.

Wieder einmal, erhält Daniel Besuch aus der unsichtbaren Welt. Eine imposante Erscheinung, welche uns an die Beschreibung von Jesus erinnert, als Johannes die Offenbarung bekam. *(Off. 1, 13 - 16)*
Nur Daniel sieht und hört sie, seine Begleiter laufen voller Furcht davon. Das Erinnert an die Begegnung, als Jesus sich dem Paulus in den Weg stellte damals auf dem Weg nach Damaskus. *(Apg. 9, 3 - 8)*
Es hat aber auch noch eine andere Dimension. Nämlich, dass nur jene die Stimme aus der unsichtbaren Welt vernehmen, für die sie bestimmt ist.

„Meine Schafe hören meine Stimme, und ich kenne sie, und sie folgen mir."   *(Joh. 10, 27)*

Für andere bleibt nur die Furcht.

8 Und ich blieb allein übrig und sah dieses große Gesicht; und es blieb keine Kraft in mir, und meine Gesichtsfarbe verwandelte sich an mir bis zur Entstellung, und ich behielt keine Kraft. 9 Und ich hörte die Stimme seiner Worte; und als ich die Stimme seiner Worte hörte, sank ich betäubt auf mein Angesicht, mit meinem Angesicht zur Erde.

Daniel, ein Mann mit einer intensiven Gottesbeziehung, kaum einer wusste damals soviel über die unsichtbare Welt, die uns umgibt. Er hatte ja auch schon einige Erfahrungen damit machen dürfen. Und trotzdem, es haut ihn regelrecht von den Füßen und er sank wie betäubt auf sein Angesicht. Ein Engel und ein gottesfürchtiger Mann. Wir können uns also vorstellen, was passiert, wenn Jesus bei seinem Kommen, mit seinen „Myriaden von Heiligen" (*Judas 14+15*), den Menschen gegenüber steht, die ihn jetzt noch ablehnen.

10 Und siehe, eine Hand rührte mich an und machte, dass ich auf meine Knie und Hände empor wankte. 11 Und er sprach zu mir: Daniel, du vielgeliebter Mann! Merke auf die Worte, die ich zu dir rede, und stehe auf deiner Stelle; denn ich bin jetzt zu dir gesandt. Und als er dieses Wort zu mir redete, stand ich zitternd auf.

Ohne himmlische Stärkung sind wir nicht einmal in der Lage, der Heiligkeit von Engeln zu begegnen. Wie wird das erst sein, wenn wir Jesus begegnen?

12 Und er sprach zu mir: Fürchte dich nicht, Daniel! Denn von dem ersten Tage an, da du dein Herz darauf gerichtet hast, Verständnis zu erlangen und dich vor deinem Gott zu demütigen, sind deine Worte erhört worden; und um deiner Worte willen bin ich gekommen.

Von dem Zeitpunkt an, da Daniel sein Herz darauf gerichtet hatte, Gott verstehen zu wollen und sich vor Gott zu demütigen, wurden seine Worte erhört. Das heißt doch, dass es im Himmel nicht unbemerkt bleibt, wenn wir Gott suchen. Gott hat uns im Blick. Und diese Aufforderung „*Fürchte Dich nicht!*" finden wir in der Bibel immer nur bei Menschen, die auch Gottesfürchtig sind. Ohne Gottesfurcht, bleibt nur die Angst vor Gott. Für diese

Menschen gibt es kein *„Fürchte Dich nicht!"* Für diese Menschen gibt es in der unsichtbaren Welt keinen Fürsprecher.

Doch zurück, zu dem Engel, der zu Daniel gesandt wurde:

13 **Aber der Fürst des Königreichs Persien stand mir einundzwanzig Tage entgegen; und siehe, Michael, einer der ersten Fürsten, kam, um mir zu helfen, und ich trug daselbst den Sieg davon bei den Königen von Persien.**

Im letzten Kapitel hatten wir noch gesehen, dass Daniel kaum zu Ende beten konnte, ohne unverzüglich Antwort zu erhalten. Dieses Mal ist es anders und der Engel erklärt auch den Grund, ein Kampf in der unsichtbaren Welt.

Das medo - persische Reich war schon an der Macht. Als nächstes würde es von Griechenland abgelöst werden. Heidnische Herrscher, die über Israel herrschen sollten. Wir haben gelesen, dass Gott Könige einsetzt und absetzt. Der Teufel aber, der Imitator Gottes, setzt in der unsichtbaren Welt seine Fürsten ein, um Regierungen gegen Israel zu beeinflussen. Ein Fakt, den wir heute bei nahezu allen Regierung beobachten können.

Drei Wochen Kampf, mit einem Fürsten des Teufels, in der unsichtbaren Welt, bis Michael, einer der ersten Fürsten Gottes, ihm zu Hilfe kam. (Fürsten sind einem König unterstellt und von hohem Adel.)

14 **Und ich bin gekommen, um dich verstehen zu lassen, was deinem Volke am Ende der Tage widerfahren wird; denn das Gesicht geht noch auf ferne Tage.**

Es geht um die Zukunft Israels, wie wir schon vermutet hatten, als es um die Frage ging, warum Daniel fastete. Es geht um einen weiten Blick voraus, auf das Ende der Zeit.

15 Und als er in dieser Weise mit mir redete, richtete ich mein Angesicht zur Erde und verstummte. 16 Und siehe, einer, den Menschenkindern gleich, berührte meine Lippen; und ich tat meinen Mund auf und redete und sprach zu dem, der vor mir stand: Mein Herr, wegen des Gesichts überfielen mich die Wehen, und ich habe keine Kraft behalten.

Wenn ich sehe, wie schwer es Daniel fällt, in Gegenwart des Engels bei Bewusstsein zu bleiben, wie er immer wieder seine Kraft verliert und gestärkt werden muss, um die Botschaft aufnehmen zu können, dann verstehe ich einmal mehr, warum wir bei der Entrückung einen anderen Leib erhalten werden, himmelstauglichen „Herrlichkeitsleib".

„20 Denn unser Bürgertum ist in den Himmeln, von woher wir auch den Herrn Jesus Christus als Heiland erwarten, 21 der unseren Leib der Niedrigkeit umgestalten wird zur Gleichförmigkeit mit seinem Leibe der Herrlichkeit, nach der wirksamen Kraft, mit der er vermag, auch alle Dinge sich zu unterwerfen."   (Phil. 3, 21-22)

17 Und wie vermag ein Knecht dieses meines Herrn mit diesem meinem Herrn zu reden? Und ich, von nun an bleibt keine Kraft mehr in mir, und kein Odem ist in mir übrig. 18 Da rührte mich wiederum einer an, von Aussehen wie ein Mensch, und stärkte mich.

Der Engel nimmt Menschengestalt an, damit Daniel nicht ständig in Ohnmacht fällt. Und erneut wird Daniel gestärkt.

19 Und er sprach: Fürchte dich nicht, du vielgeliebter Mann! Friede dir! Sei stark, ja, sei stark! Und als er mit mir redete, fühlte ich mich gestärkt und sprach: Mein Herr möge reden, denn du hast mich gestärkt. 20 Da sprach er: Weißt du, warum ich zu dir gekommen bin?...

Mir scheint, der Engel möchte mit dieser Frage überprüfen, ob Daniel soweit wieder hergestellt ist, um seinen Erklärungen folgen zu können, denn im Vers 14 (Seite 196) hatte er ihm ja gesagt, dass er gekommen sei, um ihm Verständnis über die Zukunft seines Volkes zu lehren.

...Und jetzt werde ich zurückkehren, um mit dem Fürsten von Persien zu streiten; aber wenn ich ausziehe, siehe, so wird der Fürst von Griechenland kommen. 21 Doch will ich dir kundtun, was in dem Buche der Wahrheit verzeichnet ist. Und es ist kein einziger, der mir wider jene mutig beisteht, als nur Michael, euer Fürst.

Daniel war wirklich sehr privilegiert. Noch besser, er war ein „Vielgeliebter". Er war in einer Herzensbeziehung mit Gott. Und deshalb lässt Gott ihn nun durch einen Engel einen Blick in das Buch der Wahrheit tun. Und wir dürfen nicht nur über ihre Schultern blicken, nein, wir dürfen inzwischen eine Herzensbeziehung zur Wahrheit haben. Denn Jesus Christus spricht:

„Ich bin der Weg und die Wahrheit und das Leben."   (Joh. 14, 6)

Zwischenspiel

Nicht Fleisch noch Blut

Zwei Hörner, überwiegend schwarz, Pferdeschweif, Pferdefuß und der Geruch nach Pech und Schwefel. Das ist wohl das häufigste Bild, das sich die Menschheit vom Teufel gemacht hat. Doch es stimmt nicht. Die Bibel zeichnet ein ganz anderes Bild von dem Engel, der als der Engel des Lichtes geplant war.

„13 In Eden, im Garten Gottes, warst du; mit allerlei Edelsteinen, mit Sardis, Topas, Diamant, Chrysolith, Onyx, Jaspis, Saphir, Rubin, Smaragd warst du bedeckt, und aus Gold waren deine Einfassungen und Verzierungen an dir gearbeitet; am Tage deiner Erschaffung wurden sie bereitet. 14 Du warst ein Gesalbter, ein schützender Cherub; ich habe dich gesetzt auf den heiligen Berg Gottes, und du wandeltest mitten unter den feurigen Steinen. 15 Du warst vollkommen in deinen Wegen von dem Tage deiner Erschaffung an, bis Missetat in dir gefunden wurde. 16 Durch deine vielen Handelsgeschäfte ist dein Inneres voll Frevel geworden, und du hast gesündigt. Darum habe ich dich vom Berge Gottes verstoßen und dich, du schützender Cherub, aus der Mitte der feurigen Steine vertilgt. 17 Dein Herz hat sich erhoben ob deiner Schönheit; du hast deine Weisheit um deines Glanzes willen verderbt. So habe ich dich auf die Erde geworfen und dich vor den Königen zum Schauspiel gemacht." (Hes. 28, 13-17 / Schlachter 51)

„12 Wie bist du vom Himmel gefallen, du Glanzstern, Sohn der Morgenröte! Zur Erde gefällt, Überwältiger der Nationen. 13 Und du, du sprachst in deinem Herzen: »Zum Himmel will ich *hinaufsteigen, hoch über die Sterne Gottes, meinen Thron erheben, und mich niedersetzen auf den Versammlungsberg im äußersten Norden. 14 »Ich will hinauffahren auf Wolkenhöhen, mich gleichmachen dem Höchsten.«"*   (Jes. 14, 12+13)

Seinen Anspruch, selbst so sein zu wollen wie Gott, gab er im Garten Eden gleich weiter an Eva: *"...und ihr werdet sein wie Gott"* (1. Mose 3, 5b). Wir sehen aber auch, dass selbst Engel keine willenlose Wesen sind. Sie dienen Gott mit Hingabe oder sie lassen sich von dem Ruf, selbst sein zu wollen wie Gott, verführen. Das heißt, sie können sündigen. Neid scheint in der Tat die Wurzel allen Übels zu sein, selbst in der unsichtbaren Welt.

Hinzu kommt, dass Satan und seine Helfershelfer ständig unterwegs sind, um Menschen als Werkzeug zu rekrutieren. Nicht selten bemerken die Menschen es erst spät oder nie, wem sie aufgesessen sind. Besonders Christen stehen in dieser Gefahr, denn was dem Teufel ohnehin schon gehört, darum braucht er sich auch nicht mehr zu bemühen.

"Seid nüchtern, wachet; euer Widersacher, der Teufel, geht umher wie ein brüllender Löwe und sucht, wen er verschlinge."
(1. Petr. 5, 8)

Ach wenn es doch so einfach wäre. Doch leider begegnet er uns nur all zu oft ganz unauffällig oder als putziges Eichhörnchen. Wie heißt es doch so treffend? "Wir können uns nicht dagegen wehren, dass uns die Vögel über den Kopf fliegen." doch wir entscheiden, ob sie Nester darauf bauen!" Manchmal hilft da nur ein beherztes „Nein!"

Nein, ich will das nicht! Raus aus meinem Kopf! Ich gehöre Jesus, ich bin auf Jesu Namen getauft, du (der Gedanke) hast nichts bei mir zu suchen!

„Ringt danach, durch die enge Pforte einzugehen; denn viele, sage ich euch, werden einzugehen suchen und werden es nicht vermögen." (Luk. 13, 24)

Ein Ringkampf zwischen den Mächten der unsichtbaren Welt, in unserem Geist, um unseren Geist, um unser Leben, um unser ewiges Leben. Und deshalb bietet Gott uns eine Waffenrüstung an. Doch ob wir sie nutzen, entscheiden wir selbst:

„10 Übrigens, Brüder, seid stark in dem Herrn und in der Macht seiner Stärke. 11 Zieht an die ganze Waffenrüstung Gottes, damit ihr zu bestehen vermöget wider die Listen des Teufels. 12 Denn unser Kampf ist nicht wider Fleisch und Blut, sondern wider die Fürstentümer, wider die Gewalten, wider die Weltbeherrscher dieser Finsternis, wider die geistlichen Mächte der Bosheit in den himmlischen Örtern. (in der unsichtbaren Welt) 13 Deshalb ergreift die ganze Waffenrüstung Gottes, auf dass ihr an dem bösen Tage zu widerstehen und, nachdem ihr alles überwältigt habt, zu stehen vermöget.
14 Steht nun, eure Lenden umgürtet mit Wahrheit, und angetan mit dem Brustharnisch der Gerechtigkeit, 15 und beschuht an den Füßen mit der Bereitschaft, das Evangelium des Friedens zu verkünden,16 indem ihr über das alles ergriffen habt den Schild

des Glaubens, mit welchem ihr imstande sein werdet, alle feurigen Pfeile des Bösen auszulöschen. 17 Nehmt auch den Helm des Heils und das Schwert des Geistes, welches das Wort Gottes ist; 18 zu aller Zeit betend mit allem Gebet und Flehen in dem Geiste, und eben hierzu wachend in allem Anhalten und Flehen für alle Heiligen.“   (Eph. 6, 10-18)

Diese Auflistung zeigt uns: Wenn wir in Jesus sind, und er in uns, wenn wir also die gleiche Gesinnung haben wie er, dann ist die Waffenrüstung Gottes, gegen die Angriffe Satans, unser tägliches Brot und unser beständiges Atmen. Ohne groß darüber nachdenken zu müssen.

Die Frage: „Was würde Jesus an meiner Stelle tun, oder auch nicht tun, denken oder auch besser nicht denken, ansehen und hören oder auch nicht?“, würde sich wie ein ständiger Automatismus als Begleiter durch unser Leben ziehen.

Kennen Sie die Notruf Nummer 5015 ? Wenn es mal so richtig „dicke“ kommt ?

„...rufe mich an am Tage der Bedrängnis: ich will dich erretten, und du wirst mich verherrlichen!“   (Psalm 50, 15)

Man braucht nicht viele Worte für solch einen Anruf. Eher eine SMS mit Worten wie „Herr rette mich, ich bin Dein!“ Jesus hat versprochen, dass er immer bei uns ist.

Der Herr Jesus wurde selbst versucht, er weiß, wovon wir hier reden. Doch er blieb ohne Sünde, denn er wusste auf alle Angriffe des Teufels eine Antwort und die lautete: „*Es steht geschrieben...!"* *(Matth. 4, 1-11)*

Der Wille Gottes, das Wort Gottes, ist das Schwert. Niemand kann vom ersten Augenblick an mit einem Schwert umgehen, doch es ist gut, wenn man sich darin übt. Selbst die Zeiten, in denen man „unbewaffnet" zur Kirche gehen konnte, sind vorüber und es macht Sinn, wie Daniel, um Erkenntnis zu bitten.

„Und er sprach zu mir: Fürchte dich nicht, Daniel! Denn von dem ersten Tage an, da du dein Herz darauf gerichtet hast, Verständnis zu erlangen und dich vor deinem Gott zu demütigen, sind deine Worte erhört worden; und um deiner Worte willen bin ich gekommen."

(Daniel 10, 12)

Sich vor seinem Gott demütigen steht am Anfang, dem Herrn Jesus Christus die Sünden bekennen und bereuen. Die Folge davon ist der Wunsch, mehr über Jesus zu erfahren, dessen Liebe so groß ist, dass er bereit war, sein Leben für mich zu opfern.

Es fällt auf, das der Engel gesagt hat: „ *...von dem ersten Tage an, da du dein Herz darauf gerichtet hast, Verständnis zu erlangen..."*

Er hat nicht gesagt: „....von dem Tage an, da du deinen Verstand darauf gerichtet hast, Verständnis zu erlangen..."

Erkenntnis ist das Substantiv vom Erkennen. Im griechischen Urtext steht an den meisten Stellen zum Wort Erkennen, das Wort „Intima". Eine innige Herzensbeziehung zu Jesus Christus ist gemeint, und nicht eine intellektuelle Übung. „Vielgeliebter" oder „Vielgeliebte", besser kann man den Grund dafür nicht in Worte fassen.

Kapitel 11

Der Engel, der im 10. Kapitel Daniel auf die nun folgenden Nachrichten aus dem Buch der Wahrheit vorbereitet und ihn dazu gestärkt hatte, ist noch bei ihm und gibt Daniel bis zum Vers 35 eine unbeschreiblich detaillierte Vorausschau auf die Zukunft Israels.
Ereignisse, die Israel nun schon erlebt hat. Ab Vers 36 gilt die Vorausschau dann auch wieder für uns, mit Ereignissen, die noch für alle Menschen in der Zukunft liegen. Man könnte meinen, das Drehbuch für einen Film zu lesen, so viele Einzelheiten gibt es zu erkennen. Dabei geht es im Wesentlichen um die Aktivitäten zweier Nationen. Wir haben gesehen, wie das Reich Alexander des Großen an seine vier Generäle verteilt wurde.
Zwei von ihnen spielen nun in diesem Kapitel eine Hauptrolle.

Da ist zum Einen die Dynastie der Ptolemäer, welche uns im Folgenden Kapitel als Könige des Südens (Ägypten) gezeigt werden,

zum Anderen die Dynastie der Seleukiden, welche als König des Nordens (Syrien) auftritt.

Aus der Letzteren, der Dynastie der Seleukiden, den Königen des Nordens, also der Könige aus Syrien, haben wir ja schon den Antiochus IV Epiphanes kennengelernt als das kleine Horn aus dem dritten Tier im Kapitel neun, eine Vorausschattung auf den Antichristen.

Es könnte verwirrend werden, weil aus beiden Dynastien viele Könige nacheinander darum bemüht waren, Israel das Leben schwer zu machen. Es waren insgesamt:

Sechs aus dem Süden

und Acht aus dem Norden

Um sie leichter voneinander unterscheiden zu können, werde ich die folgenden Seiten in zwei Teile teilen und die Texte zu den Königen des Südens in die linke Hälfte, und die Texte zu den Königen des Nordens, in die rechte Hälfte schreiben. So können wir auch leichter nachvollziehen, wie Israel zwischen diesen Königen, einem Ball gleich, ständig Hin- und Hergeworfen wird. Die Aufteilung gilt übrigens auch für meine Bemerkungen dazu.

Die Bibelstellen, welche weder den Königen des Südens, noch den Königen des Nordens zugeordnet werden können, finden wir wie gewohnt, in ihrer ganzen Schönheit, wie bisher, über die ganze Seitenbreite angelegt.

Doch nun genug der Gebrauchsanweisung für das 11. Kapitel. Schließlich möchten wir ja hören, was der Engel dem Daniel zu erzählen hat:

1 **Und auch ich stand im ersten Jahre Darius', des Meders, ihm bei als Helfer und Schutz.**

Wir befinden uns mit Daniel noch immer im Jahre 536 v. Chr. am Fluss Tigris. Der Engel, der mit dem Fürsten in der unsichtbaren

Welt Persiens, gekämpft hatte, zeigt sich hier als einer der Engel, die Darius in seinem ersten Regierungsjahr, unterstützt hatten. Wieder einmal mehr erkennen wir dadurch, dass es Gott ist, der alle Fäden in seiner Hand hält. Er ist nun mal der Allmächtige und er ist nun mal der Allwissende. Raum und Zeit, können IHN nicht begrenzen. Wenn wir nächste Woche einen Arzttermin haben, dann wissen wir erst in der nächsten Woche Dienstag, wie es beim Arzt gelaufen ist. Für Gott ist das kein Thema denn er existiert auch an jedem Punkt der Zeit . Wir müssen diese Punkte erst nach und nach erreichen. Gott ist immer.

2 Und nun will ich dir die Wahrheit kundtun: Siehe, es werden noch drei Könige in Persien aufstehen, und der vierte wird größeren Reichtum erlangen als alle; und wenn er durch seinen Reichtum stark geworden ist, wird er alles gegen das Königreich Griechenland aufregen.

Wir erfahren von drei persischen Königen und einem vierten König, welche noch über das israelische Volk herrschen sollten. Bei diesem vierten, ist die Rede von Xerxes, den wir auch im Buch Esther unter dem Namen „Ahasveros" (in der Bibel) kennenlernen können. (485 – 465 v. Chr.).

Immer wieder hatte er versucht, mit Griechenland seinen Machtbereich zu vergrössern. Scheiterte dabei aber zum Schluss kläglich und mit hohen Verlusten. [71 Jahre nach Prophetie eingetroffen.] Griechenland folgte auf Persien oder anders ausgedrückt, Bronze löste das Silber ab.

3 Und ein tapferer König wird aufstehen, und er wird mit großer Macht herrschen und nach seinem Gutdünken handeln. 4 Und sobald er aufgestanden ist, wird sein Reich zertrümmert und nach den vier Winden des Himmels hin zerteilt werden. Aber nicht für seine Nachkommen wird es sein und nicht nach der Macht, mit welcher er geherrscht hat; denn sein Reich wird zerstört und anderen zuteil werden, mit Ausschluss von jenen.

Wer bis hierher gut aufgepasst hat, erkennt schon jetzt, wovon hier die Rede ist. Alexander der Große, der kurz nach seinen Eroberungen starb (*Daniel 8, 8*) [228 Jahre nach Prophetie eingetroffen] und dessen Reich keinen leiblichen Erben fand. Deshalb wurde sein Reich an seine vier Generäle verteilt, welche aber nie zu solch einer Machtfülle gelangten wie Alexander der Große. Wir rufen sie uns noch einmal on Erinnerung, es waren:

„Seleukus"   = Norden (Syrien)
„Ptolemäus" = Süden (Ägypten)
„Lysimachus" = Kleinasien (Türkei)
„Kassander"   = Griechenland und das kleine Mazedonien.

Ägypten

5 Und der König des Südens, und zwar einer von seinen Obersten, wird stark werden...

„Ptolemäus I. Soter". Ihm war Ägypten zugefallen. Er ließ sich 304 v. Chr. zum König des Südens ausrufen.

[235 Jahre nach Prophetie eingetroffen]

...Und einer wird stark werden über ihn hinaus und wird herrschen: seine Herrschaft wird eine große Herrschaft sein.

„Seleukus I. Nikator", ein ehemaliger Feldherr von Ptolemäus I Soter, herrschte ab 305 v. Chr. als König über das Nordreich. (Syrien)
[234 Jahre nach Prophetie eingetroffen]

Zwischen Süden (Ägypten) und Norden (Syrien) herrschte ein ständiger Streit.

6 Und nach Verlauf von Jahren...

Viele Jahre später lebten die beiden alten Streithähne nicht mehr und deren Nachkommen saßen auf den Königsstühlen.

Ägypten
Für das Königreich im Süden (Ägypten), kam der Sohn, „Ptolemäus II." ans Ruder. (285 v. Chr.)

Syrien
Im Norden (Syrien) folgte zunächst auch der Sohn (Antiochus I. / 281 v. Chr.), danach aber der Enkel „Antiochus II." auf den Thron.

Unter diesen beiden, „Ptolemäus II." (Ägypten) und „Antiochus II." (Syrien) kam der alte Streit wieder zur vollen Blüte.

6 Und nach Verlauf von Jahren werden sie sich verbünden; und

214

die Tochter des Königs des Südens wird zu dem König des Nordens kommen, um einen Ausgleich zu bewirken. Aber sie wird die Kraft des Armes nicht behalten, und er wird nicht bestehen noch sein Arm; und sie wird dahin gegeben werden, sie und die sie eingeführt haben, und der sie gezeugt, und der sie in jenen Zeiten unterstützt hat.

Ägypten

Ein Bündnis sollte den Streit schlichten. Ein Bündnis? Das bedeute damals nicht weniger als eine Hochzeit. So verheiratete der König des Südens, „Ptolemäus II.", seine Tochter „Berenice", mit dem König des Nordens.

Syrien

Der König des Nordens war „Antiochus II." Dumm nur, dass dieser schon mit „Laodice" verheiratet war. Also musste eine Scheidung her. Naturgemäß war „Laodice" damit nicht einverstanden und ließ „Berenice" deshalb kurzerhand umbringen, vergiftete ihren Exmann „Antiochus II" und machte den gemeinsamen Sohn „Seleukus II." zum König von Syrien. (246 v. Chr.)

„Berenice" und „Antiochus II." hatten sich zum Bündnis „*umarmt*", aber weder ihr Arm, noch sein Arm hielt dem stand und alle Beteiligten wurden „*dahin gegeben*" (starben).
[293 Jahre nach Prophetie eingetroffen.]

Ägypten

7 Doch einer von den Schösslingen ihrer Wurzeln wird an seiner Statt aufstehen; und er wird gegen die Heeresmacht kommen, und wird in die Festungen des Königs des Nordens eindringen und mit ihnen nach Gutdünken verfahren, und wird siegen.

Im Süden war die Familienehre dahin. Doch nicht lange. „Ptolemäus III.", der Bruder von „Berenice", kam auf den Thron. Sein erstes Ziel? Seine Schwester rächen! Er siegte in dieser Schlacht gegen das Heer des Nordens (Syrien) und tötete „Laodice", die Mörderin seiner Schwester.

8 Und auch wird er ihre Götter samt ihren gegossenen Bildern, samt ihren kostbaren Geräten, Silber und Gold, nach Ägypten in die Gefangenschaft führen; und er wird Jahre lang standhalten vor dem König des Nordens.

Die Familienehre musste ja wieder hergestellt werden. Ausserdem bescherte dieser Rachefeldzug, Ptolemäus III, eine unsagbar reiche Beute.

Syrien

Das konnte „Seleukus II.", der Sohn von „Laodice", nun wiederum nicht so stehen

216

Syrien

lassen. 242 v. Chr. setzt er zur Vergeltung an. Jedoch gelingt es ihm nicht. Er muss sich geschlagen geben und kehrt in den Norden zurück. [297 Jahre nach Prophetie eingetroffen] Ein Unfall setzt „Seleukus II." ein jähes Ende.

9 Und dieser wird in das Reich des Königs des Südens kommen, aber in sein Land zurückkehren. 10 Aber seine Söhne werden sich zum Kriege rüsten und eine Menge großer Heere zusammenbringen;...

Der Apfel fällt nicht weit vom Stamm sagt man und meint, dass die Kinder auch nicht anders sind als ihre Eltern. Die beiden Söhne von Seleukus II, „Seleukus III." und dessen Bruder „Antiochus III." setzten das Erbe des Streites weiter fort. Es gelang ihnen, ein riesiges, syrisches Heer aufzustellen. Sie waren von dem Denken besessen, die Ehre ihres Königtums wieder herzustellen und zwar wie üblich, durch Krieg und Eroberung. Jedoch „Seleukus III." kam 223 v. Chr. Durch Gift ums Leben. Deshalb können wir auch in der Prophetie, nur noch von seinem Bruder, „Antiochus III." lesen.

...und er wird wiederkommen, und sie werden Krieg führen bis zu seiner Festung.

Drei Versuche brauchte Antiochus III. ("... und er *wird wiederkommen"*), bis es ihm 218 v. Chr. gelang, die Befestigungen der Ägypter zu durchbrechen. [321 Jahre nach der Prophetie eingetroffen]

Und was hat das alles mit Israel zu tun? Ägypten reichte bis an die syrische Grenze. Somit war Israel damals unter ägyptischer Herrschaft, unter der Herrschaft des Königs des Südens.

Ägypten

11 Und der König des Südens wird sich erbittern, und wird ausziehen und mit ihm, dem König des Nordens, streiten; und dieser wird eine große Menge aufstellen, aber die Menge wird in seine Hand gegeben werden.

Inzwischen ist auch in Ägypten die Zeit nicht stehen geblieben und „Ptolemäus III.", der Bruder der getöteten und gerächten „Berenice", ist nicht mehr König. Sein Sohn „Ptolemäus IV." hat die Geschäfte seines Vaters übernommen und zieht gegen den König des Nordens (Syrien) zu Felde.

In diesem Teil des Kampfes geht es um Israel. Dort ist auch der Ort des Geschehens. „Antiochus III." (Syrien) hatte Teile Israels, das zu Ägypten gehörte, erobert.

Ägypten

12 Und wie die Menge weggenommen wird, wird sein Herz sich erheben; und er wird Zehntausende nieder werfen, aber nicht zu Macht kommen.

„Ptolemäus IV". Er gewann zwar diese Schlacht, aber nicht den Krieg.

Syrien

13 Und der König des Nordens wird wiederkommen und eine Menge aufstellen, größer als die frühere; und nach Verlauf der Zeiten von Jahren wird er mit einem großen Heere und mit großer Ausrüstung kommen. 14 Und in jenen Zeiten werden viele aufstehen gegen den König des Südens; und Gewalttätige deines Volkes werden sich erheben, um das Gesicht zu erfüllen, und werden zu Fall kommen.

Scheinbar glaubten viele Juden, dass sie sich nur mit dem König des Nordens (Syrien) gegen den König des Südens (Ägypten) verbünden müssten, um die ägyptische Herrschaft, unter der sie standen, abzuschütteln und um eine neue durch Syrien zu verhindern. Da irrten sie sich jedoch gewaltig.

Syrien

„Antiochus III." verbündete sich jedoch lieber mit Mazedonien, weil die auch gerade nicht besonders gut auf Ägypten zu sprechen waren.

15 Und der König des Nordens wird kommen und einen Wall aufwerfen und eine befestigte Stadt einnehmen; und die Streitkräfte des Südens werden nicht standhalten, selbst sein auserlesenes Volk wird keine Kraft haben, um standzuhalten.

Um die Mauern der befestigten Stadt „Sidon" überwinden zu können, ließ „Antiochus III." 203 v. Chr. eine Rampe bauen. „einen Wall aufwerfen." Es gelang ihm, den König des Südens (Ägypten) zurück zu drängen.
[336 Jahre nach Prophetie eingetroffen]

16 Und der, welcher gegen ihn gekommen ist, wird nach seinem Gutdünken handeln, und niemand wird vor ihm bestehen; und er wird seinen Stand nehmen im Lande der Zierde, und Vertilgung wird in seiner Hand sein.

199 v. Chr. hatte „Antiochus III." (Syrien) das Land der Zierde (Israel) eingenommen. [340 Jahre nach Prophetie eingetroffen] Ein harter Regent, der bereit war, ungewöhnliche Wege zu gehen, um sein Ziel zu erreichen.

17 Und er wird sein Angesicht darauf richten, mit der Macht seines ganzen Reiches zu kommen, indem er einen Ausgleich im Sinne hat, und er wird ihn bewirken; und er wird ihm eine Tochter der Weiber geben, zu ihrem Verderben; und sie wird nicht bestehen und wird nichts für ihn sein.

Ägypten

Ägypten zurückdrängen war eine Sache, Ägypten erobern, eine andere. Inzwischen war in Ägypten „Ptolemäus V." auf dem Thron.

Syrien

So entschied sich „Antiochus III." auf friedlichem Wege einen Fuß in die Tür Ägyptens zu bekommen, indem er „Ptolemäus V." seine Tochter zur Frau gab. (194 v. Chr.)

Ägypten

Diese Tochter aber stellte sich auf die Seite ihres ägyptischen Ehemannes. Somit war sie für das Machtstreben ihres Vaters nicht mehr zu gebrauchen.
[345 Jahre nach Prophetie eingetroffen]

Syrien

18 Und er wird sein Angesicht nach den den

Syrien

Inseln hinwenden und viele einnehmen; aber ein Feldherr wird seinem Hohn ein Ende machen, dazu noch seinen Hohn ihm zurück geben.

Damit fiel Ägypten aus seinen Plänen heraus. Dafür wendete er sich jetzt Kleinasien und Griechenland zu.

Jedoch der römische *Feldherr* "Scipio" trieb ihn 188 v. Chr. regelrecht nach Hause zurück.

Rom forderte hohe Tributzahlungen und Geiseln, zu denen auch sein jüngster Sohn „Antiochus IV. Epiphanes" zählte. Er war gedemütigt und glaubte nun, er könne die inzwischen leere Staatskasse wieder füllen, indem er die Festungen und Tempel im eigenen Land überfiel und plünderte. [351 Jahre nach Prophetie eingetroffen]

19 **Und er wird sein Angesicht nach den Festungen seines Landes hinwenden, und wird straucheln und fallen und nicht mehr gefunden werden.**

Bei einer solchen Plünderung wurde er 187 v. Chr. von seiner eigenen Bevölkerung getötet. [352 Jahre nach Prophetie eingetroffen]

20 Und an seiner Statt wird einer aufstehen, welcher einen Eintreiber der Abgaben durch die Herrlichkeit des Reiches ziehen lässt; aber in wenigen Tagen wird er zerschmettert werden, und zwar weder durch Zorn noch durch Krieg.

Wie üblich übernahm nun wieder ein Sohn von „Antiochus III." die Königswürde in Syrien. Der neue König des Norden trug den Namen „Seleukus IV." Die hohen Tributzahlungen an Rom, die Schulden des Vaters quasi, machten aus ihm jedoch einen gefürchteten Steuer**eintreiber.** Der Tempelschatz in Jerusalem wurde auch zu Geld gemacht. „Seleukus IV." wurde von seinem Schatzmeister vergiftet.

...zerschmettert, weder durch Zorn noch durch Krieg.. [363 Jahre nach Prophetie eingetroffen]

21 Und an seiner Statt wird ein Verachteter aufstehen, auf den man nicht die Würde des Königtums legen wird; und er wird unversehens kommen und durch Schmeicheleien sich des Königtums bemächtigen.

Jetzt treffen wir auf einen alten Bekannten. Das kleine Horn aus dem 3. Tier im Kapitel 8:

Syrien

„Antiochus IV. Epiphanes", den das Volk „verächtlich" den Wahnsinnigen, „Epimanes", nannte, der aus der Geiselhaft der Römer entlassen wurde. Er war keineswegs in der Thronfolge, sondern er ergaunerte sich das Amt durch Intrigen. (*Schmeichelei*)

22 Und die überschwemmenden Streitkräfte werden vor ihm überschwemmt und zertrümmert werden, und sogar ein Fürst des Bundes.

Nichts, so schien es, konnte ihn aufhalten. Angreifende Streitkräfte wurden regelrecht von ihm weggespült.
Auch Israels Hohepriester „Onias III." (*Fürst des Bundes*) wurde von ihm 175 v. Chr. weg geschwemmt, indem er ihn erst ins Exil schickte und später ermorden ließ.
[364 Jahre nach Prophetie eingetroffen]

23 Denn seitdem er sich mit ihm verbündet hat, wird er Trug üben, und wird hinaufziehen und mit wenig Volk Macht gewinnen.

Der Bruder des Hohepriesters „Onias III." wollte mit einer neuen, von ihm gegründeten Partei griechisch orientiertes Leben in Israel

Einführen. Davon erhoffte er sich mehr Frieden mit dem Rest der Welt.

Deshalb verbündete er sich mit „Antiochus IV." Doch „Antiochus IV." täuschte auch ihn. Indem er den Reichtum neu verteilte. Den Reichen wegnehmen und den Gefolgsleuten geben, so schaffte er sich ein kleines Volk, das er für seine Intrigen *(Trug üben)* einsetzen konnte.

Ich weiß natürlich nicht, wie es Ihnen beim Lesen gerade geht. Als ich noch ein Kind war und zur Schule gehen ~~musste~~ durfte, war das langweiligste Unterrichtsfach, der Geschichtsunterricht. Hier jedoch haben wir es nicht mit Geschichtsunterricht zu tun. Hier lesen wir, wie ein Engel dem Daniel die Zukunft erklärt. Eine Vorhersage, direkt aus dem Himmel. Das ist schon deutlich spannender und wir wollen weiter sehen, was er dem Daniel zu sagen hat:

24 **Unversehens wird er in die fettesten Gegenden der Landschaft eindringen und tun, was weder seine Väter noch die Väter seiner Väter getan haben: Raub und Beute und Gut wird er ihnen zerstreuen und wider die Festungen seine Anschläge ersinnen, und zwar eine Zeitlang.**

Syrien

Niemand vor ihm hatte so gnadenlos Beute gemacht wie er. Doch die Reichtümer, dienten nur dazu, seine Macht zu festigen.

25 Und er wird seine Kraft und seinen Mut wider den König des Südens erwecken mit einem großen Heere...

Inzwischen hatte er ein sehr großes Heer aufgebaut. Nicht so groß wie das Herr vom König des Südens aber sein Machtwille war ungebremst und so unternahm er erneut eine Versuch, Ägypten zu erobern.

Ägypten

...Und der König des Südens wird sich zum Kriege rüsten mit einem großen und überaus starken Heere; aber er wird nicht bestehen, denn man wird Anschläge wider ihn ersinnen;

Inzwischen war im Süden „Ptolemäus VI." König geworden und er stellte ein riesiges Heer auf die Beine, um sich gegen den Angriff aus dem Norden zu wehren.

26 und die seine Tafelkost essen, werden ihn zerschmettern; und sein Heer wird überschwemmen, und viele Erschlagene werden fallen.

Ägypten

Obwohl „Ptolemäus VI." dem König des Nordens mit seiner Armee überlegen war, verlor dieser die Schlacht durch Verrat aus den eigenen Reihen. (170 v. Chr.)
[369 Jahre nach Prophetie eingetroffen]
Die Schlacht war verloren, doch nicht der Krieg.
Der König des Nordens konnte einen Teilsieg für sich verbuchen.

27 Und die beiden Könige: ihre Herzen werden auf Bosheit bedacht sein, und an einem Tische werden sie Lügen reden; aber es wird nicht gelingen, denn das Ende verzieht sich noch bis zur bestimmten Zeit.

Es kam zu Friedensverhandlungen zwischen dem Sieger, „ Antiochus IV." (Syrien) und dem besiegten „Ptolemäus VI." (Ägypten) Sie saßen an einem Tisch, freundlich wie Freunde, doch sie kamen zu keinem Ergebnis, da beide versuchten, einander über den Tisch zu ziehen oder freundlicher formuliert, einander zu betrügen.

Syrien

28 Und er wird mit großem Reichtum in sein Land zurückkehren, und sein Herz wird wider den heiligen Bund gerichtet sein; und er wird handeln und in sein Land zurückkehren.

Eigentlich hatte „Antiochus IV" ganz Ägypten

einnehmen wollen. Das war ihm jedoch nicht gelungen. Die große Beute, die er gemacht hatte, konnte ihm aber nicht über seinen Frust hinweg helfen. Also machte er auf dem Heimweg in sein Land einen Zwischenstopp in Israel und ließ dort seinem Ärger freien Lauf. Er richtete sein Herz gegen das mosaische Opfersystem, indem er den Tempel entweihte.

29 Zur bestimmten Zeit wird er wiederkehren und gegen den Süden ziehen, aber es wird zuletzt nicht sein wie im Anfang. 30 Denn Schiffe von Kittim (*Zypern*) werden wider ihn kommen; und er wird verzagen und umkehren, und er wird gegen den heiligen Bund ergrimmen und handeln: er wird umkehren und sein Augenmerk auf diejenigen richten, welche den heiligen Bund verlassen.

Zwei Jahre später: Noch einmal versuchte er, Ägypten zu gewinnen. Inzwischen waren jedoch auch schon die Römer im Mittelmeerraum aktiv und stellten sich ihm entgegen, nachdem sie mit Schiffen von Zypern aus auf seine Truppen stießen.
Kein Krieg, sondern eine Gesandtschaft des römischen Senats, mit dem Konsul "Laenas"

an der Spitze. Dieser übergab „Antiochus IV."
einen Brief, in dem Rom ihm verbot, Krieg mit
Ägypten zu führen und forderte ihn auf, nach
Hause zurückzukehren. „Antiochus IV." bat um
Bedenkzeit. Daraufhin zog der römische Konsul
einen Kreis um „Antiochus" in den Sand und
sagte: „Entscheide Dich, bevor Du diesen Kreis
verlässt."

So gedemütigt, machte „Antiochus" sich auf
den Heimweg. (*verzagen und umkehren*) Und
das haben wir ja inzwischen gemerkt, Israel liegt
auf dem Weg. Und wieder lässt er seine Wut an
den Juden aus.

**31 Und Streitkräfte von ihm werden
dastehen; und sie werden das Heiligtum, die
Feste, entweihen, und werden das beständige
Opfer abschaffen und den verwüstenden
Greuel aufstellen.**

22 000 Mann Soldaten schickte er an einem
Sabbat, unter dem Vorwand einer angeblichen
Friedensmission, nach Jerusalem. Diese
überfielen die Stadt, töteten tausende Juden,
machten Kinder und Frauen zu Sklaven,
plünderten die Stadt und zündeten sie an. Er
verbot das tägliche Opfer, die Feste, das ganze

Syrien

mosaische System und ließ 167 v. Chr. am Tempel einen Zeus Altar aufstellen. Er entweihte erneut den Tempel. [372 Jahre nach Prophetie eingetroffen]

32 Und diejenigen, welche gottlos handeln gegen den Bund, wird er durch Schmeicheleien zum Abfall verleiten; aber das Volk, welches seinen Gott kennt, wird sich stark erweisen und handeln.

Er versprach jenen Belohnungen, die bereit waren, dem Judentum den Rücken zu kehren (*Schmeichelei*).
Ein kleiner Überrest aber blieb Gott dem Schöpfer treu und ging in den Widerstand. So wie der Priester „Makkabäus" und seine Söhne. [375 Jahre nach der Prophetie eingetroffen]

33 Und die Verständigen des Volkes werden die Vielen unterweisen, aber sie werden fallen durch Schwert und Flamme, durch Gefangenschaft und Raub, eine Zeitlang.

Es gab also auch noch Juden die bereit waren, lieber zu sterben, als nicht mehr das Wort Gottes zu lehren.

34 Und wenn sie fallen, wird ihnen mit einer kleinen Hilfe geholfen werden; und viele werden sich ihnen mit Heuchelei anschließen.

Nicht jeder, der sich Makkabäus anschloss, war auch ein Widerstandskämpfer, doch Gott gibt Kraft, ob im Feuerofen oder in der Löwengrube, ob wir unter Verfolgung stehen oder in dem Augenblick, wo wir für seinen Namen fallen. Es ist ein Unterschied, ob man mit oder ohne Gott, ob mit oder ohne Jesus Christus stirbt. Ein noch größerer Unterschied aber scheint es zu sein, wenn man *für* Jesus sterben muss, denn diese bekommen im richtigen Moment die erforderliche Hilfe. Spätestens dann trennt sich Heuchelei von Wahrheit.

35 Und von den Verständigen werden einige fallen, um sie zu läutern und zu reinigen und weiß zu machen bis zur Zeit des Endes; denn es verzieht sich noch bis zur bestimmten Zeit.

Gott ruft aber auch jene aus dem Leben, die sonst in der Gefahr stehen würden, ihren Glauben, ihre Verständigkeit zu verlieren, um sie zu retten. Gottes Plan zur Heiligung der Verständigen reicht bis zum Ende, auch wenn die schlimme Zeit unter „Antiochus IV." nach 1150 Tagen (*Kap. 8, 13*) vorüber war.

Zu dieser Zeit, die zum Ende der Zeit bestimmt ist, führen uns die nun folgenden Verse. Das, was wir in den Versen 36 bis 45 lesen werden, wurde von „Antiochus IV." nicht erfüllt. Dieser ist Vergangenheit. Der König, von dem wir nun lesen, liegt zu diesem Zeitpunkt in der Zukunft, für Israel in der letzten „Jahrwoche". Aber „Antiochus IV." gab uns in seinem Wesen eine gute Vorausschau auf das, was Israel und den „Rest der Welt" erwarten wird.

36 Und der König wird nach seinem Gutdünken handeln, und er wird sich erheben und groß machen über jeden Gott, und wider den Gott der Götter wird er Erstaunliches reden; und er wird Gelingen haben, bis der Zorn vollendet ist, denn das fest Beschlossene wird vollzogen.

Wir reden jetzt nicht von einer ganz bestimmten Person. Diese wird erst in der Zukunft *offenbar werden*. Seine Wesensart wurde uns aber durch Antiochus IV. gezeigt. Seine Ideologie aber ist jetzt schon sichtbar, *...er leugnet den Sohn (1. Joh. 2, 22),* das heißt, er leugnet Jesus Christus.

37 Und auf den Gott seiner Väter wird er nicht achten,...

Der König, den wir bereits als das kleine Horn aus dem vierten Tier im *Kapitel 7, 8* kennengelernt haben, ist ein religiöser Führer. Denn er erhebt sich selbst über alles, was Gott heißt. Und zwar bis zum Schluss, *...bis der Zorn vollendet ist... (Dan. 11, 36)* Die Rede ist hier von Gottes Zorn, der erst mit dem beschlossenen Gericht enden wird.

*(570 n. Chr., als Ismaels Nachfahre Mohammed geboren wurde, hatte die arabische Welt so viele Götter wie das Jahr Tage. Darüber hinaus hatte auch jeder Stamm (jedes Geschlecht) seinen eigenen Stammesgott. Mohammeds Stammesgott hieß „Alilah“. Er stammte aus dem Geschlecht der Haschim im Stamme „Quraisch“. Nachdem sich Mohammed mit seinen Feldzügen alle anderen Stämme unterworfen hatte, benannte er seinen Stammesgott um in Allah, proklamierte: „Allah ist

größer", und erklärte ihn zum allumfassenden Gott. Kurz vor Mohammeds Geburt starb Mohammeds Vater, dessen Namen war übrigens „Abd <u>Alleh</u>") *
[1150 Jahre nach Prophetie eingetroffen ?]

...und weder auf die Sehnsucht der Weiber noch auf irgend einen Gott wird er achten, sondern er wird sich über alles erheben.

Bei einigen Bibelauslegern können wir lesen, dass mit der Sehnsucht der Frauen eine Erwartungshaltung der hebräischen Frauen gemeint sei, dass sie zur Mutter des Messias bestimmt sein könnte. Diese Auffassung kann ich leider nicht teilen. Darum möchte ich um Prüfung bitten, ob die folgende Variante nicht auch eine betrachtungswerte Möglichkeit darstellt.

Daniel beschreibt uns ja hier die Wesensart eines Mannes, in Verbindung mit den Ereignissen einer Zeit, die wir landläufig als Endzeit beschreiben. Seit Daniel ist viel Zeit vergangen und Israel ist inzwischen ein genau so weltlich orientiertes Land, wie jedes andere Land der Erde. Wer mag in dieser Zeit des Abfalls von Gott, noch die Sehnsucht haben, möglicherweise die Mutter des Messias zu werden? Hinzu kommt, dass ich in der Bibel nur an einer Stelle etwas von einer Sehnsucht der Frauen lesen kann, und das ist direkt nach dem Sündenfall.

...und nach deinem Manne wird dein Verlangen sein, er aber wird über dich herrschen. (1.Mose 3, 16 b)

* (Ludwig Schneider in Israel Heute TV vom 20.08.2009)

Die Sehnsucht der Frauen besteht meiner Meinung nach darin, dass sie genau diesen Fluch Gottes nicht akzeptieren wollen. Das reicht von der einfachen Verharmlosung, durch das Bild des Mannes, der unter dem Pantoffel steht, über die sogenannte Frauenquote in den Führungsebenen, bis hin zu kirchlichen Lehrämtern und das gegen den ausdrücklichen Willen, eines in ihren Augen, fälschlicherweise maskulin interpretierten Gottes.

*So kritisiert die Vereinigung der evangelischen Frauen in Deutschland mit ihren ca. 3 Millionen Mitglieder*innen, Anfang Juni 2021 die Deutsche Bibelgesellschaft, weil diese in der Einführung zur Neuerscheinung der Basisbibel schreibt, dass man das Tetragramm "YAHWE", nur mit "HERR" korrekt wieder geben könne.*

Man bedauere, dass die „traditionelle Androzentrik", also eine Konzentration auf das männliche Geschlecht, in der Über-setzung nicht überwunden worden sei.

Im Islam gelten andere Regeln. Die Istanbul-Konvention zum Schutz von Frauen vor Gewalt, ist ein Europäischer Vertrag, den der türkische Präsident Erdogan, Ende April 2021 aufgekündigt hat. Daraufhin bekam Herr Erdogan Besuch von der Europäischen Union. EU-Ratspräsident Charles Michel und die EU-Kommissionschefin Ursula von der Leyen, wurden vom türkischen Staatspräsidenten empfangen. Es entwickelte sich zu einem Eklat, da die Kommissionschefin selbst, weit weg, nur auf einem Sofa, platziert wurde und der sie Begleitende Charles Michel zur Rechten, neben Herrn Erdogan sitzen durfte. Ein deutliches Signal an diese Sehnsucht der Frauen, über den Mann herrschen zu wollen. Der Islam hat andere Regeln. Übrigens rief der türkische Präsident Erdogan am 17.03.2017 laut einem Bericht im News - Ticker von Fokus-Online, alle in Europa lebenden Türken dazu auf, mindesten fünf Kinder in die Welt zu setzen um den Einfluss der Türken zu stärken.

Dank einer Geburtenrate von durchschnittlich 3,1 Kindern pro islamischer Frau und einer durch die Scharia erlaubten Vielehe, breitet sich die Ideologie Mohammeds rasant aus. Und das, obwohl sie durchaus frauenfeindliche Tendenzen erkennen lässt.

Der Antichrist wird sich über alles erheben, auch über die Liebe.

Petrus schreibt in seinem ersten Brief an die Männer der Gemeinde:

"Ihr Männer gleicherweise, wohnt bei ihnen (bei euren Frauen) nach Erkenntnis, als bei einem schwächeren Gefäß, dem weiblichen, ihnen Ehre gebend, als die auch Miterben der Gnade des Lebens sind, auf dass eure Gebete nicht verhindert werden."

(1. Petr. 3, 7)

38 Und an dessen Statt wird er den Gott der Festungen ehren: den Gott, den seine Väter nicht gekannt haben, wird er ehren mit Gold und mit Silber und mit Edelsteinen und mit Kleinodien.

Nach seinem Machtanspruch, wird sein zweites Interesse dem Geld dienen um damit seine militärische Stärke zu finanzieren, die seine Macht festigen sollen. Dafür ehrt er einen fremden Gott, den seine Väter nicht kannten, dieser dürfte Satan sein.

„Und der Drache gab ihm seine Macht und seinen Thron und große Gewalt."   *(Off. 13, 2)*

Der islamische Staat macht uns auch hier vor, wie es geht. Erdölfelder und Raffinerien sind bevorzugte Kriegsbeute, um mit dem zu Schleuderpreisen auf den Markt geworfenen Öl, weiteren Krieg finanzieren zu können.

Wir erinnern uns heute kaum noch an den Begriff „Islamischer Staat". Auch wenn es noch nicht sehr lange her ist, dass seine Terroranschläge seine blutige Spur hinterließ. Dabei war der islamische Staat nichts neues. In „Geschichte des Islam" bei Wikipedia können wir lesen, dass die politische Laufbahn Mohammeds mit der Übersiedlung von Mekka nach Medina und: „der Gründung des islamischen Staates" begann. Dies war auch der Beginn einer islamischen Zeitrechnung. Ich finde es darüber hinaus sehr erstaunlich, dass wir bei Wikipedia sogar lesen können, dass „die Anhänger der neuen Religion damit begannen, (wörtlich) die alten Götter zu bekämpfen". Haben wir es nicht gerade erst im Danielbuch gelesen?

„...und auf den Gott seiner Väter wird er nicht achten"
                                                (Dan. 11, 37)

39 Und er wird gegen die starken Festungen so verfahren mit dem fremden Gott: wer ihm Anerkennung zollt, dem wird er viel Ehre erweisen, und er wird ihm Herrschaft verleihen über die Vielen und das Land austeilen zum Lohne.

Geschenke machen Freunde. Land und Öl zu Schleuderpreisen

sichern die Gefolgschaft und die Vergabe von Machtpositionen schafft loyale Anhänger, so wie bei Antiochus IV.

Ägypten
40 Und zur Zeit des Endes wird der König des Südens mit ihm zusammenstoßen, ...

Syrien

...und der König des Nordens wird gegen ihn anstürmen mit Wagen und mit Reitern und mit vielen Schiffen; und er wird in die Länder eindringen und wird sie überschwemmen und überfluten.

Hier wird Daniel noch einmal von dem Engel daran erinnert, das es sich um Ereignisse handelt, die sich in der Zeit des Endes abspielen werden. Es wird erneut zum Zusammenstoß zwischen dem König des Nordens mit dem König des Südens kommen.

Für Daniel war es klar, wer mit dem König des Südens und des Nordens gemeint war. In der Zeit des Endes aber, ist es so einfach nicht. Wenn wir heute von Syrien sprechen, dann stehen dahinter vor allem diejenigen, welche die strategische Lage Syriens aus zu nutzen wissen, um Israel zu schaden. Allen voran unterstützt der Iran, das vom Bürgerkrieg zerstörte Syrien, sowohl finanziell als auch militärisch, um eigene Interessen zu verwirklichen. Der Iran wiederum wird von Russland unterstützt. So entstehen auf syrischem Boden, entlang der Grenze zu Israel, iranische Raketenbasen mit russischer Technologie und zu Teil auch mit russischem Personal. Der sogenannte Normalbürger ist kaum mehr in der Lage, die Komplexität der verschiedenen Allianzen zu durchschauen.

Wir erleben aber auch, dass der Antichrist Feinde hat, die bereit sind, Krieg gegen ihn zu führen. Möglich, dass es dabei auch darum geht, ihm die Weltmacht zu entreißen.

Seit dem Vers 36, lesen wir hier Ereignissen, die auch für uns noch in der Zukunft liegen. Die Streitereien zwischen den Dynastien der Seleukiden und den Ptolemäern sind ja Heute bereits Geschichte. Die Länder aber sind geblieben, und damit auch ihre geographische Lage.

Fakt ist, Israel ist auch für Daniel der Nabel der Welt. Wenn es also in der Bibel um Himmelrichtungen geht, so ist Israel immer als Zentrum zu sehen. Beim König des Südens gibt es dazu keine Fragen, denn in wenigen Versen wird Ägypten sogar namentlich erwähnt. Fährt man nun, mit dem Finger auf dem Globus, von Israel aus schnurstracks nach Norden, dann trifft man zunächst auf Syrien, den *„König des Nordens"*. Fährt man nun aber noch weiter schnurstracks nach Norden, dann kommt man zum *„König des äußersten Norden"* (Hesekiel 39, 2), auf niemand geringeren als auf Moskau und damit auf Russland und auf den Machthaber von Russland, den *Gog* (Fürst) *von Rosch*.

Im Zusammenhang mit Versen aus dem nachfolgenden Kapitel 12 kann man davon ausgehen, dass es sich um den letzten aller Kriege handeln wird, bevor Jesus Christus sein Reich auf der Erde errichtet, am Ende der letzten Jahrwoche, die Schlacht von Harmagedon (*Off. 16, 12-21*). So wäre das Folgende Szenario durchaus denkbar:

„1 Ausspruch des Wortes Jahwes über Israel. Es spricht Jahwe, der den Himmel ausspannt und die Erde gründet, und des Menschen Geist in seinem Innern bildet: 2 Siehe, ich mache Jerusalem zu einer Taumelschale für alle Völker ringsum; und auch über Juda wird es kommen bei der Belagerung von Jerusalem. 3 Und es wird geschehen an jenem Tage, da werde ich Jerusalem zu einem Laststein machen für alle Völker: alle, die ihn aufladen wollen, werden sich gewisslich daran verwunden. Und alle Nationen der Erde werden sich wider dasselbe versammeln."   (Sacharja 12, 1 - 3)

Israel befindet sich schon lange in internationaler Kritik. Die Israel umgebenden Nationen haben sich auf ihre Fahnen geschrieben, Israel als Nation von der Landkarte zu entfernen. *„eine Taumelschale für alle Völker ringsum"* In den vereinten Nationen, also in der UNO, jagt eine israelfeindliche Resolution die Nächste.

Wir nehmen nun wieder das Danielbuch zur Hilfe, wenn wir der Frage nachgehen, wie es wohl aussehen könnte, wenn es, eher früher als später, zu einem erneuten militärischen Konflikt in dieser Größenordnung kommt, wie ihn die Bibel hier beschreibt, zu diesem, letzten Weltkrieg. Er wird von Ägypten ausgehen.

Ägypten, Libyen und Äthiopien werden sich von Süden her gegen Israel aufmachen. Ein anderer König wird von Norden her angreifen. Israel wird zu dieser Zeit schon in einem Bündnis mit dem Antichristen stehen. Zu diesem Zeitpunkt ist ein Angriff gegen Israel also nichts anderes, als ein Angriff auf die Schutzmacht, und somit auf den Antichristen selbst. Dieser wird mit ungebremster Härte zurückschlagen, in dem er so schnell wie möglich nach Israel kommt um es wieder einmal mehr zu einem Schlachtfeld zu machen. Mit seinem Heer wird er viele beteiligte Länder zu Fall bringen.

41 Und er wird in das Land der Zierde eindringen, und viele Länder werden zu Fall kommen; diese aber werden seiner Hand entrinnen: Edom und Moab und die Vornehmsten der Kinder Ammon.

Das bedeutet, dass Lediglich das heutige Jordanien, der ehemalige Stammessitzes der damaligen Völker der Edomiter, Moabiter und Ammoniter, seiner Wut entfliehen können.

42 Und er wird seine Hand an die Länder legen, und das Land Ägypten wird nicht entrinnen;

Sein Schlag gegen Ägypten wird ihm gelingen und er wird große Beute machen.

43 und er wird die Schätze an Gold und Silber und alle Kostbarkeiten Ägyptens in seine Gewalt bringen, und Libyer und Äthiopier werden in seinem Gefolge sein.

Sein Feldzug wird wie eine Flut über Ägypten hinweg fegen. Aber auch die arabischen Verbündeten Ägyptens, Libyen und Äthiopien werden in seine Hand gegeben.

44 Aber Gerüchte von Osten und von Norden her werden ihn

erschrecken; und er wird ausziehen in großem Grimm, um viele zu vernichten und zu vertilgen.

Wie bitte? Es gibt etwas, was selbst jemanden wie den Antichristen erschrecken kann? Vielleicht sollten wir uns die Situationen doch einmal etwas genauer ansehen.

Wir befinden uns in unserer Betrachtung, kurz vor dem Ende der zweiten Hälfte der großen Drangsal oder Trübsal. Was ist bisher passiert in dieser letzten Jahrwoche?

Allem Voran steht die Entrückung der gläubigen Christen. Ein globales Ereignis, von unvorstellbarem Ausmaß, das dringend eine öffentliche Erklärung braucht, für alle, die zurück bleiben werden. Der Geist Gottes verlässt mit der Entrückung die Erde und damit verschwindet auch die Liebe. Damit steht der Ausgießung der Gerichte Gottes, gegen eine unbußfertige Welt, nichts mehr im Wege.

Da sind zunächst die Gerichte wie sie uns in *Offenbarung 6* beschrieben *werden*:

- Der Antichrist kommt zur Weltherrschaft
- der Frieden wird von der (ganzen) Erde genommen, sodass die Menschen versuchen, sich gegenseitig umzubringen.
- Eine bis dahin nie da gewesene Teuerung wird entstehen. Die Wohlstandsgesellschaft existiert nicht mehr. Wer das Glück hat, eine Tagesration Mehl auf zutreiben, muss dafür seinen ganzen Tagesverdienst hinlegen, so er denn überhaupt einen hat.
- Ein Rechenbeispiel: Laut Wikipedia werden 2023 etwa acht Milliarden Menschen auf der Erde leben. Nehmen wir einmal an,

die letzte Jahrwoche würde dann beginnen. Dann würden in der zweiten Häfte, allein durch Kriege, Hunger und durch Viren, also durch Pandemien, ein Viertel der Menschheit zu beklagen sein. Zwei Milliarden Tote bis hier her, in so kurzer Zeit. Die Zeit wird nicht reichen, diese Menschen, zwischen den Trümmern der Kriege und während den Hungerkathastrophen, zu beerdigen. Bilder, wie wir sie in der Covid 19 - Pandemie 2020 aus Bergamo in Italien gesehen haben, als Verstorbene mit LKW – Kolonnen weg gefahren wurden, sind dagegen harmlos. Jeder mag selbst einmal darüber nachdenken, wie sich diese Situation allein in der Stadt in der er gerade lebt, im eigenem Umfeld, darstellen wird, wenn plötzlich 25 % der Bevölkerung stirbt. Gibt es dann überhaupt Menschen, die sich für Bestattungen zuständig wissen? Gibt es überhaupt genug Platz und Orte dafür? Nein! Überall werden Feuer brennen, um die vielen Leichen zu "entsorgen".

- Erdbeben von ungeahnter Intensität sorgen für weitere Katastrophen. Berge und Inseln werden verschwinden und die Sonne wird wie ein *"härener Sack"*. (Ein härener Sack ist ein aus dunklem Sackleinen bestehendes Trauerkleid.)
- Doch auch der Mond wird nur noch an Blut erinnern.
- Es wird Meteoriten regnen und der Himmel wird regelrecht zur Seite gerollt werden.
- Die Angst davor, seinem Schöpfer als Richter zu begegnen wird bei allen Menschen, auch bei den Regierenden groß sein.

Das Schlimmste daran ist jedoch: Die Gnadenzeit ist vorbei! Sie endete mit der Evakuierung derer, die Jesus Christus im

Glauben, als ihren Herrn und Heiland angenommen hatten. Die Gnadenzeit endet mit der Entrückung der Gläubigen.
Zweitausend Jahre Gnadenzeit. Zweitausend Jahre hat Gott gewartet, während die Menschen auf alle erdenkliche Arten und Weisen versucht haben, Ihn los zu werden. Seine Ordnungen wurden mit Füßen getreten, anstatt zu ihm zurück zu kehren, wurden sie gott (-) los, voller Hass und Bosheit. Die Gnadentür wird geschlossen sein, wie damals die Tür der Arche, zur Zeit Noahs. Als die Tür zu war, kam das Gericht.

Offenbarung 8:
- Es wird keinen Wind mehr geben, weder auf dem Land, noch auf dem Meer.
- Riesiger Hagel, vermischt mit Feuer und Blut wird es regnen, wodurch ein Drittel der Erdoberfläche sowie ein Drittel der Vegetation verbrennen wird. Das bedeute, dass Getreide knapp werden wird.
- Wasser und Lebensmittel, der wohl häufigste Grund für viele Kämpfe, denn ein Drittel des Meeres wird zu Blut, die darin enthaltenen Fische sterben und 30 % der Schiffe werden nach einer gewaltigen Vulkan - Katastrophe, zerstört.
- Ein weiteres Drittel des Quell- und Flusswassers wird giftig sein, nach dem ein Komet auf die Erde gefallen ist. Viele Menschen werden durch dieses Wasser sterben.
- Auf der Erde wird es finster werden, denn sowohl die Sonne, als auch der Mond und die Sterne werden ein Drittel ihrer Leuchtkraft verlieren. Kein Wunder, bei der Rauchentwicklung.

Alle diese Punkte, bis hierher, sollten eigentlich genügen, um zu erkennen, dass Gott am längeren Hebel sitzt. Doch die Herzen der Menschen werden verhärtet sein, so wie damals das Herz des Pharaos während der ägyptischen Sklaverei zur Zeit Mose.

Sie haben doch sicher auch von den Plagen der Ägypter gehört, weil der Pharao Gottes Willen nicht aktzeptierte? (2. Mose 7 – 11) Dazu wird es auch in der Drangsal keine Achtung mehr vor dem Nächsten geben, denn der Heilige Geist wird nicht mehr auf der Erde wirken.

Offenbarung 9:
- Rauch aus dem Abgrund (Vulkane?)wird Luft und Sonne verfinstern.
- Insekten, Heuschrecken gleich, jedoch mit einem Stachel, wie ihn Skorpione haben, werden die Menschheit fünf Monate lang quälen. Die Menschen werden sich wünschen zu sterben aber in diesem Fall, wird selbst der Tod nichts von ihnen wissen wollen.

Erinnern Sie sich noch an den Anfang unserer Beschreibung? Wir sind von acht Milliarden Menschen als Weltbevölkerung ausgegangen. Bereits nach kurzer Zeit waren es nur noch sechs Milliarden. Zwei Milliarden Menschen, die durch Kriege, Hunger und durch Pandemien zu Tode kamen. Jetzt werden zwei weitere Milliarden Menschen zu Tode kommen. Bis zu diesem Zeitpunkt sind also zusammen gerechnet, etwa vier Milliarden Tote zu beklagen, die Hälfte der Menschheit.

Ein Krieg in unvorstellbarer Größenordnung mit ca. 200 000 000 Soldaten (In Worten: Zweihundertmillionen) tut sein Übriges.

Wer die Gnadenzeit genutzt hat um Jesus Christus als seinen Herrn und Erlöser anzunehmen, wird sich zu dieser Zeit bereits im Himmel befinden. Jesus Christus hat seine Gemeinde längst evakuiert und nach Hause geholt Der Antichrist wird aber auch dafür eine plausibele Erklärung finden. Möglicherweise wird es heißen, dass diese Menschen, Opfer einer Entführung durch Alliens geworden sind. Schließlich hat das Pentagon ja inzwischen die Existenz von UFO's bestätigt. Gott darf in der Erklärung für das plötzliche Verschwinden sovieler Menschen, nicht vorkommen. Und jemandem, der sogar die Macht hat, Feuer vom Himmel fallen zu lassen, wird man alles glauben, oder? Doch diese Loyalität hat ihren Preis. Gottes Zorn wird jeden treffen, der das Zeichen des Antichristen annehmen wird.

Offenbarung 16:
- Niemand kann mehr kaufen oder Verkaufen, der nicht das Zeichen des Antichristen annimmt. Doch wer es annimmt, wird schwere, quälende Geschwüre bekommen und der Zorn Gottes bleibt auf ihm.
- Das Wasser wird unbrauchbar. Zuerst wird alles Leben im Meer zu Grunde gehen, da das Wasser der Meere wie das Blut eines Toten wird. Danach werden die Flüsse und ihre Quellen zu Blut.
- Durst der nicht mehr mit Wasser gelöscht werden kann und dazu eine Sonne, deren Kraft so sehr an Intensität zunehmen wird, dass sie die Menschen, die ihr ausgesetzt sind, versengt.
- Das Reich des Antichristen wird verfinstert werden und
- Geister von Dämonen werden auf die Menschen losgelassen, vor Allem auf die Führungseliten. Die sich um so mehr gegen

Gott auflehnen werden. Ich denke, dass für all´ diese Ereignisse ein neues Wort erfunden werden müsste. Die Worte Chaos oder Katastrophe, reichen dann nicht mehr aus. Denn eine schlimme Katastrophe jagt die Andere, Schlag auf Schlag.

Die Geschichte der Erde beginnt mit dem Schöpfungsbericht aus dem 1. Buch Mose. Im 1. und 2. Vers heist es dort wörtlich:

"1 *Am Anfang schuf Gott Himmel und Erde.* 2 *Und die Erde war tohu wa-bohu.*"   *(1. Mose 1+2)*

*Luther übersetzte "tohu wa-bohu" mit "wüst und leer" Dabei bezeichnet *tohu* die „Öde" oder „Leere", *wa* bedeutet „und" , *bohu* drückt die Bedeutung von „ungeordnet sein" aus.*

Hier schließt sich nun der Kreis. Die Welt befindet sich wieder in einem tohu wa-bohu. Einer geistigen Leere und einem heillosen Durcheinander.

Die Bibel spricht sehr häufig von Ereignissen, welche im Kleinen etwas widerspiegeln, was später im Großen oder auf andere Weise stattfinden wird. Wir nennen das oft eine Vorschattung. Eine solche Vorschattung für den Zustand des Endes, glaube ich auch in den Schilderungen in *"Jeremia 4"* zu erkennen. Auch dort geht es um Gericht am gottlosen Volk. Auch dort geht es um Krieg durch einen Angreifer aus dem Norden und wir hören den Propheten sagen:

"19 Meine Eingeweide, meine Eingeweide! Mir ist angst! Die Wände meines Herzens! Es tobt in mir mein Herz! Ich kann nicht

*https://de.wikipedia.org/wiki/Tohuwabohu

schweigen! Denn du, meine Seele, hörst den Schall der Posaune, Kriegsgeschrei: 20 Zerstörung über Zerstörung wird ausgerufen. Denn das ganze Land ist verwüstet; plötzlich sind meine Zelte zerstört, meine Zeltbehänge in einem Augenblick. 21 Wie lange soll ich das Panier sehen, den Schall der Posaune hören? 22 Denn mein Volk ist närrisch, mich kennen sie nicht; törichte Kinder sind sie und unverständig. Weise sind sie, Böses zu tun; aber Gutes zu tun verstehen sie nicht. 23 Ich schaue die Erde an und siehe, sie ist; tohu wa-bohu und gen Himmel, und sein Licht ist nicht da. 24 Ich schaue die Berge an, und siehe, sie beben; und alle Hügel schwanken. 25 Ich schaue, und siehe, kein Mensch ist da; und alle Vögel des Himmels sind entflohen. 26 Ich schaue, und siehe, der Karmel ist eine Wüste; und alle seine Städte sind niedergerissen vor Jahwe, vor der Glut seines Zornes."   (Jeremia 4, 19-25)

In der Offenbarung 16, ab Vers. 14 lesen wir, wie die Könige der Erde sich in der Talebene von Harmagedon zum letzten großen Krieg versammeln. Wir lesen weiter von einem Erdbeben, wie es an Stärke bisher noch nie auf der Erde gewesen ist und von bis zu einem Zentner schwerem Hagelschlag. Die inseln und Berge werden ebenso verschwinden, wie die Städte der Erde.

Mitten hinein in dieses Szenarium, spricht der Vers 44, den ich zum besseren Erinnerung hier gerne noch einmal wiederholen möchte:

44 **Aber Gerüchte von Osten und von Norden her werden ihn erschrecken; und er wird ausziehen in großem Grimm, um viele zu vernichten und zu vertilgen.**

Die Nachricht einer noch größeren militärischen Aktion, bei der Feinde von Osten (Off, 9, 16) und von Norden sich auf den Weg machen, gegen ihn zu kämpfen, lässt ihn erschrecken.

"... und ich werde alle Nationen nach Jerusalem zum Kriege versammeln..."   *(Sacharja 14, 2 a)*

[Seit ca. 736 v. Chr. Vorhergesagt]

Der Text aus dem Vers 44 sagt uns aber nicht nur, dass sich der Antichrist erschrickt. Der Vers hat noch weitere Informationen für uns.

Ägypten kam von Süden. Ein weiterer König kam aus dem Norden. Weitere Angreifer nähern sich nun auch aus Norden aber auch aus dem Osten. Warum denn nicht aus dem Westen? Kann es nicht sein, dass von dort aus der Antichrist an dem Geschehen teilnimmt?

Nach dieser schlechten Nachricht wird er versuchen, seine Befehlszentrale, strategisch günstig, zwischen dem Meer und dem Berge Zion einzurichten, in Israel also.

45 Und er wird sein Palastzelt aufschlagen zwischen dem Meere und dem Berge der heiligen Zierde. Und er wird zu seinem Ende kommen, und niemand wird ihm helfen.

Seine ganze Macht wird ihm am Ende nichts mehr nutzen, wenn Jesus kommt, um sein Reich aufzurichten, das 1000jährige Friedensreich, mit Jesus als König für alle Völker der Erde.

"4 Und seine Füße werden an jenem Tage auf dem Ölberge stehen, der vor Jerusalem gegen Osten liegt; und der Ölberg wird sich in

der Mitte spalten nach Osten und nach Westen hin, zu einem sehr großen Tal, und die Hälfte des Berges wird nach Norden und seine andere Hälfte nach Süden weichen. 5 Und ihr werdet in das Tal meiner Berge fliehen, und das Tal der Berge wird bis Azel reichen; und ihr werdet fliehen, wie ihr vor dem Erdbeben geflohen seid in den Tagen Ussijas, des Königs von Juda. Und kommen wird Jahwe, mein Gott, und alle Heiligen mit dir."   *(Sacharja 14, 4 + 5)*

Die Zeit wird zeigen, dass es so ablaufen wird. Die Bibel ist nun einmal das Wort der Wahrheit, weil es das Wort Gottes ist und weil Gott Wahrheit ist (*"...Ich bin der ich bin"* (2. Mose 3, 14))

Es ist nicht leicht, sich mit diesem Thema zu befassen. Nicht, dass es für Christen eine bedrohliche Relevanz hat, nein, wir werden vorher entrückt sein und erst mit Jesus zusammen auf den Ölberg zurückkehren. Wir sind seine Heiligen.

Nicht weil wir heilig sind, sondern weil Jesus Christus uns heilig gemacht hat, indem er, am Kreuz auf Golgatha, für unsere ganze Schuld bezahlt hat und wir dieses Gnadenangebot, im Vertrauen auf seine Zusagen, angenommen haben.

So haben wir keine Schuld mehr vor Gott. Es schmerzt jedoch sehen zu müssen, wie vielen Menschen das alles nicht erspart bleibt, allen voran jene, welche in unseren Herzen sind. Weil sie das Gnadenangebot von Jesus Christus abgelehnt haben und auf Gott nur voller Spott reagieren. Sie vertrauen lieber auf ihr sogenanntes Wissen, dass sie der Wissenschafft abkaufen. Dabei merken sie gar nicht, dass die Wissenschaft selbst, in großen Teilen, nur von sogenannten "Annahmen" abhängig ist.

Zwischenspiel:

Nichts Neues unter der Sonne

"Hört das Wort des Herrn, ihr Nationen, und meldet es auf den fernen Inseln und sprecht: Der Israel zerstreut hat, wird es wieder sammeln und es hüten wie ein Hirte seine Herde." (Jeremia 31, 10)

Ohne Kenntnis der Weltgeschichte führt das elfte Kapitel unweigerlich zur Verwirrung. Schlimmer noch, eine Verwirrung lässt sich trotz gründlicher Recherche der Weltgeschichte eigentlich garnicht vermeiden. Ich habe als Schüler das Fach Geschichte nicht sonderlich gemocht. Alte verstaubte Jahreszahlen auswendig lernen, das war schon schlimm genug. Hätte ich das Fach gemocht oder wenigstens besser aufgepasst, so hätte es mir aber auch nichts genutzt, denn die Geschichte der Völker im Nahen Osten, erschließen sich uns, bis auf den heutigen Tag, nur schwer. Und dennoch können wir aus dem Kapitel 11 etwas mitnehmen.

Israel ist das von Gott erwählte Fleckchen Erde, indem er seinen Sohn zu den Menschen geschickt hat. Es ist der Ort, den er sich zum Wohnort ausgesucht hat und zu dem Jesus Christus zurückkehren wird, um von dort aus die Welt zu regieren. Irgend ein Ort musste es ja sein. Das heißt für alle anderen Völker: „Sie sind es nicht." Möglicherweise resultiert daraus der Hass anderer Völker gegen Israel. Wir dürfen auch nicht vergessen, dass Satan der Herrscher der Welt ist. Liest man die Bibel und

Zwischenspiel

betrachtet den Verlauf der Weltgeschichte und den der politischen Gegebenheiten, dann könnte man annehmen, dass es dem Volk Israel, mal abgesehen vom Holocaust, im eigenen Land schlechter erging als in der Zerstreuung.

Im vorangegangenen Kapitel lasen wir von den ständigen Verwüstungen, Kriegen und Bedrohungen, den Ängsten und Tränen, die Israel als Pufferzone zwischen dem König des Südens (Ägypten) und dem des Nordens (Syrien) erleben musste. Der Höhepunkt gipfelte später in der völligen Zerstörung Jerusalems, 70 Jahre nach Christus, durch die Beine aus Eisen, das schreckliche, vierte Tier aus dem großen Meer oder unverschlüsselt: durch das römische Reich.

Das Buch Daniel ist aber auch ein prophetisches Buch. Das Kapitel 11 erzählt uns von den Herrschern, die an Israel ihren Frust und ihre Wut über entgangene Erfolge ausließen. Kaum ist Israel wieder gesammelt und im eigenen Staat, geht das Spiel wieder von vorne los. Dieses Mal ist der Beweggrund allerdings ein anderer.

*„Der Islam kann es nicht zulassen, dass im großen islamischen Orient ein „Fremdkörper" existiert, ein Judenstaat! Der Islam möchte, dass die ganze Welt von der Schari´a, dem islamischen Gesetz beherrscht wird! Denn „Allah" sei der Größte, der Erhabene über alle anderen Religionen und Götter, so heißt es im Koran. Eine Existenz des Volkes Israels mit dem Gott Israels würde zeigen, dass Allah doch nicht der Übermächtigste ist!

Die Moslems glauben, dass das Judentum vom Christentum und dieses vom Islam besiegt wurde. Somit glauben sie, die einzig richtige Religion zu haben. Die Herrschaft Allahs soll jetzt in den islamischen Staaten errichtet werden, wenn dann die Muslime stark genug sind, dann auch in der ganzen Welt. Würde Israel bestehen bleiben, auch als Ministaat, wäre dies eine Erniedrigung Allahs. Deshalb muss dieser zionistische Staat mit dem Heiligen Krieg, dem Jihad, vernichtet werden."*

Neben einer von Lügen geprägten Hetzpropaganda und Aufrufen zum Wirtschaftsboykott gegen Israel (Wie damals im 3. Reich: „kauft nicht bei Juden"), sowie der Verdrehung vieler geschichtlicher oder archäologischer Tatsachen und Zerstörung von Altertümern, ist es neben ihrem Rasanten Bevölkerungswachstum vor Allem der Terror, auf den sich der Islam zum Kampf gegen die „Ungläubigen" verlegt hat. Schließlich haben seine kriegerischen Aktivitäten ihn nicht wirklich weiter gebracht. Und davon gab es seit der Gründung des Staates Israels schon mehr als genug.

**1. Palästina – Krieg
Im Mai 1948 wurde der Staat Israel ausgerufen. Die arabischen Staaten erklärten Israel daraufhin umgehend den Krieg. Beteiligt waren der König des Südens (Ägypten), der König des Nordens (Syrien), Libanon, Irak und Jordanien.

* „Israel zwischen Freunden und Feinden"/Reusch/ Hänssler Verlag

** Wikipedia

Zwischenspiel

2. **Sinai - Krieg**

Oktober 1956 bis März 1957 kam es zum Sinai-Krieg. Der Aus-
löser für den Sinai-Krieg war die Verstaatlichung des Suezkanals
durch den König des Südens (Ägypten).

3. **Sechstagekrieg**

***5. Juni 1967. Israel saß in der Schlinge und die zog sich
langsam zu.

Der König des Südens (Ägypten) hatte im Süden 80 000 Mann in
den Gaza-Streifen verlegt, ein Gebiet, von dem Ägypten
behauptet, es sei ägyptisch, was aber völkerrechtlich nie
anerkannt wurde. Von Russen gebaute Fernlenkwaffen und
Raketen sowie 900 Panzer waren auf Israel gerichtet. An der
Grenze zum König des Nordens standen 40 0000 Syrer,
verstärkt durch 5 000 Mann aus dem Irak, auf den Golanhöhen
bereit, um los zu schlagen.

Im Osten waren 50 0000 Jordanier gerüstet. Saudi-Arabien hatte
20 0000 Mann nach Jordanien verlegt. Israel sah sich von einem
Feind umzingelt, der 14 arabische Nationen vereinigte, mit dem
Ziel, Israel aus zu löschen. 350 israelische Kampfflugzeuge
standen 800 hochentwickelten, feindlichen Düsenflugzeugen
gegenüber. Israels reguläre Armee belief sich nur auf 70 0000
Mann.

*** (Die Zahlen zum Sechstagekrieg stammen aus: „Israel – Die
Bibel und der Nahe Osten" von Richard Wolff / Verlag Hermann
Schulte)

Innerhalb der nächsten sechs Tage sollten jedoch etwa die Hälfte aller wehrfähigen Männer in Israel, das waren immerhin 230 000 Reservisten, in die Kampfhandlungen einbezogen werden.

Nach vier Stunden war der Luftkrieg gegen Ägypten gewonnen. Es wurden hunderte zum Start bereitstehende Kampfflugzeuge bereits zerstört, bevor sie starten konnten. In 60 Stunden waren die Luftstreitkräfte Jordaniens, Syrien und des Irak zerschlagen.

Ägypten verlor die Sinai-Halbinsel und den Gaza-Streifen. Jordanien verlor das Westjordanland, das sie zuvor im Palästina – Krieg annektiert hatten, wofür es aber auch nie eine völkerrechtliche Anerkennung gab. Syrien büßte seine Golanhöhen ein. Israel eroberte darüber hinaus die Altstadt Jerusalems, die Klagemauer, Bethlehem und Jericho zurück. Sie übernahmen die Kontrolle der Meerenge von Tiran und erreichten den Suezkanal. Nach sechs Tagen, am 10. Juni 1967, herrschte Ruhe an allen drei Fronten.***

Der Sechstagekrieg lässt die zahlenmäßige Überlegenheit derer, die Israel vernichten wollten, den Gedanken aufkommen, dass der lebendige Gott für sein Volk eintritt, denn Gott pflegt ja bekanntlich am siebten Tag zu ruhen.

4. Abnutzungskrieg

Juli 1967 bis August 1979. Streitkräfte des Königs des Südens (Ägypten), unterstützt von der UdSSR und der PLO (Palästinensische Befreiungsorganisation), kämpften gegen israelische Streitkräfte, mit dem Ziel, die Sinaihalbinsel, welche im Sechstagekrieg von den Israelis erobert worden war, zurück zu erobern. Der Krieg endete mit unveränderten Fronten durch einen Waffenstillstand.

5. Jom-Kippur-Krieg

Oktober 1973: Arabischer Angriff am jüdischen Feiertag Jom Kippur mit dem Ziel, die Gebiete zurück zu erobern, die Israel 1967 besetzt hatte. Die Folge war ein Friedensvertrag mit dem König des Südens (Ägypten).

6 Operation Litani

Einmarsch der israelischen Armee in den Libanon, am 14. März 1978 als Reaktion auf eine Reihe von Anschlägen. Insbesondere der sogenannte Küstenstraßenangriff durch die Fatha (Bewegung zur nationalen Befreiung Palästinas) , welcher das Fass zum Überlaufen gebracht hatte.

7. Libanonkrieg 1982

Juli bis September 1982. Israelischer Einmarsch in den Südlibanon als Antwort auf regelmäßige Attacken terroristischer Gruppierungen, die vom südlichen Libanon aus operierten.

8. Libanonkrieg 2006

Juli bis August 2006. Eine, sich schrittweise ausweitende militärische Reaktion auf die Entführung zweier israelischer Soldaten durch die Hisbollah (Islam.- Schiitische Gottes - Partei). Nahezu täglich finden in Israel Terroranschläge statt, sei es, dass palästinensische Araber mit ihrem Auto in eine Menschenmenge rasen, oder mit Messern auf Juden einstechen.

Die Weltgemeinschaft scheint indessen nur wahrzunehmen, dass Israels Siedlungspolitik im Westjordanland die Friedensgespräche behindern würde.

Aber, das Westjordanland „ist" Israel! Und zwar Israel in seinem geschichtlichen Kern. Mit Judäa im Süden und Samaria im Norden ist es das Gebiet der Israelischen Stämme: Isaschar, Manasse, Ephraim, Benjamin, Juda und Levi. In der Stadt „Sichem", der heutigen Palästinenser Stadt „Nablus", fand der Bundesschluss Gottes mit Abram statt.

„Und der Herr erschien dem Abram und sprach: Deinem Samen will ich dieses Land geben."   (1. Mose 12, 7)

Dort war der Wohnort Jakobs, das Grab Josephs und dort steht der Stein, den Josua zum Gedenken an die Bundeserneuerung zwischen Gott und seinem Volk aufgestellt hat. Warum sollte Israel dieses Land an Jordanien „zurück" geben? Jordanien hatte es sich ja 1948 im Palästina – Krieg unter den Nagel gerissen und es im Sechstagekrieg wieder an Israel verloren. Der Siedlungsbau im Westjordanland ist also nicht illegal.

* Das Argument, wonach die Siedlungen in Judäa und Samaria illegal seien, basiert auf dem 49. Artikel der vierten Genfer Konvention, die nach dem zweiten Weltkrieg und der Nazibesetzung europäischer Staaten 1949 in Kraft getreten ist. Danach ist die gewaltsame Transferierung einer Zivilbevölkerung in andere Staaten verboten. Eine solche fand aber in der Westbank nie statt. Auch hat Israel keine Gebiete eines

anerkannten, souveränen Staates besetzt. Jordanien, von dem Israel diese Gebiete im Sechstagekrieg (der von den arabischen Staaten provoziert wurde) übernahm, konnte dort nie seine Souveränität geltend machen, weil Jordaniens Besetzung dieser Gebiete ungesetzlich war und von keinem Staat der Welt, außer von England und Pakistan anerkannt wurde. Vor allem muss in aller Deutlichkeit daran erinnert werden, dass der Völkerbund, dessen Entscheidung von der UNO übernommen wurde (Artikel 80 der Uno Charta), 1920 in San Remo klar festgelegt hatte, dass Juden sich in ganz Palästina ansiedeln können.

In den Oslo-Abkommen, auf die sich die palästinensisch-israelischen Friedensbemühungen stützen, ist keine Rede vom Siedlungsstopp als Bedingung für Friedensverhandlungen.

2014 hat Ministerpräsident Benjamin Netanjahu auf Drängen der USA einen zehnmonatigen Siedlungsstopp angeordnet, um die Friedensverhandlungen zu fördern.

Auch dies ohne Erfolg, ja nicht einmal mit einer würdigenden, positiven Resonanz.*

Die Medienberichterstattung ist beispiellos einseitig und Falsch-meldungen werden nicht dementiert. Israel muss grundsätzlich als Bösewicht dargestellt werden, um den eigenen Hass auf Gottes Volk zu rechtfertigen.

Wer Israel Friedenshemmnis vorwirft, der übersieht, dass Israel in der Hoffnung auf Friedensverhandlungen die Verwaltung des

*cicero.de/siedlungsbau-im-westjordanbland-pro-israels-siedlungsbau/56556

Tempelberges an die Palästinenser abgegeben hat. Statt den erhofften Friedensverhandlungen darf nun kein Jude mehr auf dem Tempelberg beten.

Wer Israel Friedenshemmnis vorwirft, der übersieht, dass Israel den Sinai freiwillig an Ägypten zurückgegeben hat. Ebenfalls übersieht er, dass Israel sich freiwillig aus 25 blühenden Siedlungen im Gazastreifen zurück gezogen hat. Ein Geschenk an die Palästinenser in der Hoffnung auf Friedensverhandlungen. Zehntausende Juden zwang diese Aktion dazu, ihre Wohnungen aufzugeben. Der Dank? Statt palästinensische Flüchtlinge anzusiedeln, wurden dort Terrorbasen errichtet, von wo aus der Süden Israels und die dort lebende Zivilbevölkerung regelmäßig bombardiert und mit Raketen beschossen wird.

Es bleibt bei den Khartum-Beschlüssen von 1948, in denen acht arabische Staaten ein dreifaches „Nein zu Israel" fanden: keine Friedensverhandlungen, keine Anerkennung Israels, kein Frieden mit Israel.

Warum? Sie wollen keinen Frieden, und auch keine Zweistaatenlösung, sie wollen ganz Israel, Europa und den Rest der Welt.

Die Kriege zwischen Israel und palästinensischen Arabern werden weitergehen, bis ein Israel freundlicher Politiker mit sehr viel Macht und Einfluss, jemand, von dem die Bibel sagt, dass er sich gibt wie ein Lamm (religiöser Schein), aber redet wie ein Drache, sich durch ein Bündnis mit Israel ins Spiel bringt. Israel wird ihn freudig aufnehmen. Nach 3,5 Jahren wird er sein wahres Gesicht zeigen. Dann geht es nur noch um Israel und den

Zwischenspiel

Rest der Welt. Wir Christen spielen dann nicht mehr mit.

Bis dahin könnte man sich ja mal überlegen, wie wohl die Antworten auf folgende sieben Fragen lauten mögen:

1. Wann wurde der Staat Palästina gegründet?
2. Welche Grenzen hatte er?
3. Welche Staatsform?
4. Wie hieß der Regierungschef?
5. Wie hieß der Staatspräsident?
6. Wie hieß die Währung?
7. In welchen internationalen Bündnissen war dieser Staat vertreten?

Die einzige mögliche Antwort: Palästina existiert nicht.

Bitter   **Daniel 12, 1**

Kapitel 12

Noch immer befinden wir uns am Fluss Tigris und der Engel, der mit dem Fürst der unsichtbaren Welt von Persien gekämpft hatte, fährt nun fort, Daniel von der großen Trübsal zu berichten.

1 Und in jener Zeit wird Michael aufstehen, der große Fürst, der für die Kinder deines Volkes steht; und es wird eine Zeit der Drangsal sein, dergleichen nicht gewesen ist, seitdem eine Nation besteht bis zu jener Zeit. Und in jener Zeit wird dein Volk

errettet werden, ein jeder, der im Buche geschrieben gefunden wird.

Michael (wer ist wie Gott) scheint immer dann zur Stelle zu sein, wenn es ernst wird, wenn es direkt gegen Satan geht. Er stritt schon mit Satan um den Leichnam von Mose (*Judas 9*) und er kämpft mit seinen Engeln gegen den Satan und wirft ihn und sein Gefolge auf die Erde (*Off. 12, 7-9*).

Er scheint für den Schutz Israels zuständig zu sein. Und es ist gut, dass er jetzt aktiv wird, denn Daniel bekommt hier für sein Volk eine Zeit angekündigt, die man getrost als die größte Trübsal aller Zeiten ansehen kann. Denn der Antichrist wird versuchen, alle Nachkommen Israels auszulöschen. Hinzu kommen noch all die Schrecken, die ab *Offenbarung 16* als Gottes Zorn beschrieben sind. Doch es wird auch eine Zeit der Erweckung für Israel sein.

2 Und viele von denen, die im Staube der Erde schlafen, werden erwachen: diese zu ewigem Leben, und jene zur Schande, zu ewigem Abscheu.

Auf den ersten Blick mag das so aussehen wie die Auferstehung der Toten zum Gericht. Es erinnert aber an zwei Bibelstellen, die wir bei den Propheten finden.

„Deine Toten werden aufleben, meine Leichen wieder erstehen. Wacht auf und jubelt, die ihr im Staube liegt!"   (*Jesaja 26, 19*)

Dieser Vers bezieht sich auf die geistliche Wiederherstellung Israels, die uns der Prophet Hesekiel noch genauer beschreibt:

„5 *So spricht der Herr, Jahwe, zu diesen Gebeinen: Siehe, ich bringe Odem in euch, dass ihr lebendig werdet. 6 Und ich werde Sehnen über euch legen und Fleisch über euch wachsen lassen und euch mit Haut überziehen, und ich werde Odem in euch legen, dass ihr lebendig werdet. Und ihr werdet wissen, dass ich Jahwe bin."*   *(Hes. 37, 5+6)*

Eine Erweckung im wahrsten Sinne des Wortes. Ein kleiner Überrest wird das Evangelium annehmen und mit Jesus in sein tausendjähriges Reich gehen, während die anderen den Antichristen anbeten   werden. Die einen zum Leben, die anderen zur ewigen Abscheu.

3 Und die Verständigen werden leuchten wie der Glanz der Himmelsfeste, und die, welche die Vielen zur Gerechtigkeit weisen, wie die Sterne, immer und ewiglich.

Die Verständigen, jene also, die sich für Jesus Christus und das Evangelium entscheiden, werden wie ein Licht sein, das in der Finsternis der Drangsal, vielen den Weg zum Leben zeigt.

4 Und du, Daniel, verschließe die Worte und versiegele das Buch bis zur Zeit des Endes. Viele werden es durchforschen, und die Erkenntnis wird sich mehren.

Das Danielbuch, wurde also geschrieben für die Zeit des Endes. Ein Buch also, das uns angeht. Je weiter die Zeit um Ende hin voranschreitet, um so mehr Prophetie erfüllt sich. Daher gibt es immer mehr Erkenntnis über diese Zeit.

5 Und ich, Daniel, sah: und siehe, zwei andere standen da, einer

hier am Ufer des Stromes, und einer dort am Ufer des Stromes. 6 Und einer sprach zu dem in Linnen gekleideten Mann, welcher oben über dem Wasser des Stromes war: Wie lange wird dauern das Ende dieser wunderbaren Dinge?

Während ein Engel dem Daniel alles zu erklären versucht, stehen da plötzlich zwei weitere Engel und haben selbst Fragen zu den Erklärungen.

Auf den ersten Blick sagt es mir, dass in der unsichtbaren Welt mehr los ist, als wir uns vorstellen können.

Es zeigt mir, dass auch in der unsichtbaren Welt ein Interesse daran besteht, zu erfahren, wann Gott mit seiner Schöpfung zum Ziel kommt.

Mehr Probleme hatte ich zunächst jedoch damit, dass der Engel zu einem Thema, das wir als die große Trübsal kennen, von „wunderbaren Dingen" spricht. Bis mit klar wurde, dass es ihnen um zwei Dinge geht:

1. die geistige Wiederherstellung Israels und
2. das Ende der heidnischen Herrschaft über Israel.

Die Trübsal ist nicht das Ziel, aber ein wesentlicher Schritt hin zum 1000 jährigen Friedensreich Jesu und letztendlich ein wichtiger Schritt, hin zum ewigen Paradies denn jeder Wiederherstellung, jedem Neuanfang, geht ein gründliches Ausmisten, eine Grundreinigung voraus.

7 Und ich hörte den in Linnen gekleideten Mann, welcher oben über dem Wasser des Stromes war, und er erhob

seine Rechte und seine Linke zum Himmel und schwor bei dem, der ewig lebt: Eine Zeit, Zeiten und eine halbe Zeit; und wenn die Zerschmetterung der Kraft des heiligen Volkes vollbracht sein wird, dann werden alle diese Dinge vollendet sein.

Wir haben es schon in *Daniel 7, 25* gelesen. Es geht um die zweite Hälfte der letzten Jahrwoche, um dreieinhalb Jahre oder 1260 Tage. Wenn Israel so weit kommt, dass es sein Vertrauen allein auf Gott werfen wird statt auf die eigene Kraft, wird das alles vorbei sein. Erst wenn sie Jesus Christus erkennen.

8 Und ich hörte es, aber ich verstand es nicht; und ich sprach: Mein Herr, was wird der Ausgang von diesem sein?

Daniel lässt nicht locker. Sein ganzes Leben war bisher davon geprägt, Erkenntnis zu erlangen oder darum zu bitten. Er hätte zu gerne gewusst, wie es mit seinem Volk weitergehen würde. Doch dieses Mal erhält er eine Antwort, mit der wohl niemand gerechnet hätte.

9 Und er sprach: Gehe hin, Daniel; denn die Worte sollen verschlossen und versiegelt sein bis zur Zeit des Endes.

„Lass gut sein Daniel! Diese Worte sind für die Zeit des Endes bestimmt."
Oh wie gut haben wir es doch, dass wir in der Zeit des Endes Leben? Wir haben das inzwischen komplette Wort Gottes, die Bibel. Das heißt, dass wir schon jetzt mehr erkennen können, als es Daniel damals vergönnt war. Hinzu kommt, dass wir an den Zeichen des Weltgeschehens erkennen dürfen, dass unsere

Erlösung nahe ist. Was Daniel damals auch noch nicht wissen konnte, ist die Tatsache, dass es eine Zeit der Gnade geben wird, an dessen Ende wir uns gerade befinden.

10 Viele werden sich reinigen und weiß machen und läutern, aber die Gottlosen werden gottlos handeln; und keine der Gottlosen werden es verstehen, die Verständigen aber werden es verstehen.

Bis zu dieser Zeit des Endes werden viele Menschen, die Gott erkennen, gerettet und sie werden es verstehen. Die Gottlosen werden es sowieso nicht verstehen.

„Denn das Wort vom Kreuz ist denen, die verloren gehen, Torheit; uns aber, die wir errettet werden, ist es Gottes Kraft."(1. Kor. 1, 18)

Auch die Tatsache, dass wir es heute verstehen können, zeigt uns, dass wir uns in der Zeit des Endes befinden.

11 Und von der Zeit an, da das beständige Opfer abgeschafft wird, und zwar um den verwüstenden Greuel aufzustellen, sind tausendzweihundertneunzig Tage.

Weiter erklärt der Engel, dass „der verwüstende Greuel", von dem auch Jesus in der Endzeitrede in *Matthäus 24 Vers 15* redet, etwa einen Monat vor der Mitte der letzten sieben Jahre aufgestellt wird. (Bei Antiochus IV. war das eine Zeus Statue, in der Trübsal wird es wohl ein Bildnis des Antichristen sein). Daraus ergeben sich bis jetzt, als Dauer der Trübsal, 1290 Tage. Das sind zunächst einmal 30 Tage mehr als die Hälfte.

12 Glückselig der, welcher harrt und tausenddreihundertfünf- unddreißig Tage erreicht!

So wie es aussieht, kommen noch einmal 45 Tage dazu. Möglicherweise ist damit der Übergang von der Zeit der Trübsal zum 1000jährigen Reich Jesu gemeint. (?)

Achtung! Das ist kein Drehbuch für einen Hollywood Film. Die Ereignisse werfen ihre Schatten voraus und werden Realität.

Schon jetzt erleben wir eine deutliche Zunahme von Erdbeben, Vulkanausbrüchen, Stürmen und Wasserfluten, sei es durch Starkregenereignisse oder steigendem Meeresspiegel, wie es sie seit Anbeginn der Welt nicht gegeben hat.

In der Trübsal wird sich das noch verstärken. Es wird viel los sein. Schwere Krankheiten bei denen, die das Malzeichen des Antichristen angenommen haben und Verfolgung bei denen, die es nicht annehmen. Vom Endgericht ganz zu schweigen.

Die Schlacht von „Harmagedon" hört sich weit weg an, ist aber ein Krieg, in den alle Nationen verwickelt sind, ein Weltkrieg also, in welchen die Erscheinung Jesu hinein fällt. *(Offenbarung 16, 16)* Jesus wird zusammen mit seinen Engeln und mit seinen *Heiligen kommen, mit seinem himmlischen Heer, mit Macht und Herrlichkeit.

„ Und die Kriegsheere, die in dem Himmel sind, folgten ihm auf weißen Pferden, angetan mit weißer, reiner Leinwand."(Off. 19, 14)

*seine zuvor entrückte Gemeinde

Ein Kriegsheer in weißer Kleidung? Ist Ihnen schon mal aufgefallen, dass die Terror - Miliz „Islamischer Staat" sich die Farbe schwarz auf ihre Kleidung und Fahnen geschrieben hat?

Die sich bekämpfenden Nationen entwickeln spontan ein gemeinsames, neues Feindbild: „Jesus und sein Heer." Doch Jesus, der König der Könige, wird siegen!
Und wer noch nicht durch Naturkatastrophen und Krankheiten umgekommen ist, wird getötet werden. Es sei denn, er hat den Antichristen nicht angebetet und sein Malzeichen nicht angenommen.
Der Antichrist und der falsche Prophet werden gerichtet und in den Feuersee geworfen. *(Offenbarung 19, 20)*

Noch einmal: Wer **vor** der Entrückung - **JETZT!** - sich für Jesus Christus entscheidet, hat mit all diesen Dingen nichts zu tun. Keine Trübsal, kein Endgericht, kein Zorn Gottes, kein Feuersee, einfach nur glauben! Einfach nur Gott lieben und danken denn er hat *uns* schon geliebt als wir noch ferne von Ihm waren.

13 Du aber gehe hin bis zum Ende; und du wirst ruhen, und wirst auferstehen zu deinem Lose am Ende der Tage.

Daniel bekommt gesagt, dass er sterben wird. Er geht als „Vielgeliebter" den gleichen Weg, den alle gehen müssen, es sei denn, sie leben, wenn die Entrückung stattfindet.

„Denn so hat Gott die Welt geliebt, dass er seinen eingeborenen Sohn gab, auf dass jeder, der an ihn glaubt, nicht verloren gehe, sondern ewiges Leben habe."   *(Joh. 3, 16)*

Endspiel

Und plötzlich sind wir weg!

Kennen Sie russisches Roulette? Eigentlich spielen Sie es jeden Tag.

Stellen Sie sich nur einmal vor, sie sitzen in ihrem Flieger, freuen sich wie jedes Jahr über ihren Urlaub auf den Balearen, alles ist wie immer. Doch dann die aufgeregte Stimme der Stewardess aus den Lautsprechern, und Sie erfahren, dass sie gerade abstürzen, weil der Pilot ganz plötzlich, spurlos verschwunden ist. Solcherlei Beispiele könnte man sich viele vorstellen.

Schrecklich, wie kann solch ein Massenverschwinden möglich sein? Oder, hat die Bibel etwa doch recht? Leider wurde in diesem Augenblick die Tür der Arche geschlossen.

Das Gemeindezeitalter begann zu Pfingsten 32 n. Chr. als der heilige Geist in die Jünger Jesu kam *(Apg. 2, 1 - 4)*. Es endet mit der Entrückung, wenn der Geist Jesu die Erde wieder verlässt und seinen Leib, die Gemeinde, mit nimmt.

Den ersten Hinweis auf die Entrückung erhalten wir von Jesus selbst:

"1 Euer Herz werde nicht bestürzt. Ihr glaubt an Gott, glaubt auch an mich. 2 Im Hause meines Vaters sind viele Wohnungen; wenn es nicht so wäre, würde ich es euch gesagt haben; denn ich gehe hin, euch eine Stätte zu bereiten. 3 Und wenn ich hingehe und euch eine Stätte bereite, so komme ich wieder und werde euch zu mir nehmen, auf dass, wo ich bin, auch ihr seid." *(Joh. 14, 1 – 3)*

In den Kapiteln 2 und 3 der Offenbarung, in den Sendschreiben, können wir erkennen, dass nicht jeder, der zu einer Ortsgemeinde gehört, automatisch ein Christ sein muss. Darum ist unsere dringlichste Aufgabe, uns selbst die Frage zu stellen, ob wir durch Wiedergeburt *(Joh. 3, 3)* oder durch Tradition ein Jünger Jesu geworden sind und welche Motivation hinter meinem Christsein steht?

Wie wird die Entrückung vonstatten gehen?

Im Danielbuch haben wir schon sehen dürfen, dass der menschliche Körper nicht zur Begegnung mit dem Heiligem, Himmlischen geeignet ist. Daher werden wir auf dem Weg, unserem Herrn Jesus entgegen, in der Luft einen anderen Leib bekommen. So wie auch Jesus nach seiner Auferstehung einen anderen, einen "Herrlichkeitsleib", empfangen hat.

„51 Siehe, ich sage euch ein Geheimnis: Wir werden zwar nicht alle entschlafen, wir werden aber alle verwandelt werden, in einem Nu, 52 in einem Augenblick, bei der letzten Posaune; denn posaunen wird es, und die Toten werden auferweckt werden unverweslich, und wir werden verwandelt werden."

(1.Kor. 15, 51+52)

„Geliebte, jetzt sind wir Kinder Gottes, und es ist noch nicht offenbar geworden, was wir sein werden; wir wissen, dass, wenn er geoffenbart werden wird, ihm gleich sein werden, denn wir werden ihn sehen, wie er ist."   *(1. Joh. 3, 2)*

Erstaunlich, dass so junge Gemeinden wie die in Korinth* und auch die in Thessalonich*, sich mit solch endzeitlichen Fragen auseinander gesetzt haben.

"15 Denn dieses sagen wir euch im Worte des Herrn, dass wir, die Lebenden, die übrigbleiben bis zur Ankunft des Herrn, den Entschlafenen keineswegs zuvorkommen werden. 16 Denn der Herr selbst wird mit gebietendem Zuruf, mit der Stimme eines Erzengels und mit der Posaune Gottes hernieder kommen vom Himmel, und die Toten in Christo werden zuerst auferstehen; 17 danach werden wir, die Lebenden, die übrigbleiben, zugleich mit ihnen entrückt werden in Wolken dem Herrn entgegen in die Luft; und also werden wir allezeit bei dem Herrn sein. 18 So ermuntert nun einander mit diesen Worten." (1. Thess. 4, 15-18)

Dieses gegenseitige Erinnern an die Entrückung hatte aber nicht nur den Sinn, sich in schweren Zeiten zu ermuntern und zu trösten, es hatte auch den Aspekt, sich gegenseitig daran zu erinnern, sein eigenes Leben dem entsprechend zu gestalten.

„Und nun, Kinder, bleibt in ihm, auf dass wir, wenn er geoffenbart werden wird, Freimütigkeit haben und nicht vor ihm beschämt werden bei seiner Ankunft." (1. Joh. 2, 28)

In der Vorfreude auf dieses Ereignis ermunterten sie sich gegenseitig und grüßten sich mit einem erwartungsvollen „Maranatha" = „Der Herr kommt bald!"
Bald? Das ist doch nun schon gute 2000 Jahre her. Die Frage danach, was am Ende der Zeit passiert, wird heute in den „Kirchen" nicht selten mit dem Hinweis auf die jährliche Predigt

*(biblische Urgemeinden)

vom Totensonntag abgewürgt. Viele Christen sind verunsichert, weil sie mit dem Hinweis „viel zu kompliziert", auf andere Themen vertröstet werden. Dabei ist die Entrückung, nach Golgatha, nach der Auferstehung und Sündenvergebung durch Gnade, eine der wichtigsten Säulen der Christenheit. Und es ist das nächste uns bevorstehende Ereignis sich erfüllender Prophetie!

Im Danielbuch steht nichts von einer Entrückung. Sie steht aber im engen Zusammenhang mit Daniels Vision von den 70 Jahrwochen für sein Volk und dem offenbar werden des Antichristen. Wir erinnern uns, dass die 69. Jahrwoche mit dem Palmsonntag, 32 nach Christus, endete. Die Uhr Gottes stand seither für sein Volk still. Wir sehen aber, dass sie wieder begonnen hat, zu ticken Die 70. Jahrwoche, die letzten 7 Jahre und die Zeit der großen Trübsal, stehen noch bevor. Im Anschluss daran wird der Herr Jesus sein 1000 jähriges Reich errichten. In der Lücke zwischen 69. und 70. Jahrwoche liegt das Gemeindezeitalter, ihr Anfang und ihr Ende und damit auch die Entrückung. Das heißt aber auch, dass wir nicht in die große Trübsal kommen. Könnten wir sonst von einer glückseligen Hoffnung reden?

„indem wir erwarten die glückselige Hoffnung und Erscheinung der Herrlichkeit unseres großen Gottes und Heilandes Jesus Christus,"   (Titus 2, 13)

In *Daniel 11, 36* lesen wir von der Trübsal als von einer Zeit, in der sich der Zorn Gottes vollenden wird. (...*bis der Zorn vollendet ist*)

Endspiel

Für die Gemeinde aber gilt:

"9 Denn Gott hat uns nicht zum Zorn gesetzt, sondern zur Erlangung der Seligkeit durch unseren Herrn Jesus Christus, 10 der für uns gestorben ist, auf dass wir, sei es, dass wir wachen oder schlafen, zusammen mit ihm leben. 11 Deshalb ermuntert einander und erbaut einer den anderen, wie ihr auch tut." (1. Thess. 5, 9-11)

Einen deutlichen Hinweis auf die Entrückung vor der Trübsal finden wir auch im 2. Thessalonicher Brief, wo es um das offenbar werden des Antichristen geht:

"2 Lasst euch nicht so schnell in eurem Verständnis erschüttern oder gar in Schrecken jagen, weder durch einen Geist noch durch ein Wort noch durch einen angeblich von uns stammenden Brief, als wäre der Tag des Christus schon da. 3 Lasst euch von niemand in irgendeiner Weise verführen! <u>*Denn es muss unbedingt zuerst der Abfall kommen und der Mensch der Sünde geoffenbart werden,*</u> *der Sohn des Verderbens, 4 der sich widersetzt und sich über alles erhebt, was Gott oder Gegenstand der Verehrung heißt, sodass er sich in den Tempel Gottes setzt als ein Gott und sich selbst für Gott ausgibt. 5 Denkt ihr nicht mehr daran, dass ich euch dies sagte, als ich noch bei euch war? 6 Und ihr wisst ja, was jetzt noch zurückhält, damit er geoffenbart werde zu seiner Zeit. 7 Denn das Geheimnis der Gesetzlosigkeit ist schon am Wirken, nur muss der, welcher jetzt zurückhält, erst aus dem Weg sein; 8 und dann wird der Gesetzlose geoffenbart werden."* (2. Thess. 2, 2-8) *[Schlachter 2000]* Der, welcher bis jetzt noch das offenbar werden des Antichristen zurück hält, ist der Heilige Geist, der in

den Gläubigen Christen wohnt. Wenn er aus dem Weg ist, wenn er von der Erde verschwunden ist, dann wird es hier wieder so sein, wie damals, bevor er kam.

Niemand weiß, wann das sein wird. Jedoch muss gerade das offenbar werden des Antichristen in ein dafür passendes Umfeld eingebettet sein. Das Umfeld muss politisch, demographisch, technologisch und militärisch zu den Plänen des Antichristen passen. Dazu gehören:

- Globale Kommunikationswege,

- globale Finanzkontrolle zur Überwachung von „Kaufen und

  verkaufen",

- globale Logistikwege, schnelle Verkehrsverbindungen

- globale Informationsmechanismen (z.B. Fernsehen, Internet),

- globale Militärkontrolle und die Entwicklung einer

- globalen Religion,

kurzum, die Globalisierung und die Digitalisierung.

Israel muss in seinem Land sein. Dazu muss Israel erst einmal in seinem Land gesammelt werden. Seit 1948 gibt es diesen Staat. Trotz heftigem Widerstand seitens der Palästinenser und der Stattengemeinschaft. Jedoch ist dieser Neuanfang für Israel. eine Grundvoraussetzung für das Ende der Gemeinde.

"37 Aber gleichwie die Tage Noahs waren, also wird auch die Ankunft des Sohnes des Menschen sein. 38 Denn gleichwie sie in

den Tagen vor der Flut waren: sie aßen und tranken, sie heirateten und verheirateten, bis zu dem Tage, da Noah in die Arche ging 39 und sie es nicht erkannten, bis die Flut kam und alle wegraffte, also wird auch die Ankunft des Sohnes des Menschen sein. 40 Alsdann werden zwei auf dem Felde sein, einer wird genommen und einer gelassen; 41 zwei Weiber werden an dem Mühlstein mahlen, eine wird genommen und eine gelassen. 42 Wacht also, denn ihr wisst nicht, zu welcher Stunde euer Herr kommt. 43 Jenes aber erkennt: Wenn der Hausherr gewusst hätte, in welcher Wache der Dieb komme, so würde er wohl gewacht und nicht erlaubt haben, dass sein Haus durchwühlt würde. 44 Deshalb auch ihr, seid bereit; denn in der Stunde, in welcher ihr es nicht meint, kommt der Sohn des Menschen"   *(Matth. 24, 37 – 44)*

Hier sehen wir, dass die Entrückung in Zeiten relativen Friedens stattfinden wird. Alle gehen ihren Geschäften nach und sind mit sich selbst beschäftigt. Niemand rechnet mit einem großen Ereignis. Ein Dieb kommt immer überraschend. Käme die Entrückung erst während der Trübsal, käme sie nicht mehr überraschend. Nach der Trübsal kann sie auch nicht kommen, denn da wird kein Frieden sein und außerdem kommen wir am Ende der Trübsal zusammen mit Jesus aus dem Himmel auf die Erde um das 1000jährige Reich mit zu gestalten.

Wie ein Dieb in der Nacht. Ein Dieb nimmt übrigens nur mit, was wertvoll ist. Unbrauchbares lässt er zurück.

Ich kann diesen Abschnitt nicht beenden, ohne noch einmal auf dieses großartige Geschenk hinzuweisen, das Gott uns in Jesus gemacht hat. Wir sind nicht sein auserwähltes Volk. Und trotzdem gibt er uns in Jesus Christus die Chance, durch Glauben gerettet zu werden. Nicht genug damit, dass wir mit der bevorstehenden Entrückung einen ewigen Platz bei Jesus erhalten werden, er bewahrt damit jeden, der Jesus als seinen eigenen Erlöser annimmt, vor der zukünftigen Trübsal und vor dem zukünftigen Endgericht.

Inzwischen dürfte aufgefallen sein, dass alles, was in der Bibel vorhergesagt wird, auch tatsächlich eintrifft. Die große Trübsal, das ist nicht nur die Regentschaft eines Diktators, es ist auch die Vollendung des Zornes Gottes. Die letzten 3 ½ Jahre vor dem 1000 jährigen Reich Jesu Christi sind zugleich der Zeitraum, in dem Gott seine Zornschalen über den Rest der dann noch existierenden Menschheit ausgießen wird *(Off. 16)*. Verheerende Naturkatastrophen und Menscheitsplagen werden in dieser Zeit das Leben selbst zur Katastrophe machen. Sein ausgewähltes Volk muss da durch, wir Christen nicht. Das ist unbegreiflich, aber groß!

Zeitzeichen im Danielbuch

Ereignisse der Menschheitsgeschichte im Überblick:

Zeit	Ereignis	Vorhergesagt, Wo und wie lange vorher?	erfüllt?
605 v. Chr.	Babylonische Gefangenschaft	*5. Mose 28, 42* *ca. 1 000 Jahre*	✓
605 v. Chr.	Daniel und seine Freunde werden Hofbeamte	*Jes. 39, 6 + 7* *ca. 70 Jahre*	✓
539 v. Chr.	Medo-Persien löst Babylon ab	*Dan. 2, 39* *ca. 65 Jahre*	✓
539 v. Chr.	Kyros wird neuer Herrscher. (Kyros wird 135 Jahre vor seiner Geburt in der Bibel mit Namen beschrieben.)	*Jes. 45, 1* *ca. 300 Jahre*	✓
445 v. Chr.	Wiederaufbau-Erlass	*Dan, 9, 25* *ca. 94 Jahre*	✓

Beginn der 70 Jahrwochen

333 v. Chr.	Alexander der Große löst das Reich der Meder und Perser ab	*Dan. 2, 39* *ca. 220 Jahre*	✓

Zeit	Ereignis	Vorhergesagt, Wo und wie lange vorher?	erfüllt?
228 v. Chr.	Tod Alexander des Großen / Verteilung seines Reiches	*Dan. 7, 6* *ca. 225 Jahre*	✓
168 v. Chr. bis 164 v. Chr.	Tempelentweihung und Opferverbot unter Antiochus IV. (Wiedereinweihung durch Judas Makkabäus)	*Dan. 8, 9 – 14* *ca. 385 Jahre*	✓
63 v. Chr.	Rom übernimmt die Herrschaft	Dan. 2, 40 ca. 541 Jahre	✓
32 n. Chr.	Jesus tritt als Fürst auf **Ende der 69. Jahrwoche**	*Dan. 9, 25* *ca. 570 Jahre*	✓

Das Gemeindezeitalter beginnt Pfingsten, 32 n.Chr. *(Apg. 2, 4)*

476 n. Chr.	Europa entsteht	Dan. 2, 41 ca. 1080 Jahre	✓
610 n.Chr.	„*Er wird darauf sinnen, Zeiten und Gesetz zu ändern*" Der Koran entsteht.	Dan. 7 ,25 ca. 1163 Jahre	✓

Zeitzeichen im Danielbuch

Zeit	Ereignis	Vorhergesagt, Wo und wie lange vorher?	erfüllt?
Heute	**Zunehmender Verfall der Werte:** „1 *Dieses aber wisse, dass* **in den letzten Tagen** *schwere Zeiten da sein werden; 2 denn die Menschen werden eigenliebig sein, geldliebend, prahlerisch, hochmütig, Lästerer, den Eltern ungehorsam, undankbar, heillos, 3 ohne natürliche Liebe, unversöhnlich, wortbrüchig, treulos Verleumder, unenthaltsam, grausam, das Gute nicht liebend, 4 Verräter, verwegen, aufgeblasen, mehr das Vergnügen liebend als Gott, 5 die eine Form der Gottseligkeit haben, deren Kraft aber verleugnen.“*	2. Tim. 3, 1-4 ca. 1940 Jahre	✓

Zeit	Ereignis	vorhergesagt, Wo und wie lange vorher?	erfüllt?
Heute	**Zunehmender Verfall der Gottesfurcht, immer mehr Gottlosigkeit** *„...dass **am Ende der Zeit** Spötter sein werden, die nach ihren eigenen Lüsten der Gottlosigkeit wandeln."*	*Judas 1, 18b* *ca. 1940 Jahre*	✓
Heute	**Zunehmender Spott im Bezug auf Jesu Rückkehr:** *„3 indem ihr zuerst dieses wisst, dass **in den letzten Tagen** Spötter mit Spötterei kommen werden, die nach ihren eigenen Lüsten wandeln und sagen: 4 Wo ist die Verheißung seiner Ankunft?"*	*2. Petr.3, 3+4* *ca. 1940 Jahre*	✓

Eines der häufigsten Argumente dieser Spötter und Ausdruck ihres Irrglaubens lautet: "Es geht immer so weiter wie bisher und Probleme hat es schon immer gegeben."

Zeitzeichen im Danielbuch

Zeit	Ereignis	vorhergesagt, Wo und wie lange vorher?	erfüllt?
Heute	**Zunehmender Abfall** *„Lasst euch von niemand auf irgend eine Weise verführen, denn **dieser Tag*** kommt nicht, es sei denn, dass zuerst **der Abfall**** komme und geoffenbart worden sei der Mensch der Sünde, der Sohn des Verderbens,...“*	2.Thess. 2, 3 ca. 1950 Jahre	✓

*Dieser Tag = Jesu Kommen in Herrlichkeit am Ende der Trübsal

**Abfall = Verführung durch falsche Lehren, die in der letzten Jahrwoche ihren Höhepunkt erreichen wird.

Die seit einigen Jahren zu beobachtende Abkehr vom Wort Gottes, äußert sich zunehmend durch eine immer liberaler werdende Gesetzgebung, ist aber ebenso in einer deutlichen Zunahme von bibeluntreuer Religiösität zu beobachten.
Zeitgleich geht damit einher, was wir auf der Seite 276 lesen konnten, der zunehmende Werteverfall, wie Paulus ihn im zweiten Timotheus - Brief beschreibt *(2. Tim. 3, 1-4).*

Zeit	Ereignis	vorhergesagt Wo und wie lange vorher?	erfüllt?
Heute	**Abfall der Gemeinde:** *"Der Geist aber sagt ausdrücklich, dass in späteren Zeiten etliche von dem Glauben abfallen werden, indem sie achten auf betrügerische Geister und Lehren von Dämonen."* **= Zersplitterung durch Sekten und Abkehr von biblischer Lehre und Gottes Schöpfungsordnung.**	*1. Tim. 4, 1* c. 1950 Jahre	✓
Heute	**Christen schaffen sich ein eigenes Gottesbild:** *"3 Denn es wird eine Zeit sein, da sie die gesunde Lehre nicht ertragen, sondern nach ihren eigenen Lüsten sich selbst Lehrer aufhäufen werden, indem es ihnen*	*2. Tim. 4, 3+4*	✓

Zeitzeichen im Danielbuch

Zeit	Ereignis	Vorhergesagt Wo und wie lange vorher?	erfüllt?
	in den Ohren kitzelt; 4 und sie werden die Ohren von der Wahrheit abkehren und zu den Fabeln sich hinwenden."	*ca. 1950 Jahre*	✓

Das vernichtende Wesen der Sünde wird heruntergespielt. Gott wird zum Kuschelgott degradiert und seine Majestät wird zweitrangig. Notwendige Gottesfurcht wird in Frage gestellt.

| Heute | **Wachen und beten**
"...und seinen Sohn aus den Himmeln zu erwarten, den er aus den Toten auferweckt hat, Jesum, **der uns errettet von dem kommenden Zorn."** | *1.Thess. 1, 10*
ca. 1950 Jahre | ✓ |

Ende des Gemeindezeitalters und damit Ende der Gnadenzeit!

Was bedeutet das für Sie, wenn Sie dann noch hier sein sollten? (Es würde mir unsagbar leid tun.) Hier könnten Sie dann unsere Entrückung und die folgenden Ereignisse auf der Erde abhaken.	→

Wir wissen nicht, wann es sein wird. Vorausgehende Zeichen gibt es keine mehr. Wir wissen aber genau: „Die Bibel kennt keine leeren Versprechen."

*

Im Himmel findet jetzt der Richterstuhl Christi statt:

Christen werden beurteilt aber nicht mehr verurteilt. (1. Kor. 3, 13) Jesus Christus hat sich an unserer Stelle bereits verurteilen lassen, ist am Kreuz von Golgatha für unsere Schuld gestorben. Durch die Auferstehung zum ewigen Leben, zeigt er uns, dass alles bezahlt ist.

*

Und wie geht es jetzt auf der Erde weiter?

Daniels letzte Jahrwoche beginnt, die letzten 7 Jahre:

A.) Die erste Hälfte der 70. Jahrwoche, 3 ½ Jahre oder 42 Monate oder 1260 Tage:

Ereignis	Vorhergesagt Wo und wie lange vorher?
Eine starke Führungspersönlichkeit wird auftreten und drei Staaten in seine Gewalt bringen. (evtl. noch kurz vor der Entrückung)	*Dan. 7, 24* seit 553 v. Chr. und *Off. 13, 1-18* ungefähr seit 1930 Jahren.
Mit weiteren sieben Staaten wird ein Bündnis entstehen, dass ihn zu ihrem Führer erklärt und dass unter anderem Israel Frieden garantiert.	*Dan. 9, 27* seit 559 v. Chr. 1. Thess. 5, 3 seit ca. 1970 Jahren und in Off. 17, 11-13 seit etwa 1930 Jahren.

Ereignis	Vorhergesagt Wo und wie lange vorher?
Israel wird diese Führungsperson als Messias akzeptieren denn der Herr Jesus hatte ja bereits angekündigt: „Ich bin in dem Namen meines Vaters gekommen, und ihr nehmt mich nicht auf; wenn ein anderer in seinem eigenen Namen kommt, den werdet ihr aufnehmen." (Joh. 5, 43) Bis jetzt ist der, welcher in seinem eigenen Namen kommt noch nicht auf der Bildfläche erschienen.	Joh. 5, 53 seit ca 30 n. Chr. also seit ca 1990 Jahren
Er wird auf die Krisen dieser Welt, und zunehmenden Kathastrophen, Lösungen versprechen denn alle anderen Politiker dieser Welt werden ratlos sein. Einen Voreschmack davon erhalten wir ja jetzt schon. ⟶	"Und es werden Zeichen sein an Sonne und Mond und Sternen, und auf der Erde Bedrängnis der Nationen, in Ratlosigkeit, <u>bei brausendem Meer und Wasserwogen.</u>" Luk. 21, 25 vor ca. 1970 Jahren
Seine Akzeptanz wird sicher auch gestärkt, wenn er bereit ist, Israel entsprechend seines Bündnisses zu	Hesekiel 38 + 39

Ereignis	Vorhergesagt Wo und wie lange vorher?
Verteidigen, wenn es zu der großen Invasion, des „Gog aus Magog" (König des Nordens), gegen Israel kommt.	seit ca 593 v. Chr.
Die Gemeinde, „der Tempel Gottes (1. Kor. 3, 16)", ist nicht mehr da. Wir wurden ja bereits entrückt. Der heilige Geist ist nicht mehr da, die Zeit der Gnade ist nicht mehr da und alles wird wieder sein, wie es vorher war. Israel wird einen Tempel bauen, um wieder mit dem Opfersystem, wie Alten Testament beschrieben wird, zu beginnen.	*Off. 11, 1* *seit ca. 1930 Jahren*
Inzwischen ist der oben erwähnte Herrscher zum Diktator einer Großmacht (Weltmacht) aufgestiegen.	*Dan. 7, 24 + 25* *seit ca. 553 v. Chr.* *Off 13, 1-18, seit etwa 1930 Jahren*
Ein Monat vor der Mitte der letzten Jahrwoche: Das Opfersystem wird verboten, „der verwüstende Greuel" wird im Tempel aufgestellt. (1190 Tage vor dem Ende)	*Dan.12, 11* *seit 536 v. Chr.* *Matth. 24, 15* *seit ca. 1970 Jahren*

Zeitzeichen im Danielbuch

Ereignis	Vorhergesagt Wo und wie lange vorher?
In der Mitte der letzten Jahrwoche: Nach 3 ½ Jahren also. *4 welcher widersteht und sich selbst erhöht über alles, was Gott heißt oder ein Gegenstand der Verehrung ist, so dass er sich in den Tempel Gottes setzt und sich selbst darstellt, dass er Gott sei.* (2. Thess. 2, 4) In der Mitte der letzten Jahrwoche wird sich der Antichrist selbst zu erkennen geben, indem er sich als Gott verehren lässt.	*Dan. 9, 27* seit 536 v. Chr. 2. Thess. 2, 4 seit ca. 1970 Jahren

B.) Die zweite Hälfte der 70. Jahrwoche, 3 ½ Jahre oder
42 Monate oder 1260 Tage, die große Drangsal:

Die Verfolgung Israels und aller, die jetzt noch zum Glauben an Jesus finden, so wie aller derjenigen, die sich dem Antichristen widersetzen, beginnt. (Flucht in die Berge und Wüste)	*Dan. 12 seit ca. 539 v. Chr.* *Matth. 24 seit ca. 1970 Jahren* *Off. 12, 6 ; 13, 15 seit ca. 1930 Jahren*
Wer sich weigert, das Malzeichen des Antichristen anzunehmen, kann	*Off. 13, 16 + 17*

Ereignis	Vorhergesagt Wo und wie lange vorher?
weder kaufen noch verkaufen. Wer es jedoch annimmt, fällt unter den Zorn Gottes.	*seit ca. 1930 Jahren*
Die 7 Siegelgerichte beginnen: Tod durch Kriege, Hungersnot, Seuchen und durch die wilden Tiere der Erde.	*Off. 6* *seit ca. 1930 Jahren*
Die 7 Posaunengerichte beginnen: Hagel, Feuer, Wasserverseuchung, 1/3 aller Geschöpfe werden ihr Leben verlieren. Heuschreckengleiche Skorpionenplage, Asteroideneinschläge und die Gestirne verlieren 1/3 ihrer Leuchtkraft.	*Off. 8 + 9* *seit ca. 1930 Jahren*
Die 7 Schalengerichte beginnen: quälende Geschwüre an denen, die das Malzeichen des Tieres angenommen haben. Das Wasser wird zu Blut, versengende Hitze der Sonne bei zunehmender Finsternis und Dämonen werden freigesetzt.	*Off. 16* *seit ca. 1930 Jahren*
Die Schlacht bei Harmagedon. Ein	*Off. 16,13-16*

Ereignis	Vorhergesagt Wo und wie lange vorher?
Weltkrieg, bis Jesus dem ein Ende macht und damit die Tage der Trübsal vorüber sind.	Seit ca. 1930 Jahren
Jesus erscheint mit seinen Heiligen, in großer Macht und Herrlichkeit. Dieses Mal kommt er als Herrscher und Richter. Weitere 45 Tage werden den 1290 Tagen seit Beginn der verwüstenden „Greuel" hinzugefügt. Jesus beendet den Krieg und hält Gericht über die Nationen. Der Antichrist und der falsche Prophet werden in den Feuersee geworfen. Das 1000 jährige Friedensreich entsteht. 1335 Tage sind erfüllt.	*Dan,12, 11+12* *seit ca 539 v. Chr.* *Matth. 24 + 25* *seit ca. 1970 Jahren* *Off. 19, 12-21 +* *Off. 20, 4-6* *seit ca. 1930 Jahren*

Ende der 70. Jahrwoche

*

Das tausendjährige Reich beginnt *(Jes. 65, 17-25)*
[Vorhergesagt seit ca. 740 v. Chr.]

„Da wurden zugleich das Eisen, der Ton, das Erz, das Silber und das Gold zermalmt, und sie wurden wie Spreu der

Sommertennen; und der Wind führte sie hinweg, und es wurde keine Stätte für sie gefunden. Und der Stein, der das Bild geschlagen hatte, wurde zu einem großen Berge und füllte die ganze Erde. "   *(Dan. 2, 35)*

Das tausenjährige Reich auch das Friedensreich oder einfach nur das Reich genannt, ist die Zeit der Wiederherstellung aller Dinge *Apg. 3, 21*. Damit ist nicht nur gemeint, dass durch Jesus Christus alles das, was in den letzten sieben Jahren der großen Drangsal kaputt gegangen ist, repariert werden soll, es meint eine Wiederher-stellung der Beziehung zu Gott und damit auch der Schöpfung und damit die Herstellung paradisischer Zustände.
Kurzum, es wird eine Weltregierung geben, an dessen Spitze Jesus Christus steht.
Hier ein paar Merkmale des tausendjährigen Reiches:

- Die Machtergreifung Jesu Christi als Weltherrscher auf der
  Erde. *(Psalm 2 / Sach. 8, 3)*

- Die Macht Satans wird für diese Zeit außer Kraft gesetzt.
  (Off. 20, 1 – 3)

- Es ist das Friedensreich. *(Hes. 37 / Jes. 2, 2-4 / Micha 4, 3 /*
  Jes. 9, 6+7 / Jes. 32, 16 ff / Jes. 66, 12)

- Das Reich der Gerechtigkeit. *(Jes. 11, 1-9)*

- Aufblühen der Natur, Friede unter den Kreaturen und
  ungebremste Ernte.
  (Jes. 11, 6-9 / Jes. 35 / Jes 41, 18-20 / Amos 9, 11-15 / Röm. 8, 19-22)

Zeitzeichen im Danielbuch

- Mission durch die Juden unter den Völkern.
  (*Hes. 37, 27+28 / Sach. 8, 13, 22+23 / Röm. 11, 12-16 / Jes. 66, 19*)

- Große Erkenntnis des Herrn und seiner Herrlichkeit.
  (*Jes. 11, 9 / Hab. 2, 14*)

- Jerusalem wird das weltweit geistliche Zentrum für alle
  Völker. (*Off. 21, 23-27 / Psalm 110, 2+4 / Jes. 2, 3 / Jes. 51, 4 / Jes. 66, 23 / Jer. 3, 17 / Sach. 8, 22*)

- Sonne und Mond werden heller scheinen. (*Jes. 30, 26*)

- Die Menschen können wieder ein vorsintflutliches Alter
  erreichen. (*Jes. 65, 20*)

"Das Reich" ist eine irdische Verheißung für Israel, das Volk Gottes. Für die Christen aus den Nationen, die Kinder Gottes, gilt die Gnadenzeit, welche mit der Entrückung vor der Drangsal endet.

Zeit	Ereignis	Vorhergesagt Wo und wie lange vorher?
Am Ende der 1000 Jahre	Satan wird noch einmal für eine kleine Weile losgelassen, um zu verführen. Damit offenbar wird, wer aus dem 1000 jährigen Reich mit geht, in die neue Schöpfung, auf die neue Erde in der Ewigkeit.	*Off. 20, 7 ff* = seit ca. 1930 Jahren

Zeit	Ereignis	Vorhergesagt Wo und wie lange vorher?
Am Ende der 1000 Jahre	- das Gericht über die Gegner Gottes aller Zeitalter. - Der Teufel wird in den Feuersee geworfen. - Die alte Erde und das Universum werden zerstört. - Gott erschafft eine neue Erde und einen neuen Himmel für die Ewigkeit.	*Off. 19, 20 +* *Off. 20, 15 =* seit ca. 1930 Jahren

*

Das himmlische Jerusalem, unser neues Zuhause.

„3 Und ich hörte eine laute Stimme aus dem Himmel sagen: Siehe, die Hütte Gottes bei den Menschen! Und er wird bei ihnen wohnen, und sie werden sein Volk sein, und Gott selbst wird bei ihnen sein, ihr Gott 4 Und er wird jede Träne von ihren Augen abwischen, und der Tod wird nicht mehr sein, noch Trauer, noch Geschrei, noch Schmerz wird mehr sein; denn das Erste ist vergangen. 5 Und der auf dem Throne saß sprach: Siehe, ich mache alles neu!"   *(Off. 21, 3-5)*

Ich hab' da mal 'ne Frage

FAQ`s

<u>Wer ist der Antichrist und was bedeutet die Zahl seines Namens?</u>

„Wer Verständnis hat, berechne die Zahl des Tieres, denn es ist eines Menschen Zahl; und seine Zahl ist sechshundertsechsundsechzig."   *(Offb 13, 18)*

Viele haben es schon unternommen und mit abenteuerlichen Methoden wie der Nutzung von Zahlenwerten, die Buchstaben haben können, herauszufinden, welche Person der in der Vergangenheit damit gemeint sein könnte. Hitler, Nero und viele andere wurden ermittelt. Unterschiedliche Ergebnisse zeigen aber schon, dass dies der falsche Weg sein muss. Der meiner Meinung nach richtige Weg ist der, sich auf die Entrückung zu freuen und entsprechend zu leben, anstatt auf Zeichen zu achten, die uns verraten, welche Person sich hinter dem Antichrist verbergen könnte. Der wird ohnehin erst bei seinem öffentlichen Auftreten offenbar werden *(2. Thess. 2, 3)* Eine Person der Gegenwart oder der Zukunft und jetzt noch nicht erfassbar, das System, welches er vertritt, scheint jedoch schon sichtbar zu sein.

<u>Was bedeutet das Malzeichen des Tieres?</u>

„16 Und es bringt alle dahin, die Geringen und die Großen, und die Reichen und die Armen, und die Freien und die Knechte, dass sie ein Malzeichen annehmen an ihre rechte Hand oder an ihre Stirn; 17 und dass niemand kaufen oder verkaufen kann, als nur der

welcher das Malzeichen hat, den Namen des Tieres oder die Zahl seines Namens. Hier ist die Weisheit."   (Offb 13, 16 + 17)

Auch darüber gibt es unendlich viele Spekulationen. Das reicht vom Barcode - Tattoo bis zum implantierten Induktionschip. Meiner Meinung nach handelt es sich dabei um das religiöse Gesetz des Antichristen, die Scharia. Es gibt nämlich eine Entsprechung in der Bibel, in der Gott von *seinem* Gesetz zu seinem Volk spricht :

„Und es (das Gesetz) sei dir zu einem Zeichen an deiner Hand und zu einem Denkzeichen zwischen deinen Augen…"   (2. Mose 13, 9)

Daraus haben die Juden den „Tefillin", den Gebetsriemen gemacht, den sich orthodoxe Juden zum Morgengebet um Hand und Unterarm sowie vor die Stirn binden. Kleine, lederne Kapseln, welche Pergamente enthalten, auf denen hand-schriftlich Teile der „Tora", dem „Gesetz" (5 Bücher Mose), aufgeschrieben sind.

<u>Auf diese Weise bekennen sich auch Heute noch</u>
<u>orthodoxe Juden zu dem Gesetz Gottes !</u>

Der Antichrist möchte Gott imitieren. Wenn nun der Antichrist fordert, dass man *sein* Zeichen an Hand oder Stirn annehmen muss, um weiter kaufen und verkaufen zu können, dann hat das meiner Meinung nach folgende Bedeutung:

Damit bekennt man sich zum Gesetz des Antichristen. Zur Scharī'a, dem religiösen Gesetz des Islam. Es ist das Herz und das erklärte Ziel der Islamisierung.

Ich hab' da mal 'ne Frage

Die Vorbereitungen dafür sind bereits jetzt in vollem Gange. Dazu sind drei Dinge erforderlich:

1. Bereits 2009 forderte unsere Bundesregierung das schnelle Internet für alle. Die technische Entwicklung geht weiter und 2014 nutzten bereits 45 % der Deutschen das Online Banking, das sind 28 Millionen Bürger. In Island waren es sogar schon 93 % der Bevölkerung.

2. Das Bargeld wird abgeschafft. Wenn es nach den Plänen der Europäischen Union ging, sollte bereits 2018 das Bargeld abgeschafft werden. In Schweden läuft diesbezüglich eine große Kampagne. Anfang 2017 hat der Internationale Währungsfond (IWF) bereits eine Anleitung zur Abschaffung des Bargeldes herausgegeben. Keine Banküberfälle mehr, keine Korruption, kein Drogenhandel, keine Schwarzarbeit mehr etc. Ob das die wahren Gründe sind, sei dahingestellt. Fakt ist, es wird kommen und zwar bald.

3. Ohne Bargeld einkaufen. Wer denkt, das sich das nur auf Onlineshopping bezieht, der irrt. Im Jahre 2015 hat der Discounter „Aldi" 2400 deutsche Filialen mit dem sogenannten kontaktlosen Bezahlsystem ausgestattet, die Ware wird gescannt und man zahlt den Preis mit der EC Karte oder Smartphone, direkt per Onlinebanking. In Dänemark ist das schon weit verbreitet. Hier sind es vor allem Discounter wie „Aldi" und „Real", bei denen das System schon probe läuft.
Das heißt, dem Staat ist jederzeit die volle Kontrolle über alle Finanztransaktionen seiner Bürger möglich. Wenn ich mich unter

diesem Gesichtspunkt weigere, die Scharīʿa an zu erkennen, dann ist es einfach, mir das Kaufen oder Verkaufen unmöglich zu machen, egal wie viel Geld ich auf dem Konto habe. Gesperrt ist gesperrt. Damit wird einem nicht nur jegliche Lebensgrundlage entzogen, es hat auch zur Folge, dass man die „Djizya", die „Kopfsteuer" nicht entrichten kann.

Diese Kopfsteuer verlangt der Islam, wenn man seine eigene Religion ausüben will. Wer die nicht zahlt, verliert alle Rechte, auch das Recht auf Leben. Man kann an diesem Beispiel sehr schön erkennen an welchem Punkt der Weltgeschichte wir bereits stehen.

Wer kommt eigentlich ins 1000jährige Reich?

Zunächst sind da mal die Märtyrer aus der Trübsal, die das Malzeichen des Antichristen nicht angenommen haben und enthauptet wurden. Und die, die nicht bereit waren zum Islam zu konvertieren oder die Scharia an zu erkennen.

„Und ich sah Throne, und sie saßen darauf, und es wurde ihnen gegeben, Gericht zu halten; und die Seelen derer, welche um des Zeugnisses Jesu und um des Wortes Gottes willen enthauptet waren, und die, welche das Tier nicht angebetet hatten, noch sein Bild, und das Malzeichen nicht angenommen hatten an ihre Stirn und an ihre Hand, und sie lebten und herrschten mit dem Christus tausend Jahre."

(Off. 20, 4)

Ich hab' da mal 'ne Frage

Und was ist mit uns Christen?

Im 1. Thessalonicher Brief haben wir gelesen, dass wir entrückt werden. Jesus wird im 1000jährigen Reich die Erde regieren. Und wir werden da sein, wo unser Herr ist, also im 1000jährigen Reich.

„und also werden wir allezeit bei dem Herrn sein"   (1. Thess. 4, 17)

Der Herr Jesus spricht im Johannesevangelium darüber und im Thessalonicher Brief wird diese Gemeinschaft mit ihm noch deutlicher:

„Wenn mir jemand dient, so folge er mir nach; und wo ich bin, da wird auch mein Diener sein. Wenn mir jemand dient, so wird der Vater ihn ehren."   (Joh. 12, 26)

„Vater, ich will, dass die, welche du mir gegeben hast, auch bei mir seien, wo ich bin, auf dass sie meine Herrlichkeit schauen, die du mir gegeben hast, denn du hast mich geliebt vor Grundlegung der Welt."   (Joh. 17, 24)

„9 Denn Gott hat uns nicht zum Zorn gesetzt, sondern zur Erlangung der Seligkeit durch unseren Herrn Jesus Christus, 10 der für uns gestorben ist, auf dass wir, sei es dass wir wachen oder schlafen, zusammen mit ihm leben.   (1. Thess. 5, 9-10)

Nach der Entrückung findet zunächst unsere Beurteilung statt. Doch erst nach dem Hochzeitsmahl des Lammes geht es ins 1000jährige Reich. Wie unendlich groß ist doch die Liebe Jesu! Ach, wenn ich doch nur mit meinem bisherigen Leben diese Liebe mehr gewürdigt hätte.

Muss man die Offenbarung verstehen, um das Buch Daniel zu verstehen?

Grundsätzlich kann man das Buch Daniel auch verstehen, wenn man die Offenbarung nicht zur Hilfe nimmt. Ich habe im Kommentar-Teil des Buches auch versucht, so weit wie möglich darauf zu verzichten, abgesehen von wenigen notwendigen Erklärungen. Ich hatte die Befürchtung, dass eine Erklärung über das Buch Daniel zu einer Erklärung der Offenbarung werden könnte und damit am eigentlichen Thema vorbei geht. Das Buch Daniel ist ein eigenständiges Buch.

Die Themen, die darin behandelt werden, finden wir allerdings auch in der Offenbarung und bei den alten Propheten. So erfahren wir z.B. mehr Details über die Entrückung, die Trübsal und darüber, wie es danach weitergeht.

Apropos Trübsal, was hat es eigentlich mit dem Haupt auf sich, das eine tödliche Wunde erfährt, aber zu aller Verwunderung geheilt wird?

"Und ich sah einen seiner Köpfe wie zum Tode geschlachtet. Und seine Todeswunde wurde geheilt, und die ganze Erde verwunderte sich über das Tier."   (Off. 13, 3)

Das ist so ein Beispiel für mehr Details in der Offenbarung. Im Danielbuch lesen wir vom vierten Tier, vom kleinen Horn und vom dem König der nach seinem Gutdünken handelt. Es ist immer ein und derselbe. In der Offenbarung gibt es mehr

Informationen über ihn, so auch diese, dass nämlich jemand tödlich verwundet war, aber zum Erstaunen aller geheilt wurde.

Auch ich kann nicht in die Zukunft sehen. Ich könnte mir aber drei verschiedene Antworten vorstellen, wobei zwei davon sich gar nicht so sehr unterscheiden:

1. Der Antichrist oder einer seiner Helfer wird tatsächlich in einem der vielen Kämpfe, die von ihm ausgehen, tödlich verwundet und plötzlich wieder als geheilt oder, um die Lüge komplett zu machen, als auferstanden auf die Weltbühne zurück kommen, was zur Folge hat, dass er erst recht angebetet wird. (...*wer ist ihm gleich? [Off. 13, 4]*). Dieses Ereignis läge in der Zukunft.

2. Die zweite Variante, die ich mir noch eher vorstellen kann, ist die, dass genau das bereits vor unser aller Augen passiert ist. Ich spreche von der „Wiedergeburt des Islam". Wenn man sich vor Augen hält, dass eine Triebfeder des Islam die Errichtung eines weltumspannenden Kalifats ist, mit dem Ziel, das religiöse Gesetzt des Islam, die Scharia auf zu richten, dann brauchen wir auch nur wieder in der Geschichte nach hinten zu schauen und sehen, dass es ihm beinahe schon einmal gelungen wäre. Rufen sie sich einmal eine Karte mit den Mittelmeerländern ins Gedächtnis (Seite 117, das römische Reich und Seite 151 die Islamisierung der Welt). Der Islamische Staat hat in seinen Feldzügen schon einmal den gesamten Bereich um das Mittelmeer, bis auf wenige Ausnahmen, unter seine Kontrolle gebracht. Im Westen gingen seine Eroberungen bis Spanien und

im Norden   standen die islamischen Truppen bereits kurz vor Wien.

Tatsächlich waren die Kreuzzüge (7 Kreuzzüge zwischen 1095 n.Chr. und 1270 n.Chr.) dazu gedacht, die Islamisierung zu stoppen, dass sie so entarteten, war nicht vorhersehbar und war eine logischer Weise eine Folge davon, dass die „christlichen" Kirchen schon damals nicht auf Gott und sein Wort gehört haben.

Fakt ist aber, seither hat die Welt kaum mehr etwas von den Aktivitäten des Islam wahrgenommen. Obwohl selbst den sieben Kreuzzügen viele Hunderte, grausame Schlachten des Islam gegenüber stehen, verurteilt die Welt lieber die Kreuzzüge.

In der zivilisierten Welt entstand das, was man den politischen Islam nennt. Eine moderate Auslegung des Koran, die insbesondere darauf zielt, sich den Ast „Tourismus" als Einnahmequelle und Wirtschaftsbeziehungen mit dem Westen nicht selbst abzusägen. Die Kreuzzüge waren eine tödliche Wunde für die Religion des Islam.

Sehen wir einmal auf die Zeit, Mitte bis Ende der 1970-iger Jahre n. Chr.. Menschen meines Alters erinnern sich möglicherweise noch an das damalige Ölembargo durch die arabischen Staaten und die daraus resultierenden Sonntagsfahrverbote in unserem Land. Der Erdölpreis stieg um das Vierfache.

„Ajatollah Khomeini" gründete die islamische Republik Iran und fand einen Weg, das Geld, das nun durch das Erdöl in Strömen floss, sinnvoll auszugeben. Es wurden Moscheen gebaut.

Koranschulen entstanden, der Koran wurde gedruckt und verteilt. Und was war der Grund für diese „Wiedergeburt"? So wie in Deutschland die Angst vor einer Islamisierung besteht, so erlebten die islamischen Staaten damals die Angst vor einer Verwestlichung.

Eigentlich müssten wir also nicht demonstrieren und die Angst der Menschen für die Ziele rechtspopulistischer Parteien und Gruppierungen, missbrauchen lassen, sondern Bibeln drucken und Bibelschulen gründen, nicht für eine religiöse Elite, sondern für die ganze Bevölkerung. „Das Wiedererwachen des Islam", „as-ṣaḥwa al-islāmiyya", so nennen es die Islamisten selber, hat zu einer enormen Zunahme der islamischen Frömmigkeit geführt. In Zentralasien (Tadschikistan) gibt es inzwischen sogar eine politische Partei die sich „islamische Wiedergeburt" nennt.

3. Die dritte Möglichkeit ist eng mit der zweiten verknüpft und lässt uns die weltgeschichtlichen Zusammenhänge noch deutlicher sehen. Dazu müssen wir aber doch noch einmal einen geduldigen, aber neugierigen Abstecher in die Offenbarung Jesu Christi machen, die er seinem Knecht Johannes gegeben hat.

„7 Und der Engel sprach zu mir: Warum verwundertest du dich? Ich will dir das Geheimnis des Weibes sagen und des Tieres, das sie trägt, welches die sieben Köpfe und die zehn Hörner hat. 8 Das Tier, welches du sahst, war und ist nicht und wird aus dem Abgrund heraufsteigen und ins Verderben gehen; und die auf der Erde wohnen, deren Namen nicht in dem Buche des Lebens geschrieben sind von Grundlegung der Welt an, werden sich

verwundern, wenn sie das Tier sehen, **dass es war und nicht ist und da sein wird.** 9 *Hier ist der Verstand, der Weisheit hat:*

Die sieben Köpfe sind sieben Berge, auf welchen das Weib sitzt. 10 Und es sind sieben Könige: fünf von ihnen sind gefallen, der eine ist, der andere ist noch nicht gekommen; und wenn er kommt, muss er eine kleine Weile bleiben. 11 Und das Tier, welches war und nicht ist, er ist auch ein achter und ist von den sieben und geht ins Verderben." (Off. 17, 7-11)

Johannes bekommt hier erklärt, dass von Beginn der Geschichtsschreibung bis zu ihrem Ende insgesamt acht Reiche existieren werden. Als Johannes diese Offenbarung empfing, lebte er im sechsten, dem römischen Reich. Daniel lebte zur Zeit des dritten, dem babylonischen Reich. Wir erinnern uns an das Standbild des Nebukadnezars, wonach Daniel in der Zeit des Kopfes und Johannes zur Zeit der Beine lebte. Nach Johannes kamen also nur noch die Füße und die Zehen. Diese bestanden zumindest teilweise aus dem gleichem Material wie die eisernen Beine, was Rom symbolisierte, vermengt mit Ton. Also, acht Reiche gibt es, bevor der Stein, nicht von Menschenhand gemacht, das ganze Bild zerstört. Johannes befand sich in der Zeit des sechsten. Nach Rom gibt es also nur zwei nennenswerte Reiche, davon ist eines schon einmal für eine kurze Weile da gewesen und besteht aus Völkern, die ebenfalls zum römischen Reich gehört haben. Sehen wir uns das mal im Einzelnen an. Die Reiche waren:

Ich hab' da mal 'ne Frage

1. Ägypten
2. Assyrien
3. Babylonien (612-539 v. Chr.) Die Zeit Daniels.
4. Medo - Persien (539 – 331 v. Chr.)
5. Griechenland (331 – 168 v. Chr.)
6. Rom (168 v. Chr. - 476 n. Chr.) Hier lebte Johannes.
7. Das geteilte römische Reich. (Die zwei Füße)

West-Europa und der Nahe-Osten, beides ist aus dem römischen Reich hervor gegangen.

Tatsächlich wurde Rom im Jahre 395 n. Chr. in ein östliches und ein westliches römisches Reich geteilt. Von 476 n. Chr. an regierte sogar ein Kaiser vom Osten aus, in „Konstantinopel", das gesamte römische Ost- und West-Reich. „Das oströmische Reich" ist uns auch unter dem Namen byzantinisches Reich bekannt und war christlich - orthodox orientiert.

Für unsere westlichen Augen ist Rom der Ort, wenn vom römischen Reich die Rede ist. Daraus entwickelte sich das Europa, wie wir es heute kennen und das, meines Erachtens, zu vorschnell mit den zehn Zehen der Füße an der Statue aus Nebukadnezars Traum gleichgesetzt wird, indem man von einem 10-Staatenbund spricht und ein wiedererstandenes, römisches Reich meint. Dabei wird der oströmische Teil und seine Geschichte völlig verdrängt. Im Jahre 1453 wurde das christlich orientierte oströmische Reich durch Islamisten erobert, woraus auch im östlichen Mittelmeer-Raum eine Nr. 7 entstand, „das Osmanische Reich", während der Westen sich anschickte, Europa zu werden. Die Islamisten nahmen Konstantinopel ein und änderten den Namen dieser großen Welt-Metropole in „Istanbul", was soviel heißt wie "Islam Reich" (Islamisches Reich? Islamischer Staat?).

In *Offenbarung 17, 10* lesen wir, dass das 7. Reich nur eine kleine Weile bleiben würde. Es hielt sich, gemessen an den vorherigen sechs Reichen, in der Tat nur für eine kurze Weile, nämlich nur für 471 Jahre, bevor dieses Kalifat 1924 von der Weltbühne verschwand und durch Kemel Atatürk zur Türkei wurde. Jetzt haben wir alle sieben möglichen Reiche zusammen, von denen eines, laut Offenbarung, zur Verwunderung aller wieder ent-stehen wird, bevor Gott Schluss macht mit unserer Vorstellung, einer immer so weiter gehenden Geschichte.

Es gibt nur acht Königreiche, davon sind sieben bereits komplett vorhanden. Auch darum wissen wir, dass wir in der Endzeit leben. Wer hat vor 20 Jahren etwas mit dem Wort „Kalifat" anfangen können? Kaum jemand. Es erinnerte eher an Märchen wie Ali-Baba und die vierzig Räuber. Es existierte faktisch nicht, es war 1924 gestorben (eine tödliche Wunde) und es schickt sich an, wieder ins Leben zurück zu kommen. Als ich über den Psalm 83, 1-9 und über „Assur" auch zur Türkei geführt wurde (Seite 133 + 134), erfasste mich eher ein ungläubiges Kopfschütteln. Zu sehr ist in unseren westlichen Köpfen die Türkei als preiswertes Urlaubsland für Westeuropäer verankert. Mitglied der Nato und in zähen Verhandlungen für einen EU Beitritt.

Dabei schickt sich die Türkei an, der führende Geist zu werden.

Ich hab' da mal 'ne Frage

Die Türkei ist der Versteckte, über den man nichts hört, solange man keine Nachforschungen bei Google beginnt und sich für die Reden Erdogans interessiert. Und was man dabei herausfindet zeigt, dass derjenige, der das Kalifat über ein neuerwachtes osmanisches Reich vorantreibt, die Türkei ist. Ein Reich, das mit seiner Theologie, den Moslems, aber noch wichtiger, mit seinem religiösen Gesetz, der Schari'a, regieren möchte. Darin offenbart sich auch das Streben des am 29.06.2014 ausgerufenen Kalifats „Islamischer Staat". (In den Medien oft als der "selbsternannte Islamische Staat" bezeichnet.) Die Türkische Regierung kann sich jede Provokation („*freches Angesicht*" *Dan. 8, 23*) erlauben und wird trotzdem vom Westen hofiert, aus Angst, sie könnte das Natobündnis aufkündigen und sich Russland zuwenden. Daran sieht man, dass Politiker sich viel Kopfzerbrechen sparen könnten, wenn sie die Bibel kennen würden. Die Türkei wird ein Bündnis mit Russland eingehen. Es wird nämlich in Hesekiel 38 und 39 eine Koalition aus Russland, Türkei, Iran, Ägypten, Libyen, und Äthiopien beschrieben, die sich in der letzten Jahrwoche gegen Israel aufmachen werden.
Die Ereignisse, nach dem Putschversuch in der Türkei 2016, zeigen, wie sich die Türkei immer weiter von westlichen Werten entfernt.

Aktuelle Nachrichten des heutigen Tages 04.05.2017:
Im Rahmen um Friedensbemühungen im syrischen Bürgerkrieg hat die Türkei heute eine Koalition mit Russland und dem Iran beschlossen. (ARD)

„Die Welt" vom 05.05.2007
(Zitat: Erdogan) „Die Demokratie ist nur der Zug, auf den wir aufspringen, bis wir am Ziel sind. Die Moscheen sind unsere Kasernen, die Minarette unsere Bajonette, die Kuppeln unsere Helme und die Gläubigen unsere Soldaten."

Die Welt online vom 03.08 2014
„Der türkische Premierminister Davutoglu hat nun deutlich gesagt, was er bisher immer geleugnet hat:" Die Türkei unter Präsident Erdogan sucht eine Restauration (Wiederherstellung) des einstigen osmanischen Reiches"

Spiegel online vom 08.12.2014
„Zurück ins osmanische Reich... Schüler sollen osmanisch lernen, die Vorgängersprache des modernen Türkisch.

„Die Zeit" Nr. 52/2014 vom 17.12.2014
(Zitat:Kemil Baijek, Chef der Kurdischen Arbeiterpartei) "Türkei bedeutet IS, die AKP ist der IS. Sie hat den IS stark werden lassen und das Unheil auf die Menschen losgelassen. Der wahre Kalif ist nicht Abu Bakr al-Bagdadi, sondern Tayyip Erdogan."

Die Presse (com) vom 13.04.2015
Eine neue türkische Hymne preist Erdogan als „unseren Anführer". Der Präsident wird in der Hymne als **„letzter Ring** in goldener Kette" mit Attila, Mehmed II., Süleymann und Atatürk, bezeichnet.

Focus – Online vom 17.03.17
Erdogan ruft die in Westeuropa lebenden Türken dazu auf,

mindestens 5 Kinder zu zeugen, um auf diesem Weg die Lebensbedingungen für Moslems zu verbessern.

Das oströmische Reich war mit seinem Konstantinopel, dem heutigen Istanbul, stolz darauf, dass es Rom in nichts nachstand, einschließlich der sieben Berge, auf denen heute Moscheen stehen.

Die Wiedererstehung des osmanischen Reiches ist kein unrealistischer Traum des türkischen Staatsoberhauptes mehr. Es rückt in immer nähere Zukunft.

Die Medienplattform **Focus – Online** berichtete am 26.01.2017 unter dem Titel: **„Erdogans Traum vom Osmanischen Reich"**, von den unverhohlenen Forderungen Erdogans nach Wiederherstellung der türkischen Grenzen von 1920. Das türkische Staatsfernsehen zeige immer häufiger Landkarten, welche die Türkei in den Grenzen des osmanischen Reiches abbilden. Seine Rolle in der Allianz zur Bekämpfung des Islamischen Staates, die er übrigens bezeichnender Weise „Schutzschild Euphrat" benannt hat, nutze er dazu, unliebsame Gegner los zu werden und das Territorium der Türkei zu vergrößern.

Auch sollten wir nicht vergessen, wie Jesus selbst die Türkei einschätzt. In den Sendschreiben der Offenbarung Jesu Christi sagt er zur Gemeinde in Pergamon:

„Ich weiß, wo du wohnst, wo der Thron des Satans ist" (Off. 2, 13)

Die türkische Stadt Pergamon trägt heute den Namen „Bergama" und war die Hochburg des Zeus-Kultes. Der Altar im dortigen Zeus Tempel war mit heidnischen Göttern geschmückt. Dies sind die Mächte und Gewalten, von denen Paulus im Brief an die Epheser Kapitel 6, Vers 12 spricht. Sie sind die satanischen Herrscher in der Himmelswelt, mit Satan als ihrem Anführer. Und Satan arbeitet:

„...in aller Macht und allen Zeichen und Wundern der Lüge 10 und in allem Betrug der Ungerechtigkeit denen, die verloren gehen, darum, dass sie die Liebe zur Wahrheit nicht annahmen, damit sie errettet würden.11 Und deshalb sendet ihnen Gott eine wirksame Kraft des Irrwahns, dass sie der Lüge glauben, 12 auf dass alle gerichtet werden, die der Wahrheit nicht geglaubt, sondern Wohlgefallen gefunden haben an der Ungerechtigkeit."

(2.Thess. 2, 9-12)

Der Wiederkunft Jesu, zur Entrückung seiner Gemeinde, steht nichts mehr im Wege. Bist Du bereit, Deinem Gott zu begegnen?

Schlusswort der ersten Auflage von 2017

Machen wir uns nichts vor, die besten Zeiten dieser Erde sind vorbei. Egal, wohin man schaut, man wird das Gefühl nicht los, dass die Welt im Chaos versinken möchte.

Wir haben jetzt Mai 2017 (n.Chr.). Das vergangene Jahr war vollgestopft mit Ereignissen, dass ich nahezu permanent an die Wiederkunft Jesu und die bevorstehende Entrückung erinnert wurde. Stellenweise kam ich mit dem Schreiben nicht hinterher, denn die Erfüllung prophetischer Ereignisse, besonders im nahen Osten, schien mich beim Schreiben überholen zu wollen.

Wir haben Gottes Ordnungen außer Kraft gesetzt.

Und damit haben wir die Welt reif gemacht für die Ernte.

Politiker benehmen sich plötzlich wie streitende Kinder und man gewinnt den Eindruck, dass der Erhalt ihrer persönlichen Ehre Vorrang vor dem Leben der ihnen anvertrauten Völker hat. Kriege, Kriegsgerüchte und Drohgebärden sind heute an der Tagesordnung. Auch wenn wir hier im Westen noch relativ sicher wohnen können, hatte die Menschheit in so kurzen Zeiträumen nie vorher so viele Kriege zu ertragen.

Als hätte es nie zwei Weltkriege gegeben, haben die Nationen in diesem Jahr das Wettrüsten wieder neu für sich entdeckt und jeder kann sehen, wohin das führen wird. Zu mehr Wirtschaftswachstum, wenn alles Zerbombte wieder neu aufgebaut werden muss. Atommächte wie Nordkorea können einem das Fürchten lehren und der weltweite Terrorismus macht, dass niemand sich mehr sicher fühlen kann, egal, wo er sich aufhält. Stellen Sie sich einmal eine Atombombe in den Händen der Palästinenser, Syriens, oder Irans vor! Der Antichrist wäre schnell am Ziel der Weltherrschaft.

Das alles ist nichts, im Vergleich zu der großen Trübsal, die uns in der Bibel vorhergesagt und beschrieben wird.

Menschenhass und Fremdenfeindlichkeit nehmen schon jetzt immer mehr zu und die Bereitschaft, den eigenen Standpunkt mit Gewalt als den Richtigen dar zu stellen, steigt. Aus allen Lebensbereichen haben wir Gottes Ordnungen vertrieben. Die Folge ist, dass wir die Geister, die wir riefen, nicht mehr los werden.

Der Verfall ethisch-moralischer Werte in der Welt und der Abfall in den Gemeinden, die Vermischung statt Bewahrung der Lehre, rütteln längst niemanden mehr wach. Gemeinden, in denen gepredigt wird, dass jedermann sich wohl fühlen kann, anstatt die Menschen mit ihrer Sünde zu konfrontieren, damit sie gerettet würden. Wer mahnend aufsteht, setzt sich der Gefahr aus, entweder als intolerant oder als lieblos gebrandmarkt zu werden. Wonach die Welt sich sehnt, ist eine starke Persönlichkeit, die endlich wieder Ordnung und Frieden schafft. Diese Person wird kommen, die Bibel sagt es voraus.

Wir haben es geschafft, dass die Natur auf unsere Ausbeutung und den von uns provozierten Klimawandel immer heftiger reagiert. Seit 1950 hat die Zahl der Erdbeben in jedem Jahrzehnt die Anzahl der Beben im vorherigen Jahrzehnt übertroffen.

Schlusswort 2017

Überschwemmungen in bisher ungeahntem Ausmaß, bei denen halbe Nationen unter Wasser standen, und man sollte es nicht glauben, sogar Wirbelstürme in Westeuropa sind inzwischen nichts Außergewöhnliches mehr. Die Warnungen der Wissenschaft werden zugunsten von Bruttosozialprodukt und Wirtschaftswachstum ignoriert. Die Folge: Die durchschnittliche Weltklimatemperatur steigt und mit ihr der Meeresspiegel. Weltweit schrumpfen die landwirtschaftlichen Anbauflächen. Und das, obwohl wir es bis jetzt immer noch nicht geschafft haben, den Hunger zu besiegen. Gutes Wasser wird knapp.

Wie hilflos der große Mensch ist, mit seiner doch so großen Wissenschaft, zeigt uns in erschreckender Weise immer wieder der ein- oder andere kleine Virus.
Arbeitslosigkeit, eine Überalterung der Gesellschaft, das Aussterben unserer Kultur, die Teuerung, zunehmende Lieblosigkeit und der Kampf um die ersten Plätze, Respektlosigkeit, „just for fun" und Verlust der Scham sind Phänomene, auf die wir nicht mehr zu warten brauchen.

Wer hat da noch eine sichere Zukunft zu erwarten?
Jeder, der versöhnt (versohnt) ist mit Gott und daher einen Platz an Jesu Seite hat, wenn er kommt, um seine Leute vor der großen Trübsal in Sicherheit zu bringen.

Liebe Geschwister, lasst Euch ermuntern,

„Das Ende ist nahe gekommen, seid besonnen und nüchtern zum Gebet!"
(1.Petr. 4, 7)

* Wenn Sie heute ohne Erlöser sind, dann liegt das daran, dass Sie das so wollen. Ihre Entscheidung, Christus abzulehnen, macht ihre Begnadigung automatisch ungültig und verurteilt sie automatisch zu einem Aufenthalt im Feuersee.*

Schlusswort September 2021

Vor etwas mehr als vier Jahren, schrieb ich das Schlusswort zur ersten Auflage. Eigentlich hätte man es so stehen lassen können, wären da nicht die letzten beiden Jahre, welche die Welt in globalem Ausmaß verändert haben. Die ganze Welt scheint nur noch zwei Themen zu kennen:

1. Die Klimakrise mit den ihr nachfolgenden Naturkatastrophen und

2. die Coronakrise

Zu Beginn des Jahres 2021 bricht Russland den Kälterekord von minus 52 Grad und der Vulkan Ätna aus. Der Ätna ist bis Heute (Sep. 2021) nicht zur Ruhe gekommen. Beinahe zeitgleich, nach ca. 6000 Jahren Ruhe, bricht in Island der Vulkan Fagradalsfjall aus und das mit unbeschreiblicher Härte. Allein im März dieses Jahres, waren es 52 Vulkanausbrüche, verteilt auf die ganze Welt. Anfang Juni gesellte sich auch noch der Stromboli hinzu.

*(Den Plan Gottes verstehen, Tim LaHaye, Seite 206; Verlag Mitternachtsruf, Dübendorf, 2005

Erdrutsche, Schlammlawinen und sogenannte Sinkholes, nahezu kreisrunde große, tiefe Löcher. Sie entstehen scheinbar aus dem Nichts und verschlucken dabei Häuser und Autos. Ein ebenso unerwartetes wie weltweites Phänomen, das von Amerika über Russland bis Jerusalem reicht.

Hagelschlag und Starkregenereignisse in einem vorher nicht gekanntem Ausmaß. Heftige Stürme und Tornados, deren Geschwindigkeiten zwischen 100 und 250 km/h liegen können und dabei alles zerstören, was auf ihrem Weg liegt.
Erbeben an den verschiedensten Orten der Erde. Ruft man die Erdbebenstatistik der letzten 24 Stunden im Internet auf, so ist man schnell erstaunt, wie lange man scrollen muss, um ans Ende der Auflistung zu gelangen.
Waldbrände in Folge großer Trockenheit sind in ihrer Größe ebenso auffällig, wie Schneefall und Eisstürme in Brasilien und Südafrika, mitten im August.

Besonders aber fallen die Überschwemmungen, Überflutungen und Hochwasserkatastrophen ins Auge, die weltweit, ganze Dörfer und Landstriche vernichten, so wie die deutsche Ortschaft „Schuld" im deutschen Ahrtal, welche es in diesem Jahr am stärksten getroffen hat. Ein Reden Gottes? Sein Zeichen, der Regenbogen, Teil seines Versprechens kein Wassergericht mehr zu schicken, wurde ja von den Menschen für ungültig erklärt, indem sie es zum Zeichen ihrer sexuellen Neigungen missbrauchen. Irret Euch nicht, Gott lässt sich nicht spotten. Das Feuergericht steht noch aus.

Selbst die Saudi-Arabische Wüste gleicht inzwischen einer Seenlandschaft.

Und am Himmel beobachtet man immer häufiger, nicht nur seltene, bizarre Wolkenbilder. Auch immer mehr verglühende Asteroiden und man höre und staune, auch immer häufiger, sogenannte, unerklärbare Flugobjekte.

Hinzu kommt ein Virus mit Namen Covid 19, der dabei ist, die gewohnte, menschliche Lebensweise global zu verändern und die Gesellschaft in zwei Hälften zu spalten, in Nachdenker und Querdenker.

Hört oder sieht man von alle dem etwas in den deutschen Nachrichten? Nicht so wirklich! Außer über den Ätna und die Überschwemmungen im Ahrtal war nicht viel zu hören. Man will ja die Bevölkerung nicht unnötig beunruhigen.

Statt dessen hat man sich Seitens der Medien festgebissen an den Autofahrern die Klimaschädlichen Diesel nutzen, an der ersehnten Elektromobilität, an der täglichen Corona - Inzidenz, an den von der Regierung erlassenen Maßnahmen im Kampf gegen die Coronapandemie und an den in diesem Jahr bevorstehenden Bundestagswahlen.

Dabei versprechen insbesondere die Partei der Grünen ein schnelles Ende der Klimaprobleme. Was sie nicht so gerne laut sagen, ist dass sie eigentlich eine Transformation der Gesellschaft anstreben. Es soll ein Gesellschaftsministerium eingerichtet werden, damit Deutschland diverser wird. Im Klartext, wer der Meinung ist, dass Gott den Menschen, als Mann und als Frau erschaffen hat, könnte sich in Zukunft strafbar machen, genau so, wie jeder der Heute sagt, dass Homosexualität in den Augen Gottes Sünde ist. Dafür soll der Paragraph 218 abgeschafft werden um eine Abtreibung bis zur Geburt zu ermöglichen.

Als Christ bin ich Gott sehr dankbar, dass ich an Politik nicht mitschuldig werden kann denn:

1. *„...er (Gott) setzt Könige ab und setzt Könige ein; er gibt den Weisen Weisheit und Verstand den Verständigen."* (Daniel 2, 21)

2. *„...unser Bürgertum ist in den Himmeln, von woher wir auch den Herrn Jesus Christus als Heiland erwarten,* (Phil. 3, 20)

3. *„So sind wir nun Gesandte für Christum, als ob Gott durch uns ermahnte; wir bitten an Christi Statt: Lasst euch versöhnen mit Gott!"* (2.Kor. 5, 20)

Was politische Aktivitäten betrifft, sind wir als Fremdlinge, die wir in dieser Welt, nur Botschafter eines anderen Bürgertums sind, an unsere Dienstanweisung durch unseren HERRN Jesus Christus, in der Bibel, klar gebunden, nämlich:

„Jede Seele unterwerfe sich den obrigkeitlichen Gewalten; denn es ist keine Obrigkeit, außer von Gott, und diese, welche sind, sind von Gott verordnet. (Römer 13, 1)

„1 Ich ermahne nun vor allen Dingen, dass Flehen, Gebete, Fürbitten, Danksagungen getan werden für alle Menschen, 2 für Könige und alle, die in Hoheit sind, auf dass wir ein ruhiges und stilles Leben führen mögen in aller Gottseligkeit und würdigem Ernst. 3 Denn dieses ist gut und angenehm vor unserem Heiland –

Gott, 4 welcher will, dass alle Menschen errettet werden und zur Erkenntnis der Wahrheit kommen.“   *(1. Tim. 2, 2)*

Manch einer könnte jetzt sagen: „Also wenn alle so denken würden, wie sollte man denn dann die Klimaprobleme in den Griff bekommen?"

Klimawandel? Ich sehe in all diesen turbulenten Ereignissen der Schöpfung die Sprache des Schöpfers, welcher ruft:
„Kehrt um! Ergreift das Leben! Die Erde wird vergehen aber Deine Seele ist auf Ewigkeit angelegt. Komm! Die Eintrittskarte für den Himmel ist bereits bezahlt! Nimm Jesus Christus als Deinen Retter an und Du wirst Leben!“

Nein! Statt dessen wird der allmächtige Schöpfer, von uns Menschen, auf die Anklagebank gezerrt. Und wir können die Frage hören: „Warum lässt Gott denn diese Naturkatastrophen zu?" Dabei wird dem Ankläger die Widersinnigkeit seiner Frage gar nicht bewusst, denn wie kann man jemanden anklagen, den es doch seiner festen Überzeugung nach, gar nicht gibt?

Ich glaube, das Gott über Katastrophen genauso erschüttert ist wie wir. Jedoch haben wir IHM über Jahre hinweg gesagt, dass er aus unseren Schulen, unserer Politik und aus unserem Leben verschwinden soll. Und wie er nun mal ist, drängt er sich niemandem auf und hat sich leise zurückgezogen. Wie können wir jetzt von ihm erwarten, dass er uns seinen Segen und seinen Schutz gibt, wenn wir zuvor von IHM verlangten, dass er uns in Ruhe lassen soll?

Schlusswort 2021

Gott, warum lässt Du das zu? Was sollte Gott auf eine solche Anklage antworten? Vielleicht folgendes?

„Liebe Betroffene, Ich bin in Eurem Leben nicht mehr erlaubt, man hat mich aus Eurer Mitte verband, darum kann ich leider nichts weiter für Euch tun. m.f. G. GOTT"

"Und es werden Zeichen sein an Sonne und Mond und Sternen, und auf der Erde Bedrängnis der Nationen in Ratlosigkeit bei brausendem Meer und Wasserwogen."   (Lukas 21, 25)

Lieber Leser, ich hätte da mal eine ganz persönliche Frage:

Mal ganz im Ernst, haben Sie schon mal so ein aktuelles Buch wie die Bibel gesehen? Immerhin wurde es in einem Zeitraum von ca. 3500 Jahren geschrieben und war bereits vor ca. 1900 Jahren fertig. Trotzdem finden wir darin Ereignisse, die sich derzeit vor unseren Augen erfüllen.

In dieser Sicht auf das Danielbuch habe ich Ihnen viele (ca. 85) verschiedene Vorhersagen aufgezeigt, die alle nachweisbar eingetroffen sind. Ereignisse, die in einer Zeitspanne zwischen 120 und 2500 Jahren vorhergesagt wurden. Neunzehn davon alleine im 11. Kapitel, obwohl gerade dort viel mehr vorhergesagte Details eingetroffen sind, als ich in diesem Buch eingeklammert habe. Insgesamt enthält die Bibel bereits 3268 erfüllte, also bereits eingetroffene Vorhersagen.

Warum also sollte der Rest nicht auch eintreffen?

Als nächstes steht die Entrückung derer bevor, die ihr Leben an Jesus Christus übergeben haben. Schnell weg hier, bevor das letzte Kapitel einer gottlosen Menscheit beginnt und die Welt in Zerstörung, Hass und Chaos versinkt.

Und? Stehen Sie auch drin? Ich meine, sind Sie auch vorhergesagt in der Bibel? Ach Sie meinen, ... zu viele Seiten und jetzt wissen Sie nicht mehr auf welcher Seite Sie stehen?

Hauptsache, Sie wissen, auf wessen Seite Sie stehen und da gibt es ja nur zwei.

Liebe Geschwister:

„Wo immer ihr seid, haltet durch, der Herr kommt bald"!

Vorausschau auf Jesus Christus

Anhang:

Vorausschau auf Jesus im Alten Testament, Erfüllung im Neuen Testament und die (ca.) Zeit dazwischen:

Prophezeiungen	AT	Erfüllung	Jahre
Verheißener Nachkomme Abrahams	1. Mose 22, 18	Apg. 3, 25	3500
Verheißener Nachkomme Isaaks	1. Mose 17, 19	Matth. 1, 2	3500
Verheißener Nachkomme Jakobs	4. Mose 24, 17	Luk. 3, 34	3500
Aus dem Stamme Juda	1. Mose 49, 10	Luk. 3, 33	3500
Thronfolger Davids	Jesaja 9, 5	Matth. 1, 1	730
Geburtsort	Micha 5, 1	Matth. 2, 1	701
Jungfrauengeburt	Jesaja 7, 14	Matth. 1, 18	730
Stern über Bethlehem	4. Mose 24, 17	Matth. 2, 2	3500
Flucht nach Ägypten	Hosea 11, 1	Matth. 2, 14	770
Dienst in Galiläa	Jesaja 8, 23	Matth. 4, 12 - 16	730
Der verheißene Prophet	5. Mose 18, 15	Joh. 6, 14	3500
Ein Priester wie Melchisedek	Psalm 110, 4	Hebräer 6, 20	1000
Abgelehnt von Juden	Jesaja 53, 3	Joh. 1, 11	730

Prophezeiungen	AT	Erfüllung	Jahre
Einige seiner Wesenszüge	Jesaja 11, 2	Luk. 2, 52	730
Von einem Freund verraten	Psalm 41, 10	Mark. 14, 18	1000
Für dreißig Silberstücke verraten	Sacharja 11, 12	Matth. 26, 15	747
Verräterlohn für ein Töpferfeld	Sacharja 11, 13	Matth. 27, 5 - 7	747
Judas wird ersetzt	Psalm 109, 7 - 8	Apg. 1, 18 - 20	1000
Anklage durch falsche Zeugen	Psalm 27, 12	Matth. 26, 60 - 61	1000
Schweigt gegenüber den Anklägern	Jesaja 53, 7	Matth. 26, 62 - 63	730
Geschlagen und angespuckt	Jesaja 50, 6	Mark. 14, 65	730
Er wurde ohne Grund gehasst	Psalm 69, 5	Joh. 15, 23 - 25	1000
Stellvertretendes Leiden	Jesaja 53, 3 - 5	Röm. 4, 25	730
Mit Sündern gekreuzigt	Jesaja 53, 12	Matth. 27, 38	730

Vorausschau auf Jesus Christus

Prophezeiungen	AT	Erfüllung	Jahre
Hände und Füße durchbohrt	Psalm 22, 17	Joh. 20, 25-27	1000
Verspottet und beleidigt	Psalm 22, 7 - 9	Matth. 27, 39 - 41	1000
Galle und Essig	Psalm 69, 22	Joh. 19, 29	1000
Er betet für seine Feinde	Psalm 109, 4	Luk. 23, 34	1000
Seine Seite wird durchbohrt	Sacharja 12, 10	Joh. 19, 34	747
Um seine Kleider wird gelost	Psalm 22,19	Mark.15, 24	1000
Nicht ein Bein wird ihm gebrochen	Psalm 34, 21	Joh. 19, 33	1000
Begraben bei den Reichen	Jesaja 53, 9	Matth. 27, 57 - 60	730
Auferstehung	Psalm 16, 10	Matth. 28, 6 - 9	1000
Himmelfahrt	Psalm 68, 19	Luk. 24, 50 - 51	1000

Berechnung der Jahrwochen

Die 62 Jahrwochen bzw. die 483 Jahre im jüdischen und im gregorianischen Kalender*

gregorianische Variante:

Vom Tag des Erlasses 5. März 445 bis zum Palmsonntag 10. Nissan 32 n.Chr. (Der Nissan hat seinen Anfang in der zweiten Märzhälfte) sind es zunächst einmal nur 476 Jahre. Da zwischen 1 v. Chr. und 1 n. Chr. nur ein Jahr liegt, ist die Gesamtsumme 476 und nicht 477 Jahre.

476 Jahre x 365 Tage
= 173 740 Tage
+   116 Tage in Schaltjahren**
+   24 Tage (5. März bis 30. März [10. Nissan])
  173 880 Tage

** 476 Jahre geteilt durch 4 (jedes 4. Jahr als Schaltjahr), ergibt 119 zusätzliche Tage. Davon müssen aber 3 Tage abgezogen werden, da durch 100 teilbare Jahre nicht als Schaltjahr zählen, aber jedes vierte von ihnen, also jedes von durch 400 teilbaren Jahren, doch als Schaltjahr gezählt wird.

biblische Variante: das biblische Jahr hat 360 Tage, (siehe Off. 11, 3; 12 ,6 / 11, 2; 13, 5)
42 Monate = 3,5 Jahre = 42 Monate = 1260 Tage
1260 : 3,5 = 360 Tage
(7 x 7 Jahre) + (62 x 7 Jahre) = 483 Jahre
483 Jahre x 360 Tage = 173 880 Tage

Anhang

*Quelle der Berechnung der 62 Jahrwochen bzw. 483 Jahre im jüdischen und gregorianischen Kalender: Hänssler-Bibelwissen, das alte Testament erklärt und ausgelegt Band 3, hrsg. J.F. Walvoord und R.B.Zuck / 4. Auflage 2004/Seite 433

Datierung Palmsonntag

Jesus begann seinen öffentlichen Dienst im 15. Jahr der Regierung von Kaiser Tiberius (*Lukas 3, 1*). Kaiser Tiberius regierte von 14 – 37 n. Chr. Von 14. n. Chr. bis zum 15. Jahr seiner Regierungszeit erreichen wir das Jahr 29 nach Christus. Das öffentliche Wirken Jesu dauerte etwa 3 Jahre. Es sind insgesamt 3 Passahfeste erwähnt, an denen er mit seinen Jüngern teilnahm.(*Joh. 2, 13 / 6, 4 / 11, 55*) Jesus selbst erzählte seinen Jüngern, das Gleichnis vom Feigenbaum, an dem er drei Jahre lang Frucht gesucht hatte (*Luk. 13, 7*) Damit erreichen wir das Jahr 32 n. Chr., als Endpunkt der 69. Jahrwoche, das Jahr seines Leidens und das Jahr, in dem der heilige Geist zu Pfingsten in die Jünger kam und die Gemeinde entstand.

Außerbiblische Berichte über Jesus:

- Tacitus, römischer Geschichtsschreiber, berichtet in seinen Annalen (XV, 44) von Jesus.
- Josephus Flavius schreibt in seinem Werk „Antiquitates Judaicae" über Jesus
- Tertulian schreibt in seiner „Apologia 5, 2" über Jesus.

Diese drei Autoren der Antike haben gemeinsam, dass sie auch die Zeit bestätigen, in der Jesus Christus wirkte.

<u>Wissenswertes über die Symbolik der Zahl 70</u>

Nahezu alle Bibelausleger sind sich darüber einig, dass Zahlen in der Bibel ein symbolische Aussage haben. Seit dem Danielbuch wird die 70 auch als Zahl der Vollständigkeit oder als heilige Zahl bezeichnet
- Noah hatte 70 Nachkommen (1. Mose 10, 31)
- Elim (Baum), der zweite Rastplatz in der Wüste, hatte
  12 Quellen und 70 Palmen (2.Mose 15, 27)
- Israel hatte 70 Älteste (2. Mose 24, 1)
- Unser Leben währet 70 Jahre (Psalm 90,10)
- Israels Verbannung dauerte 70 Jahre (Jer. 25,11)
- Die 70 Jahrwochen Daniels (Daniel, 9, 2)
- Jesus sandte 70 Jünger aus (Lukas. 10, 1)
- Wie oft sollen wir vergeben? 70 x 7 x (Matth. 18, 22)
- Zerstörung Jerusalems 70 nach Christus

Am 15.01.2017 fand in Frankreich eine Nahost-Friedens-konferenz statt. 70 Nationen berieten dort über einen „Teilungsplan" für Israel. „Die Konferenz der 70".
Biblisch gesehen ist das die Vollzahl der Nationen, aus-gehend von der Anzahl der Nationen, die sich aus den Nationen der Nachkommen Noahs gebildet haben. Im Bibel-Klartext heißt das: Die ganze Welt stellt sich gegen den Bund Gottes mit Abraham.

Anhang

„10 Jahwe macht zunichte den Ratschluss der Nationen, er vereitelt die Gedanken der Völker 11 Der Ratschluss Jahwes besteht ewiglich, die Gedanken seines Herzens von Geschlecht zu Geschlecht. 12 Glückselig die Nation, deren Gott Jahwe ist...

(Psalm 33, 10-12)

Israel steht durch die Staatengemeinschaft mächtig unter Druck. Die einseitige Berichterstattung, welche die Palästinenser begünstigt, tut ihr Übriges, die Stimmung gegen Israel, in der ganzen Welt auf zu heizen. Hinzu kommt, dass kaum noch jemand etwas über biblische Zusammenhänge weiß.

Israel wird der Teilung zustimmen, wenn der Bund mit dem, der aussieht wie ein Lamm aber redet wie ein Drache, ihm Frieden und Sicherheit garantieren wird.

„Wenn sie sagen: Friede und Sicherheit! dann kommt ein plötzliches Verderben über sie, gleichwie die Geburtswehen über die Schwangere; und sie werden nicht entfliehen." (1. Thess. 5, 3)

„1 Denn siehe, in jenen Tagen und zu jener Zeit, wenn ich die Gefangenschaft Judas und Jerusalems wenden werde 2 dann werde ich alle Nationen versammeln und sie in das Tal Josaphat hinabführen; und ich werde daselbst mit ihnen rechten über mein Volk und mein Erbteil Israel, welches sie unter die Nationen zerstreut haben; 3 und mein Land haben sie geteilt,..."

(Joel 4, 1-3)

Literatur

Mein Dank gilt allen Autoren und Verlegern, die mir durch ihre Schriften, während meiner Recherchen, hilfreich zur Seite standen:

- Elberfelder Bibel 1. Aufl. 1905 Verlag R. Brockhaus, Wuppertal
- Elberfelder Bibel 2. Aufl. 2008 Verlag R. Brockhaus, Wuppertal
- Elberfelder Bibel CSV, 3. Aufl. 2009, Hückeswagen
- Gute Nachricht Bibel, rev. Fassung von 1997, Deutsche Bibel-
  gesellschaft, Stuttgart
- Lutherbibel von 1912
- Menge Bibel Übersetzung 1939
- Schlachter Bibel Übersetzung 1951, Genfer Bibelgesellschaft
- Schlachter Bibel Übersetzung 2000, Genfer Bibelgesellschaft
- Thompson Studienbibel mit Kettenverzeichnis, Luther 1984,
  Hänssler Verlag, Stuttgart
- Elberfelder Bibelkonkordanz, 8. Aufl. 1985, R. Brockhaus,
  Wuppertal
- Lexikon zur Bibel, 8. Auflage 1981, Volksausgabe,
  Fritz Rienecker, R. Brockhaus, Wuppertal
- My Bible, elektron. Bibel, Vers. 1.6.0.4 Elberfelder 1905
  mit Strong-Verzeichnis
- Clever, elektron. Bibelprogramm, Vers. 2.2.1. (Strong,
  Hebräisch Griechisch) von CSV Bielefeld
- Auslegung des NT, Band 1-17, W. Barclay, 2006, Aussaatverlag,
  Neukirchen-Vluyn
- AT und NT erklärt und ausgelegt, Band 1-5, Walvoord und Zuck,

4. Aufl. 2004, Hänssler Verlag
- MacDonald-Kommentar AT und NT, CLV Bielefeld
- Gaebelein – Kommentar AT und NT, CLV Bielefeld und CV-Dillenburg
- Die letzten Dinge, Adolf Küpfer, bibelkommentare.de
- Der verheißene Erlöser, Roger Liebi, CLV, Bielefeld - Weltgeschichte im Visier des Propheten Daniel, Roger Libi, CLV, Bielefeld
- Den Plan Gottes verstehen, Tim LaHaye, Mitternachtsruf, Dübendorf
- Prophetie im neuen Jahrtausend, John F. Walvoord, 2002 Verlag Mitternachtsruf, Dübendorf CH
- Kleines Endzeithandbuch, Lothar Gassmann, 2005, MABO-Bücher Schacht-Audorf
- Ismael (Prophet); Wikipedia
- Antiochus IV. Epiphanias; Wikipedia
- Notizen zum Buch Daniel, Ernst - August Bremecker, bibelkommentare.de
- Die Geschichte Roms, virtuelles Geschichtsheft für den Unterricht am LSG in München
- Mitgliedstaaten der EU; Wikipedia
- Babylonisches Exil; Wikipedia
- Chronologie des Islam; Snakerblock, wordpress,
- Geschichte des Islam; Wikipedia - Mohammed; Wikipedia
- Islamisierung; Wikipedeia
- 10. Bericht der Beauftragten der Bundesregierung für Migration, Flüchtlinge u. Integration über die Lage der

Literatur

AusländerInnen in Deutschland (Oktober 2014), lang
- Bericht der Bundesregierung zur demografischen Lage
  und künftigen Entwicklung des Landes
- Israel - Die Bibel und der Nahe Osten, Richard Wolff;
  Verlag Hermann Schulte, Wetzlar
- Israel zwischen Freunden und Feinden, Reusch,
  Hänssler Verlag
- Quran (notwendiger Weise)

Quellenangaben zu Internetrecherchen, Bildmaterial und aus
dem Gedäc.htnis reproduzierten Vortragsinhalten, befinden sich
auf den jeweils betroffenen Seiten.

"Der diese Dinge bezeugt, spricht: Ja, ich komme

bald.

Amen; komm, Herr Jesus!"

(Offenbarung 22, 20)